KB213020

아기예수 "애굽" 피난경로

성지답사기행

김 흔 중 목사 지음

요셉이 일어나서 밤에 아기와 그의 어머니를 데리고
애굽으로 떠나가심 (마 2:14)

엘 맨

아기예수 "애굽" 피난경로

성지답사기행

김 흔 중 목사 지음

요셉이 일어나서 밤에 아기와 그의 어머니를 데리고
애굽으로 떠나가심 (마 2:14)

엘 맨

(Hear, O Israel)

이스라엘아 들으라
우리 하나님 여호와는
오직 유일한 여호와이시니
너는 마음을 다하고 뜻을 다하고 힘을 다하여
네 하나님 여호와를 사랑하라
오늘 내가 네게 명하는 이 말씀을 너는 마음에 새기고
네 자녀에게 부지런히 가르치며 집에 앉았을 때에든지
길을 갈 때에든지 누워 있을 때에든지 일어날 때에든지
이 말씀을 강론할 것이며
너는 또 그것을 네 손목에 매어 기호를 삼으며
네 미간에 붙여 표로 삼고 또 네 집 문설주와
바깥 문에 기록할지니라

신명기 6장 4-9절

추 천 사

민 경 배 박 사

본 저자 김흔중 박사님은 이미 『성지순례의 실제』를 비롯한 중량감으로 빛나는 귀중한 저서를 여러 권 간행하신 고명하신 성서지리학자이십니다.

하지만 이번 저서는 특별합니다. 본 저서를 통하여 실로 지금까지 전혀 알지 못하던 우리 예수님 생애에 대하여 알게 되었기 때문입니다. 그리고 우리 예수님 생애와 초대교회의 역사적 지리적 배경들에 대하여 경탄과 경외(敬畏)의 심정으로 가슴을 졸이며 읽을 수 있게 되었습니다.

그것들은 우리들 기독교 신앙에 성서신학이나 주석, 교리, 변증학이나 역사신학에 버금가는 중요한 신앙의 근원적 필수적 자산들이요 요소이기 때문입니다.

우리는 지금까지 어린 예수님, 특히 탄생하시자마자 헤롯왕의 칼을 피하여 애굽으로 피난가셨던 우리 아기 예수님의 성장 과정이나 그 환경에 대하여 잘 알지 못했습니다. 3년의 공생애 중심으로만 기독교를 이해하고 신앙을 구성하고 신학을 체계화하여 왔기 때문입니다.

그런데 예수님께서 부활하신 후 40일 동안의 사신 모습도 그렇지만, 예수님의 30년 생애도 잘 모르고, 특히 어린 시절 애굽에서의 피난 생활에 대하여 아는 바가 거의 없었습니다. 우리 신앙이 도성인신(道成人神), 사람이 되셔서 우리 가운데 실제 사셨던 예수님의 생애와 가르치심과 십자가 부활에 관계된 것이라면, 우리는 실상 예수님의 전 생애에 대하여 아는 것이 우리 기독교 신앙에는 불가결의 근거라고 단언하지 않을 수가 없습니다.

그런데 이번 본 저자는 그 예수님의 어린시절 - 그 피난 경로와 머무시던 곳, 그 어린 시절에 전체에 대하여- 1997년 2개월여에 걸쳐 답사한 자료들 전부를 편수하여 상재(上梓)하시게 된 것입니다. 그 답사 기간에 겪으신 어려웠던 일들은 저자 〈머리말〉에 생생하게 수록되어 있습니다.

놀라운 사실은 저자가 아기 예수님이 그 부모님과 함께 거쳐 가신 지역들, 곧 나사렛, 헤브론, 브엘세바 등을 거쳐 애굽 엘 무하라크까지 이르는 21개 지역을 다 확인하고 친히 거쳐 가면서 자료들을 모아 체계화하였다는 사실입니다. 그리고 아기 예수님 부모가 사태 안전하다고 판단하여 다시 유다로 돌아오시는 과정의 지역들 다섯 곳에 대한 상세한 상황도 알려주고 있습니다.

여기에 덧붙여서 예수님이 공생애와 처음 사도들의 전도행각 지역들, 원시교회의 생생한 모습, 그리고 초대교회사에 나오는 이름 있는 지역과 수도원들의 답사 자료들이 자세하게 체계화되어 마무리 되고 있습니다. 그리고 성지 및 유적 답사에 대한 부록을 실어 초대교회사로서의 자료집으로서 뿐만 아니라, 성서 색인(索引)이나 사전형식으로서도 현저한 공헌을 하고 계십니다.

한국교회가 오늘의 거대한 세계적 교회로 부상하게 한 이들의 수는 헤아릴 수 없습니다. 그래서 우리는 그 역사나 신앙의 소중한 자료들이 반드시 상재(上梓)하고 집성하도록 힘을 기울여야 하는 것입니다.

그러므로 본 저서는 한국교회로서는 아주 귀중하고 희귀한 자료집으로서 높이 평가받고 읽혀져야 할 소중한 자료집입니다. 성육신(成肉身)하신 예수님께서 사람으로서 살아가신 그 어린 시절을 지력(地歷)환경에서 생생하게 우리들 앞에 프리젠테이션하였기 때문입니다. 아픔과 두려움, 가난과 낯선, 그런 땅에서 사셔야 했던 그 모습을 우리들 가까이 살갗에 닿게 생생하게 보여주었기 때문입니다.

이 대업을 수행하신 분이 저자 김흔중 박사님이십니다. 그는 자료들 모으노라 거리가 멀고 낯선 곳임에도 불철주야 고군분투 하시며, 글의 조리를 곧게 하고 읽기에 감동이 되도록, 그렇게 골고루 정성을 다 기울이셨습니다. 이 자료집이 현실감 있는 자료들로 편수(編修)되고 영감도(靈感度)도 높기 때문에, 읽는 동안에 전달되어 오는 감동은 초대교회사의 대본(臺本) 수준 바로 그것입니다. 이런 글을 쓰시고 간행하신 김흔중 박사님께는 이 업적이 생의 또 하나의 준봉(峻峰)이 될 것이고, 우리 교회나 사단(史檀)에는 탁월한 자리에 올라서게 될 것입니다.

본서는 우리 교회나 사회에 맑고 진실한 고도의 감동을 기약하게 될 것입니다. 이런 대업을 이루신 김흔중 박사님에게 여기 다시 찬하의 글을 드리고, 아울러 동경공하(同慶共賀)하는 바입니다.

2020년 2월 25일
민경배 박사

(전) 연세대학교 연합신학대학원 원장
(전) 서울장신대학교 총장
(현) 백석대학교 석좌교수

머 리 말

본 저서의 저자인 저는 성서지리학에 각별한 관심을 가지고 성서에 기록된 성지를 이스라엘에 1년여 기간 동안 체류하면서 실재로 직접 답사한 후 "성지순례의 실제","성서의 역사와 지리", "성막과 제사" , "시각장애인용 성서지리 교본" 등의 졸저(拙著)를 출간했으며 신학대학 강단에서 성서지리학을 여러 해 강의한 바도 있습니다.

금번 본 저서를 출간하게 된 동기는 다음과 같습니다. 예수님이 베들레헴에서 탄생한 직후 헤롯왕의 박해를 피해 아기 예수가 마리아의 품에 안겨 나귀를 타고, 요셉이 나귀의 고삐줄을 잡고 베들레헴을 떠나 애굽으로 피난했습니다. 그 피난경로, 머물렀던 장소, 머물렀던 기간이 성서에 기록되어 있지 않습니다. 다만 헤롯왕이 죽은 직후 나사렛으로 귀환했다는 성서의 기록이 있을 뿐입니다.

그래서 본서 저자가 수집한 자료를 근거로 하여 피난경로와 머물렀던 장소를 25년전에 전 지역을 실제로 답사를 했습니다. 그 당시 답사결과를 상세히 저술하지 못했던 아쉬움이 항상 남아 있었습니다. 이제 늦은 감이 있으나 답사 당시에 수집해 놓았던 자료를 정리하였습니다. 5년후면 9순이 되는 노령이지만 내 일생 마지막으로 본 저서를 출간하게 되므로 오직 저자의 일생에 대미(大尾)를 장식하게 되었습니다.

당시 이집트 수도 카이로의 숙소에서 2개월여에 걸쳐 철저히 답사하기 위해 애썼습니다. 혼자서 배낭을 메고 참고자료와 지도를 가지고 대중 교통 수단을 이용했고, 때로는 교통편이 없어 화물차에 편승하여 출애굽 당시의 모든 경로와 아기 예수 성가족의 애굽 피난경로를 전부 답사했습니다. 답사 기간 중에 아랍인들에게 감금되어 이집트 군인의 장갑차가 동원되는 등 위기의 순간도 있었지만 천군천사가 보호해 주어 온갖 역경에 굴하지 않고 답사를 마칠 수 있었습니다. 모든 답사 일정마다 시종일관 하나님의 은혜와 감사가 가슴속에 벅차 올랐습니다.

더욱 감사한 것은 이집트 동부사막지역에 세워진 기독교 교회사에 기록된 최초의 성 안토니수도원을 비롯하여 여러 곳의 수도원을 두루 탐방한 것입니다. 그곳 수도원 수도 사들의 친절한 안내로 숙식과 편의를 제공받았고, 모든 수도원의 새벽예배에 직접 참석 할수 있었습니다. 또한 필요한 자료를 많이 수집했습니다. 여러 수도원 탐방에 어려움도 많았으나 보람된 탐방의 체험은 평생동안 잊을 수가 없습니다.

　　본 저서의 고증을 통해 아기 예수 수난의 족적(足跡)에 많은 관심이 있기를 바라며 첨 부한 부록이 좋은 참고자료가 되기를 바랍니다. 끝으로 졸저를 출간할 때 여러 번 추천사 를 써주셨고 본 저서에도 추천사를 써주신 존경하는 민경배 박사님께 심심한 감사를 드 리며, 엘맨 출판사 이규종 사장의 수고에도 감사합니다.

2020년 2월 28일
八達山 기슭에서 김 흔 중 목사

**예루살렘의 감람산 언덕에서 양떼들이
풀을 뜯고 있다. (1997.2.19. 김흔중 촬영)**

목 차

제 2 장 : 부 록(성지 및 유적 답사)

쿰란 / 질그릇 항아리

사해사본이 발견된 쿰란동굴(1996.11.9.김흔중 촬영)

구약에 동정녀에 의한 예수님 탄생을 예언

주께서 친히 징조를 너희에게 주실 것이라 보라 처녀가
잉태하여 아들을 낳을 것이요 그의 이름은 임마누엘이라
하리라.(이사야 7장 14절) (주전 700년경)

이스라엘 점령지 내의 팔레스타인

베이루트

다마스커스

레바논

두로

단

골란고원
(1,150km²)

시리아

하이파

갈멜산

갈릴리호수

지 중 해

세겜 (나불러스)

요단강
서안지역
(5,878km²)

암만

여리고

예루살렘

쿰란

사
해

요르단

베들레헴

헤브론

가자

가자지역
(360km²)

라파

브엘세바

이스라엘이 점령한
팔레스타인 지역

이스라엘이 점령한
골란고원지역

이집트
(시나이반도)

아기 예수가 피난했던 이집트의 지도(땅)

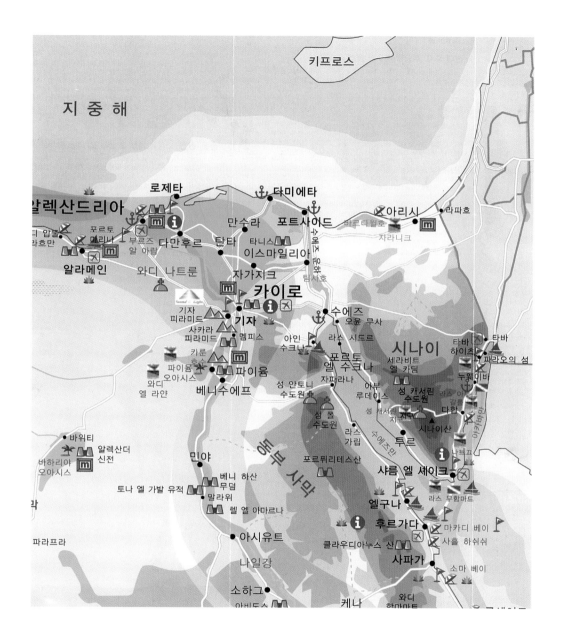

아기 예수 애굽 피난 경로

성서의 역사와 지리. 김흔중 목사 저서 2003년. p.302.

성가족이 애굽에 내려오신 노정

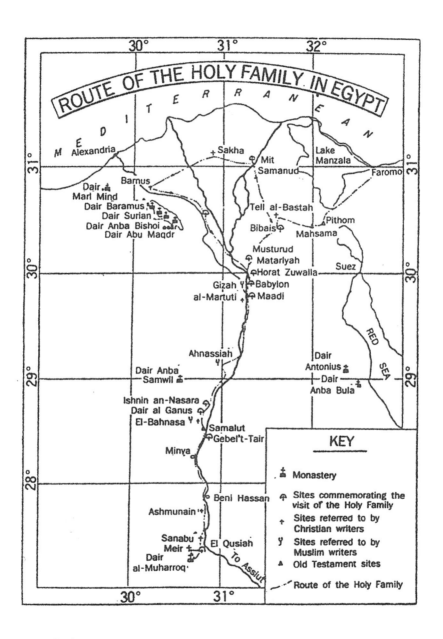

이집트 파노라마. 이준교 목사 저서 1993년. p.83.

아기 예수님 피난길 순례 (가사)

작사 : 김흔중 목사

작곡 : 김광진 목사

1. 저 하늘에 별들이 베들레헴에 반짝이는데 아기예수는 멀리 멀리 떠나야 했네 마리아의 포근한 품에 안겨 요셉이 이끄는 나귀를 타고 낯설은 애굽땅으로 가셨네 끝없는 사막길을 걸을때 천사들이 강보를 감싸니 아기예수의 광채는 더욱 빛났네 그 때에 쉬셨던 곳곳 마다 십자가 높이 서있고 영광이 넘쳤네

후렴 : 영원하신 발자취의 거룩한 곳을 찾아 아기 예수를 찬양하리 라 찬양하리라

2. 저 영롱한 별들이 말 구유에 빛나는데 아기 예수는 멀고도 먼 타향을 향해 그 옛날에 요셉이 살던 곳에 요셉이 이끄는 나귀를 타고 땅설고 물다른 곳으로 가셨네 뜨거운 햇살이 쏟아질때 구름으로 지붕을 삼으니 아기 예수의 얼굴은 더욱 평안해 그 때에 누이신 곳곳마다 찬송이 울려퍼지고 기쁨이 넘치네

3. 반짝이는 별들이 목자들판에 속삭이는데 아기예수는 멀고 먼곳 애굽에 가시니 그 옛날에 야곱이 살던 곳에 모세가 이끄는 그 백성들은 가나안 복지땅으로 떠났네 그들의 고통과 긴 한숨을 하나님이 들으신 그곳에 예수는 또다시 찾아 가셨네 그 때에 머무신 곳곳마다 사랑의 종소리 울리고 은총이 넘치네

〈아기 예수님 피난길 답사를 마치고〉
예루살렘에서 김흔중 목사 작사 (1997. 9.15)

아기 예수님 피난길 순례(악보)

김훈중 목사 작사 / 김광진 목사 작곡

Moderato (♩=72)

저 하늘에 별들이 베들레헴에 반짝 이는데 아 기 예수는 멀리 멀리
저 영롱한 저 별들이 말 구유 위에 빛 나는태 아 기 예수는 멀고도 먼
반 짝이는 별들이 목 자들판에 속삭 이는태 아 기 예수는 멀고 먼 곳

떠 - 나야 했네 마 리아의 포근한품에 안 겨 요셉이 이끄는 나귀를 타고
타 - 향을 향해 그 옛날에 요셉이살던 곳 에 요셉이 이끄는 나귀를 타고
애굽 에 가시니 그 옛날에 야곱이살던 곳 에 모세가 이끄는 그 백성들은

낮 섬은 에 - 굽 땅으로 가 셨 네 끝없는 사 막길을 걸 - 음 때
땅 설고 물 다 른 곳으로 가셨네네 뜨 거운 햇살이 - 쏟아 질 때
가 나안 복 - 지 땅으로 떠 났네 그 들의 고통과 - 긴한 숨을

천 사들이 강보를 감 싸 니 아 기 예수의 광채는 더 욱 빛났 네
구 름으로 지붕을 삼 으 니 아 기 예수의 얼굴은 더 욱 평안 해
하 나님이 들으신 그 곳 에 아 기 예수는 또 다시 찾 아 가셨 네

그 때 에 쉬 셨던 곳 곳마 다 십자가높이 서 있고 영 광이 넘 치 네
그 때 에 누 이신 곳 곳마 다 찬송이울려 퍼 지고 기 쁨이 넘 치 네
그 때 에 머 무신 곳 곳마 다 사랑의종이 울 리고 은 총이 넘 치 네

(후렴)

영 원하신 발 자취의 거 룩한곳을 찾아 아 기예 수를 찬 양하리

라 찬 양 하 리 라

※ 가창할 때 주의점

1) 둘째 줄 첫마디 🎵 다섯 잇단음을 천천히 할 것

2) 다섯째 줄 둘째마디 🎵 다섯 잇단음을 분해하여 🎵 와 🎵 을 천천히 같은 속도로 부를 것

3) 전체를 천천히 불러도 리듬이 빨라서 빠르게 들림

♩ = 72 를 고수하여 빨리 하지 말 것

제 1 장

본 론

1. 예수의 동정녀 수태와 탄생 (마 1:18-25)

예수 그리스도의 나심은 이러하니라 그 모친 마리아가 요셉과 정혼하고 동거하기 전에 성령으로 잉태된 것이 나타났더니(18) 그 남편 요셉은 의로운 사람이라 저를 드러내지 아니하고 가만히 끊고자 하여(19) 이 일을 생각할 때에 주의 사자가 현몽하여 가로되 다윗의 자손 요셉아 네 아내 마리아 데려오기를 무서워 말라 저에게 잉태된 자는 성령으로 된 것이라 (20) 아들을 낳으리니 이름을 예수라 하라 이는 그가 자기 백성을 저희 죄에서 구원할 자이심이라 하니라(21) 이 모든 일의 된 것은 주께서 선지자로 하신 말씀을 이루려 하심이니 가라사대(22) 보라 처녀가 잉태하여 아들을 낳을 것이요 그 이름은 임마누엘이라 하리라(사7:14) 하셨으니 이를 번역한즉 하나님이 우리와 함께 계시다 함이라(23) 요셉이 잠을 깨어 일어나서 주의 사자의 분부대로 행하여 그 아내를 데려 왔으나(24) 아들을 낳기까지 동침치 아니하더니 낳으매 이름을 예수라 하니라(25)

2. 예수님의 탄생 (마 2 :1-6절)

헤롯왕 때에 예수께서 유대 베들레헴에서 나시매 동방으로부터 박사들이 예루살렘에 이르러 말하되(1) 유대인의 왕으로 나신 이가 어디 계시뇨 우리가 동방에서 그의 별을 보고 그에게 경배하러 왔노라 하니(2) 헤롯왕과 온 예루살렘이 듣고 소동한지라 (3) 왕이 모든 대제사장과 백성의 서기관들을 모아 그리스도가 어디서 나겠느뇨 물으니 (4) 가로되 유대 베들레헴이오니 이는 선지자로 이렇게 기록된바(5) 또 유대 땅 베들레헴아 너는 유대 고을 중에 가장 작지 아니하도다 네게서 한 다스리는 자가 나와서 내 백성 이스라엘의 목자가 되리라 하였음이이다(6)

3. 여자의 후손 (woman's offspring)

여자의 후손(woman's offspring)은 문자적으로는 '여자의 자손'이란 뜻이다. 즉, 남자의 씨를 통한 자연적인 잉태 과정을 거치지 않은 동정녀에 의한 탄생을 암시한 것으로 흔히 '원시복음', '최초의 복음'(primus evangelium)이라는 창세기 3장 15절에서 언급된 표현이다. 이는 죄와 무관하게 이 땅에 오시는 메시아 예수를 지칭한다(갈 3 :16, 19).

4. 예수님 탄생원년의 역사학자들의 주장

성경에 저희(동방박사)가 떠난 후에 주의 사자가 요셉에게 현몽하여 가로되 혜롯이 아기를 찾아 죽이려 하니 일어나 아기와 그의 모친을 데리고 애굽으로 피하여 내가 네게 이르기까지 거기 있으라 하니 요셉이 일어나서 밤에 그 아기와 모친을 데리고 떠나가 혜롯이 죽기까지 있었으니 이는 주께서 선지자로 말씀하신바 애굽에서 아들을 불렀다 함을 이루려 하심이었다(마 2:13-15) 라는 성경의 기록은 분명하다. 그러나 아기 예수의 애굽 피난 노정과 체류장소에 대하여는 기록되어 있지 않고 혜롯이 죽은 후에 이스라엘 땅의 나사렛으로 귀환해야 할 시기만 성경에 기록되어 있다(마2:20). 그래서 역사학자들이 주장하는 관심사항은 아기 예수가 얼마기간 애굽에 피난했는가이다. 그들의 여러 주장이 있으나 4년으로 보는 주장이 긍정적이다.

그래서 역사학자(신학자)들은 기원원년(紀元,元年)에서 빠진 4년의 시간을 아기 예수 성가족의 애굽 피난 기간으로 보고 있다. 특히 로마주화에 혜성이 나타난 기념주화가 있는데 그 주화에 찍힌 로마연대 날짜가 AD원년이 아니라 4년 더 빠르게 나타나 있다고 한다. 역사학자들이 그 혜성이 예수님이 태어난 원년의 베들레헴에 머물러 비취던 동방박사들을 이끌어 오던 이상한 별로 보고 그 4년의 공백시기를 이집트 피난시기로 보고 있다. 그 주화를 현대에서야 발견하였다. 그간의 기원전과 기원의 원점이 4년 틀려진 것을 모든 역사책의 기록을 다 고칠수는 없으니 쓰기는 지금의 연도로 쓰고 알기는 4년더 잡아서 읽어야한다는 것이다. 그래서 올해가 2020년이지만 예수님이 탄생하신지 실제로는 2024년이 되는 셈이다.

예 수 님 이 탄 생 한 베 들 레 헴 마 을

베들레헴 마을

5. 구약과 신약의 중간시대

너희에게는 의로운 해가 떠올라서 송아지 같이 뛰리라(말 4:2)

주 전 445년		주 전 4년
하나님의 뜻을 펴시기 위해 사용한 열방들	→ **구약에서 신약으로** →	**그리스도의 강림 직전 사건들**
페르시아 고레스의 선포와 유대인의 귀환 **그리이스** 헬라어를 확산시킨 알렉산더의 정복 **로 마** 세계적인 국가설립 불변의 법률 제정 우수한 도로망 건설 **유 대** 흩어져 살던 유대인들이 유일신 사상, 메시야 소망, 성서를 전파	**팔레스타인의 정치적 변화** 1. 페르시아의 지배(B.C. 539-323) 2. 알렉산더 대왕의 통치 　(B.C. 332-323) 3. 이집트와 시리아를 다스린 　알렉산더 후계자들의 지배 　(B.C. 323-166) 4. 마카비 영도하에 유대의 독립 　(B.C. 166-63) 5. 로마의 통치(B.C. 63) **종교·문화적 변화** **사회적 변동** 유대인들이 흩어져 살게됨 **종교적 분파** 바리새파, 사두개파, 엣세네파 **문 헌** 칠십인역 성경과 외경(B.C. 270-50) **건 축** 헤롯 성전 건축시작(B.C. 19)	주님보다 먼저 올 사람에 대한 예고 (눅 1:5-17) 메시아의 탄생에 대한 예고 (눅 1:26-35) 세례 요한의 전파 (마 3:1-6)

신구약 중간의 침묵기

　　유다 백성들은 하나님께서 약속하신 삶의 터전을 잃고 바벨론과 페르시아를 거쳐 헬라, 로마로 이어지는 열강들의 지배를 받으면서 과거의 전통과 새로운 사조들과 충돌 및 갈등을 통하여 다양하고 복잡한 사상을 낳게 되었다. 이러한 역사적 배경은 이스라엘의 새로운 종교와 전통으로 발전하게 되었다.

　　흔히 이 기간을 "신구약 중간기"(The Intertestamental Period)라 부르게 된다. 이 기간은 이스라엘 백성이 바벨론의 포로생활을 거쳐 본토로 귀향하게 된 후 그로 인하여 발생한 사회 구조 및 사상 체계의 변화 그리고 헬라, 로마로 이어지는 새로운 지배 체제와 헬레니즘과의 충돌로 인하여 발생한 문화적 변화, 나아가 예루살렘의 멸망 등 약 400년간의 과정에서 매우 복잡하고 다양한 변화를 경험하게 되는 기간이다.

　　이 기간은 구약의 말라기에서 신약의 마태복음에 이르는 한 공백기간으로 "침묵기"라 부르기도 한다. 그 당시에는 예언을 하거나 말씀을 기록할 선지자도 없었기 때문에 성서에 기록이 없다. 그러나 이스라엘에 관한 역사적인 사실은 세계사 속에 분명하게 기록으로 남아있다.

동방박사들

선한 목자 예수님

"나는 선한 목자라 선한 목자는 양들을
위하여 목숨을 버리거니와 삯꾼은...
이리가 오는 것을 보면
양을 버리고 달아나나니"
(요10:11-12)

2. 나사렛 (Nazareth) (예수님 수태 및 성장지)

나사렛 전경

나사렛(Nazareth)은 헬라어 원어로 "거룩"이라는 뜻이다. 나사렛은 성모 마리아가 천사 가브리엘의 고지(告知)를 받고 예수를 잉태한 곳이며 그 자리에 성 수태고지 바실리카(聖 受胎告知 basilica)가 자리하는 마을로 현재는 이스라엘 영토 내의 아랍인 6만6천여 명(2006년)의 주민이 거주하는 작은 도시이다.

나사렛은 예루살렘 북쪽으로 135km, 갈릴리호수(湖水)에서 남서쪽으로 19km, 가나에서 남쪽으로 13km 지점의 해발 375m의 고지에 위치하고 있다. 이곳은 사방이 산으로 둘러싸인 골짜기의 분지로 토질은 모래땅이다.

구약성서에는 기록이 없으나 신약성서에 따르면 마리아의 고향이다. "천사 가브리엘이 하나님의 보내심을 받들어 갈릴리 나사렛이란 동네에 가서 다윗의 자손 요셉이라 하는 사람과 정혼한 처녀에게 이르니 그 처녀의 이름은 마리아라. 보라 네가 수태하여 아들을 낳으리니 그 이름을 예수라 하라"(눅 1:26-31)하며 예수의 잉태와 출생을 예고했다. 이미 구약(사7:14)에서 나사렛의 처녀 마리아를 통해 예수의 수태를 예정한 말씀이 성취된 것이다. 또한 예수가 탄생한 후 헤롯왕의 박해를 피해 애굽으로 잠간 피난 갔다가 나사렛으로 돌아와 목수생활을 하며 30세가 될 때까지 이곳에서 생활하며 살았다(마2:14-23).

그래서 예수를 "나사렛 예수"라고 부르고 예수를 믿고 따르는 사람을 "나사렛 사람"이라 불렀다. 오늘날 이스라엘 사람들이 기독인을 노즈리(Notzri)라고 부르고 있는데 히브리어로 "나사렛 사람"이라는 뜻이다.

나사렛에는 가브리엘 천사가 마리아에게 수태를 알렸다고 전해지는 곳에 세워진 "수태고지교회", 요셉이 목수일을 하던 집터 위에 세워진 "성 요셉교회", 마리아가 물길러 다녔다는 "마리아 우물(mary's Well)" 그리고 그곳 백성들이 예수를 미워하여 10m에 이르는 절벽의 낭떠러지에 밀쳐 내려뜨리려고 했던 곳이 나사렛 외곽에 위치하고 있다(눅 4:29). 이곳 나사렛에는 예수 및 마리아에 관한 많은 기록과 유적이 남아 있다.

성모 마리아

(1) 수태고지교회(受胎告知敎會)

수태고지 교회

수태고지교회(受胎告知敎會)는 천사가 동정녀 마리아에게 예수 수태의 사실을 고지(告知)해 준 곳인 마리아 집터 위에 처음 교회가 세워졌다. 이 교회가 세워진 것은 기독교를 공인한 로마 콘스탄틴황제 때에 그의 어머니 헬라나의 요청에 따라 교회가 세워졌다.

그러나 수난의 역사와 함께 비잔틴시대 및 십자군 시대를 거쳐 수차례의 주인이 바뀌게 됨에 따라 파괴와 복구가 다섯 번이나 반복되었다.

현재의 마리아 수태고지교회는 주후 1955-1969년에 이탈리아의 무치오(Muzzio)의 설계에 의해 건축되어 극찬을 받는 걸작품의 교회로 평가되고 있다. 교회 규모는 폭이 30m, 길이가 70m나 되어 성지에 세워진 교회중 가장 크다. 교회의 전면에는 가브리엘 천사가 마리아에게 예수 수태를 전해 주는 장면과 성경의 4복음서를 기록한 마태, 마가, 누가, 요한이 조각되어 있다.

예수 탄생에 관련한 성경 말씀도 라틴어로 음각(陰刻)되어 쓰여져 있다. 교회 안으로 들어 가면 바닥이 아름다운 모자이크로 되어 있다. 그리고 마리아의 수태고지 장소라고 전해지는 동굴이 있다. 이 동굴의 벽에는 수채화로 그려진 낙원을 묘사한 그림의 꽃들과 승리의 화환이 그려져 있고 희랍말로 "그리스도 하나님의 아들"라고 기록되어 있다.

이 교회에서 가장 특이한 것은 뾰쪽탑 형태의 지붕이다. 위로 올라갈수록 좁아져서 정점에서 만나도록 설계되었다. 높이가 60m나 되는 이 뾰쪽탑은 교회 안에서 올려다 보면 백합꽃을 거꾸로 세워 놓은 것 같이 하늘에서 백합꽃이 내려 오는 느낌이다. 백합꽃은 세상에 내려 오신 예수님을 상징하고 있다.

이 교회를 유명하게 만든 것은 교회의 넓은 벽면에 가득 채우고 있는 성화들이다. 이 성화들은 전 세계 50여개 나라의 교회에서 보내 온 것으로 각 나라의 토착화된 신앙의 묘사로 모두 성모 마리아와 성자 예수의 모습을 주제로 하고 있다. 한국에서 보내 온 이남규 교수(공주사대 미대)의 작품은 한복을 곱게 차려입은 마리아가 색동옷을 입은 아기 예수를 품에 안고 서있는 모습의 성화이다.

세 례 요 한 의 사 명

하나님께로서 보내심을 받은 사람(예수탄생 6개월 전)이 났으니 이름은 요한(세례)이라 저가 증거하러 왔으니 곧 빛에 대하여 증거하고 모든 사람으로 자기를 인하여 믿게 하려 함이라 그는 이 빛이 아니요 이 빛에 대하여 증거하러 온 자라 참 빛 곧 세상에 와서 각 사람에게 비취는 빛이 있었나니 그가 세상에 계셨으며 세상은 그로 말미암아 지은 바 되었으되 세상이 그를 알지 못하였고 자기 땅에 오매 자기 백성이 영접치 아니 하였으나 영접하는 자 곧 그 이름을 믿는 자들에게는 하나님의 자녀가 되는 권세를 주셨으니 이는 혈통으로나 육정으로나 사람의 뜻으로 나지 아니하고 오직 하나님께로서 난 자들이니라(요 1:6-13)

(2) 성 요셉교회

성 요셉 교회

성 요셉 교회 벽면의 성 가족상

수태고지 동굴

수태고지 교회 벽면에 부착되어 있는 예수님과 마리아의 성화이다
(공주사대 이남규 교수 작품)

성 요셉교회(The church of St Joseph)는 수태고지 교회와 한 울타리 안에 있으며 수도원 앞을 지나가면 아기 예수님이 베들레헴에서 애굽으로 피난 했다가 나사렛에 돌아와 소년시절에 이곳에서 목수일을 배우며 살았던 집터 위에 1914년 교회가 세워졌다 (마13:55). 이 교회의 벽에 어린 예수가 목수일을 배우는 그림이 그려져 있고, 지하실에는 사방 2m크기의 세례를 받았다는 곳이 있다. 그리고 바닥의 옆에 있는 계단으로 내려가면 곡식과 물을 저장하는 곳이 있다.

마리아의 우물

최초의 마리아샘

(3) 가브리엘 교회

가브리엘 교회

　가브리엘 교회(The church of St Gabriel)는 수태고지교회에서 북쪽으로 약 600m 지점에 있는 희랍정교회 소속의 교회이다.

　비잔틴시대와 십자군시대의 교회자리에 18세기에 새로 세워졌다. 교회 건물의 가장 남쪽지역에 샘이 있다. 마리아가 물을 길으러 왔을 때 천사 가브리엘이 "은혜 받은자여 평안할지어다"(눅1:28) 하니 마리아가 놀라 집으로 돌아 간 후 수태고지를 받았다는 전설에 의해 그 샘을 교회 내부에 넣고 교회를 세웠다. 오늘날 이 샘물이 남쪽 약 100m지점에 있는 마리아 우물로 흘러 들어 간다. 이 마리아 우물은 나사렛에서 티베리아로 가는 큰 길의 왼쪽 길가에 있다.

(4) 유대교인 회당 및 교회

유대교인 회당 및 교회(Synagogue & Church)는 수태고지교회에서 서북쪽으로 약 150m지점에 위치하고 있다. 희랍 천주교의 소속 건물내에 옛날 예수님 당시 유대교의 회당으로 초대 교회시대에 교회로 사용했던 곳이다. 예수께서 설교(눅 4:16)를 했던 그 시대의 유대교인의 회당(Synagogue)이라 전해지고 있다.

나사렛에 거주하는 주민 대부분은 아랍인(人)이며 성지순례를 위한 관광객을 상대로 하는 상인들이 많다. 나사렛 전체 인구의 60%가 아랍계 천주교인이다. 도시 주변에는 유대인들이 거주하는 아파트가 아랍인의 거주지를 둘러싸듯이 세워져 있어서, 이스라엘 국내의 복잡한 아랍인의 종족 및 종교의 아이러니한 문제점을 엿볼 수 있다.

유대인 회당에 서신 예수님

3. 베들레헴 (Bethlehem) (예수님 탄생지)

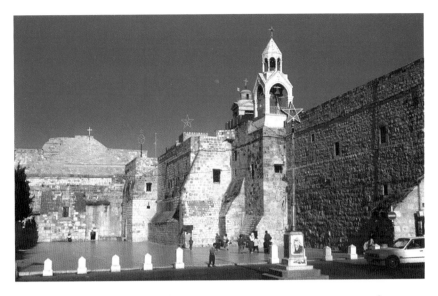

예수님 탄생교회(The Church of the Nativity)

베들레헴은 예루살렘 성의 욥바문에서 남쪽으로 약 10Km지점의 해발 770m의 유대 광야의 모퉁이에 위치한 마을이다. 베들레헴은 떡집(벧:집, 레헴: 떡.빵)이라는 뜻을 가지고 있다. 베들레헴의 옛 이름으로 "에브랏" 또는 "에브라다"라고 불렀다. 구약 시대에 야곱이 하란에서 돌아 오는 도중 벧엘에서 발행하여 에브랏에 이르다가 아내 라헬이 난산으로 인하여 베냐민을 낳고 죽으매 에브랏 곧 베들레헴 길에 장사되었다(창 38:15). 또한 베들레헴의 부유한 보아스와 모압 여인 룻이 결혼하여 증손인 다윗이 태어나게 되었다(룻4:13-122 ; 마1:15).

예수님 탄생 기념교회 초입 내부

예수님 탄생하신 곳의 평면도

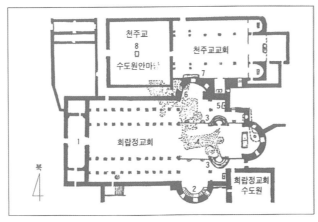

1. 희랍 정교회의 입구
2. 희랍 정교회의 수도원으로 나가는 길
3. 예수님 탄생하신 동굴로 들어가는 입구
4. 예수님 탄생하신 동굴
5. 알메니안 예배소
6. 천주교 교회 입구
7. 지하실 입구
8. 성 제롬의 상

동굴 내부 평면도

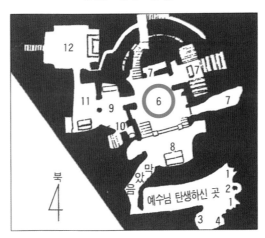

1. 희랍 정교회로부터 내려오는 계단
2. 예수님이 탄생하신 곳
3. 구유가 놓였던 곳
4. 동방박사가 경배한 곳
5. 천주교회로부터 내려오는 계단
⑥ 헤롯왕이 2살 이하의 아이들을 모아 죽인 곳
7. 아이들을 묻었던 곳
8. 요셉의 예배소
9. 성 제롬을 따르던 사람들의 무덤
10. 옛날에 물저장소였는데 주후 4세기에 콘스탄틴대제가 이곳에 교회를 지을 때에 매립됨
11. 제롬의 무덤 (13세기에 시신을 로마로 옮김) 제롬이 거주, 성경을 번역한 곳.

베들레헴의 별

　　예수께서 탄생한 동굴 안의 장소에 은으로 만든 큰 별이 있다. 별의 둘레에는 "이곳에서 동정녀 마리아에게서 그리스도가 탄생하셨다"는 문구가 새겨져 있다. 별은 14각의 뿔로 되어 있는데 인류 구원의 십자가 길 14개처와 아브라함으로부터 다윗까지 14대, 다윗부터 바벨론으로 이거할 때까지 14대, 그후부터 예수까지 14대를 상징적으로 나타낸다(마1:1-7).

아기 예수 탄생 (마리아 품에 안김)

아기 예수 누이셨던 구유

베들레헴 예수님 탄생교회 겸손의 문

예수님 탄생기념교회는 좁고 작은 출입문으로 순례객들이 들어가야 한다. 예수님 탄생교회는 성벽이 마치 요새처럼 돌을 쌓았고 입구는 말을 타고 들어가 파괴할 수 없도록 작은 문을 만들었다고 전해지고 있다.

그러나 모두가 허리를 굽히고 들어가야 하기 때문에 겸손의 문으로 알고 모두가 허리를 숙이고 들어가야 한다. 예수님 탄생교회는 팔레스타인 땅인 베들레헴에 있으면서 기독교인 그리고 무슬림 구분없이 오직 한 믿음으로 평화가 넘치는 유일한 곳이다.

베들레헴 우유동굴 교회

아기 예수 성가족

목자들의 교회

　베들레헴에서 동쪽으로 내려다보이는 1.5km 지역의 현재 삗자홀이라는 아랍마을 지역이 목자들의 들판이었다. 이 들판은 구약시대에 베들레헴의 부유한 보아스가 소유했던 밭이었다. 추수 때에 이르러 보아스와 이삭을 줍는 룻과의 사이에 이루어진 아름다운 러브 스토리가 바로 보아스의 밭에서 이루어 졌다.

　하나님께서 복음을 주시므로 이 두사람이 결혼에 의한 사랑의 열매를 맺게 되어 그 후손으로 증손자인 다윗을 태어나게 했다(룻 4:13-22 ; 마 1:5 ; 눅 3:32).

　그 "보아스의 밭"은 "목자들의 양치는 들판"으로 변했다. 그 들판에 천사들이 나타나 목자들에게 아기예수 탄생의 큰 기쁨의 소식을 전하여 오늘날 다윗 동네에 너희를 위하여 구주가 나셨으니 곧 그리스도 주시니라 너희가 가서 강보에 싸여 구유에 누인 아기를 보리니 이것이 너희에게 표적이니라 하였다(눅 2:8-12).

아기 예수 탄생의 기쁜 소식을 전해준 그 들판에 천주교와 희랍정교회는 인접된 지역에 각각 기념교회를 세웠다. 그 중 비잔틴 시대에 천주교에서 세운 동굴과 유적이 남아 있다.

현재의 교회는 1954년에 건축된 것으로 교회의 외형을 목자들의 천막을 상징하는 형태의 석조 건물로 세웠다. 특히 내부의 구조와 부착되어 있는 벽화는 아기 예수 탄생의 기쁜 소식을 찬미하는듯 화려하기 그지 없다.

보 아 스 (Boaz)

엘리멜렉의 친척으로 베들레헴의 부유한 지주였다. 과부 룻을 얻어서 아들 오벳을 낳았는데 오벳은 예수의 조상으로 다윗의 할아버지이다.

룻 (Ruth)

모압 여자로 유대인 나오미의 자부가 되었다가 일찍 과부가 되어 시모를 효성으로 봉양하다가 그 남편의 친족인 보아스에게 개가하여 오벳을 나으니 곧 다윗의 할아버지이다.
보아스의 밭에서 보아스와 룻의 서로간의 아름다운 러브스토리가 얽힌 현장이 목자들의 들판이다.

제롬 동상

베들레헴 천주교회 정문의 안마당에는 "제롬"을 기념하는 동상이 세워져 있다. 제롬(주후 347-419)은 지금의 유고슬라비아에서 태어나 어린시절 로마에 유학하여 라틴문학을 배웠다. 그는 초대 서방교회에서 어거스틴과 함께 가장 박식한 인물로 평가되었다. 제롬은 라틴어로 성경 번역작업을 382년에 시작하여 로마에서 신약을, 베들레헴에서 구약을 406년경에 완역하였는데 장장 20년 이상의 기간이 소요되었다. 또한 그는 남성 수도원의 지도자로 활동하면서 많은 주석성경을 썼으며 여생을 베들레헴에서 보냈다. 천주교에서는 그가 번역한 성경인 불가타역을 권위 있게 읽고 있다.

라헬의 무덤

베들레헴은 목동 다윗의 고향으로 그는 어렸을 때 주변 유대광야에서 양을 쳤으며 베들레헴에서 사무엘로부터 기름 부음을 받았다(삼상16:13).

"베들레헴 에브라다야 너는 유다족속 중에 작을 지라도 이스라엘을 다스릴 자가 네게서 내게로 나올 것이라"는 미가 선지자의 700년 전의 예언 그대로 베들레헴에서 예수님의 탄생이 성취되었다(미5:2 ; 마2:6). 따라서 나사렛에서 동정녀 마리아에게 수태되어 만삭이 되자 로마 황제 아구스도가 호적령을 내렸다.

그 때 요셉과 함께 다윗의 고향이며 예수님 탄생이 예언된 베들레헴에 찾아와 출생하면 호적에 올리고자 했다. 그러나 출산이 임박해졌으나 유숙할 여관들이 만원이어서 베들레헴의 양이나 염소를 사육하던 동굴의 한 외양간에서 예수님이 탄생하여 강보에 싸여 구유에 뉘이셨다. "말씀이 육신이 되어 우리 가운데 거하시매 우리가 그 영광을 보니 아버지의 독생자의 영광이요 은혜와 진리가 충만 하더라"(요1:14). 아기 예수의 탄생은 하나님의 독생자가 성육신 (incarnation,成肉身)한 위대한 기적의 역사적인 사실이다. 그리고 예수님의 탄생을 기점으로 인류의 역사를 크게 둘로 나누어 기원전(BC : Before Christ)과 기원후(AD: Anno domini, in the year of our Lord)로 구분하고 있다. 그러나 기독교인들은 주전(主前)과 주후(主後)로 통상 구분한다.

이스라엘의 현대사에서 베들레헴은 수난의 역사속에 1967년 6일전쟁에서 이스라엘이 점령했다가 1995년 12월 팔레스타인에 반환한 후 철수하여 지금은 팔레스타인 아랍인들의 도시가 되었다. 그러나 성지순례자들은 큰 불편이 없이 베들레헴을 순례하고 있으나 이스라엘과 팔레스타인 간에 유혈 충돌이 있을 경우 긴장감이 감돌때가 종종 있었다.

아기예수 성가족의 애굽 피난의 배경은 전술한 바와 같이 성경을 통해 밝혔다. 다시 정리하면 베들레헴에서 예수님이 탄생한 후 헤롯왕이 두살 아래의 아이를 전부 살해하며 예수를 죽이려 함으로 애굽으로 피난길을 떠나야 했다.

아기 예수 성가족의 이스라엘 지역에서의 피난경로를 애굽의 콥틱교회사에 정통한 역사학자 옷토 매이나더스는 "베들레헴-아스글론-헤브론-가자"를 경유했을 것이라 했다. 아기 예수 성가족이 구약성경 주요성지의 관심도, 지리적 위치와 방향, 교통의 접근로와 거리를 고려해 볼 때 아스글론(귀로시 경유)을 배제한 "베들레헴- 헤브론- 브엘세바- 가자"를 경유하여 국경인 라파를 넘어 이집트 시나이반도의 땅인 엘 아리쉬에 이르렀을 가능성이 분명해진다. 그리하여 엘 아리쉬에서 다음 지역의 경로에 따른 경유지를 답사하게 되었다.

내가 이스라엘 선교사로 총회에서 파송((1997년)되었을 때 나의 아내는 웨스트민스터 신학대학원(M.DiV)에서 신학공부를 마친 후 "히브리어 독습서"의 저서를 출간한 바 있으나 히브리어 공부를 더 하기 위해 예루살렘의 히브리대학에서 히브리어 공부를 시작한 지 2년째 접어들고 있었다. 그래서 우리 부부가 합류해서 예루살렘성 인접 동편의 아파트 2층에 둥지를 마련하여 함께 생활하게 되었다.

아내는 나의 이스라엘 생활에 큰 힘이 되어 주었고, 이스라엘 현지인과 대화가 필요할 때 통역을 해주어 불편이 없도록 내조를 잘 해주어 고마웠다. 그리고 현대에서 출시한 아반테 새차를 이스라엘에서 출고해 기동력을 확보하여 성지를 두루 답사 했다. 베들레헴에 이스라엘 한인교회 선교팀 및 성지순례자들과 함께 여러 차례 베들레헴에 선교활동차 다녀왔다.

1997년 12월 24일 우리 부부는 예루살렘 한인교회 교인 30여명과 함께 베들레헴 예수님 탄생교회 광장에서 크리스마스 이브 성탄예배를 드렸다. 그날 베들레헴의 밤 하늘은 유난히 푸르렀고, 무수한 별빛이 무척 아름답고 현란하게 반짝였다.

〈기쁘다 구주 오셨네〉 찬송을 부를 때 가슴속 깊은 곳으로부터 감동이 벅차 올라왔다. 또한 아랍인들이 광장 주변의 건물에서 창문을 열고 환호하며 손을 흔들어 주던 모습이 지금도 눈에 선하여 잊을 수가 없다. 나는 베들레헴의 성탄전야의 예배를 평생 잊지 못하고 있고 지금도 뇌리에서 떠나지 않고 있다.

4. 아기 예수 "애굽" 피난 개요

피난 떠나는 아기 예수 성가족

성경에 저희(동방박사)가 떠난 후에 주의 사자가 요셉에게 현몽하여 가로되 헤롯이 아기를 찾아 죽이려 하니 일어나 아기와 그의 모친을 데리고 애굽으로 피하여 내가 네게 이르기 까지 거기 있으라 하니 요셉이 일어나서 밤에 그 아기와 모친을 데리고 떠나가 헤롯이 죽기까지 있었으니 이는 주께서 선지자로 말씀하신 바 애굽에서 아들을 불렀다 함을 이루려 하심이었다(마 2:13-15).

헤롯이 아기 예수를 찾아 죽이려 하였으므로 요셉이 마리아와 함께 아기 예수를 모시고 애굽으로 피난길에 올랐다. 성모 마리아는 아기 예수를 품에 안아 나귀를 타고, 요셉은 나귀 고삐를 잡고 걸으며 성 가족은 베들레헴을 떠났다. 그러나 성경에 성가족과 함께 예수님의 피난 노정에 대하여는 기록되어 있지 않고 헤롯이 죽은 후에 이스라엘 땅인 나사렛으로 돌아왔다는 사실만 기록되어 있다(마2:20).

그러나 이집트의 콥틱교회와 여러 자료를 통해서 애굽의 피난 노정이 밝혀져 있다. 이와 같이 밝혀진 노정의 신빙성에 대한 내용의 논란이 있지만 옷토 매이나더스 (Mein-adus)의 저서인 "애굽에 내려오신 성가족(The Holy Family in Egypt, AUC Press 1986)과 이집트의 콥틱교회에서 도시(圖示)한 노정들이 서로 동일하게 일치된 사실을 내가 직접 대조하여 확인했다. 또한 성가족은 베들레헴을 떠나서 주로 구약 성경에 기록된 유적의 주요 성지를 찾아서 들르고 그 곳에서 머물러 계셨다는 사실에도 부합되고 있었다.

성가족의 애굽 피난길 (부조)

성 가족은 최초 베들레헴을 떠나 헤브론, 브엘세바, 가자, 라파(현, 국경지역)를 지나 시나이 반도의 엘 아리쉬 (El Arishi), 페루지움(Pelusium)에서 머물러 쉬신 후, 애굽 땅으로 건너 갔다.

애굽의 나일 삼각주 지역인 고센땅의 자가지그 (Zagazig), 빌베이스(Bilbeis), 사마누드

(Sammanud), 사카(Sakha) 그리고 사막의 오아시스인 와디 엘 나투룬(Wadi el natrun)에 머물어 있다가 카이로의 엘 마타리아(El mataria, 옛 헬리오포리스)와 올드카이로 지역(아부사르가 교회, 유대회당)에서 약 1개월 동안 머무른 후에 나일강변의 마아디(Maadi)에서 배를 타고 남쪽으로 내려 가며 여러 곳을 경유하였다. 그 경유한 곳은 사말루트(Samalut), 엘 테일(El Tail), 엘 미니아(El Minya), 베니하산(Banihasan), 엘 아슈무네인(El Ashumunein), 다이루트(Dairut), 엘 쿠세아(El Qusiya)를 거쳐 마지막으로 애굽의 배꼽이라고 부르는 중앙지역의 엘 무하라크(El Muhalaq, 현 수도원)에 도착하여 그곳에서 6개월간 머물렀다는 사실은 수도원의 기념비석의 기록을 통해 고증이 되고 있다.

애굽의 종착지역인 엘 무하라크까지 약 23개 지역을 경유했다. 엘 무하라크에서 출발하여 이스라엘의 나사렛으로 돌아 갈때의 경로는 피난 나온 길을 되돌아 역순의 경로를 밟았을 것으로 짐작이 되지만 분명하게 밝혀지지 않고 있다. 귀로시 이스라엘 지역에 들어 와서는 지중해 해안지역의 구약시대 주요 성읍을 돌아보시고 해안도로를 따라 나사렛에 도착했을 것으로 추정이 된다.

그리고 성가족이 배들레헴을 출발해 피난길을 떠나서 애굽에 머물렀다가 이스라엘 나사렛에 도착한 기간의 주장이 엇갈리고 있다. 그러나 통상 4년의 주장에 긍정적으로 공감하게 된다. 그 타당한 이유는 아기 예수의 탄생년도와 헤롯이 죽은 년도를 산정해 보면 가장 합리적인 판단일 것으로 수긍을 하게 된다.

나는 당시(1997년) 한국에서 파송된 이집트 선교사의 협조를 받아 이집트의 수도 카이로에서 2개월여 동안 생활할 수 있도록 소형 아파트 3층의 작은 평수를 무료로 사용하게 되었다. 그래서 성지 답사를 위해 세부적인 계획을 혼자 수립하여 이집트 전 지역의 성지답사 그리고 성가족의 피난 경로를 배 놓지 않고 전부 답사할 수 있었다. 오직 주님의 크신 은혜였고, 꺾인 갈대만도 못하며 만삭되어 태어나지 못한 자와 같이 부족했지만 주께서 나에게 사명감을 주신 것으로 확신하게 되었다.

당시 이집트의 이슬람 원리주의자들이 이교도들을 무참히 살해하는 경우도 있었다.

그러나 생명의 위험을 무릅쓰고 혼자서 배낭을 짊어지고 지도와 참고자료를 지참하여 일정에 따라 성지답사 및 수도원 탐방을 위해 대중교통수단(버스, 소형승합차, 택시, 기차, 전철)을 두루 이용하였다.

특히 기독교 교회사에 최초의 수도원인 성 안토니수도원은 이집트의 광활한 동부사막지역에 위치하고 있어서. 그 수도원을 답사할 때에 버스가 다니지 않아 노변에서 화물차에 편승하기 위해 오래 기다리는 동안 여름철 사막의 후끈 후끈한 지열을 견뎌내어야만 했다.

온갖 악조건에서도 나일 삼각주의 고센땅, 출애굽경로의 전 성지, 알렉산드리아, 피라미드, 룩소르 등의 주요 고대유적, 특히 성가족 피난 노정을 포함하여 2개월여 동안 전지역을 성공적으로 답사할 수 있었던 것은 오직 하나님께서 보호, 인도해 주셨고, 천군천사를 통해 지켜주신 은총이었다. 항상 일정마다 눈물 겹도록 감사했다.

그래서 이집트에서 전 지역을 답사하고 이스라엘로 돌아가 "아기 예수 피난길 순례"라는 제목으로 2절의 가사를 적었다. 마침 예루살렘 한인교회에서 히브리 찬양, 태권도 시범 등 각종 선교활동이 있었다. 내가 이 자리에서 "아기 예수 피난길 순례"의 가사(詩)를 낭송하였다. 아기 예수 성가족이 가신 피난길을 내가 전 지역을 순례하고 돌아와서 베들레헴에서 詩 낭송을 하였을 때 마음속에 넘치는 감동은 측량할수가 없었다. 예루살렘에서 1년여의 사명을 마치고 귀국하여 음악을 전공한 목사에게 의뢰하여 곡을 붙였다.

유대인의 왕을 경배하기 위해 온 동방박사

　　동방에서 보던 그 별이 문득 앞서 인도하여 가다가 아기 있는 곳 위에 머물러 섰는지라 저희가 별을 보고 가장 크게 기뻐하고 기뻐하더라 집에 들어가 아기와 그 모친 마리아의 함께 있는 것을 보고 엎드려 아기께 경배하고 보배합을 열어 황금과 유향과 몰약을 예물로 드리니라 꿈에 헤롯에게로 돌아가지 말라 지시하심을 받아 다른 길로 고국에 돌아가니라(마 2:7-12).

5. 헤 브 론 (Hevron)

막벨라 굴 위에 세워진 회교사원

옷토 메이나더스(Otto Meinardus)는 "콥틱교회의 2000년"(Two Thousand Years of Coptic Christianity Cicago Press, 2002.02.01)이라는 저서를 출판했다. 그는 이집트 콥틱교회사에 정통한 역사학자다. 아기예수 성가족이 베들레헴에서 애굽으로 피난한 경로가 성경에 기록은 없지만 옷토 메이나더스 (Meinadus)의"애굽에 내려오신 성가족(The Holy Family in Egypt, AUC Press 1986)에 그 경로가 밝혀져 있다. 그리고 이집트의 콥틱교회에서 도시(圖示)한 경로가 서로 동일하게 일치되고 있다는 사실을 나는 현지 답사를 통해서 직접 확인할 수 있었다.

그러나 이스라엘 지역에서의 피난 경로는 옷토 메이나더스의 책에서 "베들레헴-아스글론-헤브론-가자"를 경유했을 것이라 했다. 나는 아기 예수 성가족이 주요성지의 관심도, 지리적 위치와 방향, 교통의 접근로 등을 고려해 볼 때 아스글론(애굽에서 귀로시 경유)을 배제한 "베들레헴-헤브론-브엘세바-가자"를 경유하여 국경인 라파를 넘어 이집트 시나이반도의 땅인 엘 아리쉬에 이르렀을 가능성이 분명해진다. 그래서 가장 먼저 헤브론을 목표로 정하여 출발했을 것이라는 신빙성에 관해 살펴보고자 한다.

첫번의 목표지역 헤브론은 예루살렘에서 약 37Km, 베들레헴에서 남쪽으로 약 30Km, 브엘세바에서 북쪽으로 약 48Km지점, 해발 950m의 고지대에 위치해 있고 현재는 아랍인들의 도시이다. 1967년 6일전쟁시 이스라엘이 점령했던 도시로 가자와 세겜 다음으로 큰 도시이다.

헤브론은 주전 2000년 전부터 사람이 거주한 흔적이 남아 있다. 세계에서 먼저 건설된 도시의 하나로 애굽의 유명한 "소안" 보다도 7년이나 먼저 건설되었다(민 13:22). 또한 지리적으로 교통이 편리한 요지로 소위 족장의 길을 따라 예루살렘과 브엘세바를 오고 갈 수 있으며 쉐펠라(Shephela, 낮은 구릉) 지역과도 쉽게 접할 수 있다. 헤브론의 옛 이름은 기럇아르바라, 아르바는 아낙사람 가운데 큰 사람이라고 했다(수 14:15). 기럇은 동네라는 뜻이다. 그러므로 헤브론은 아르바의 동네라는 이름으로 불리어 졌다. 아브라함이 그 아내 사라를 가나안 땅 마므레 앞 막벨라 굴에 장사하였다. 마므레는 곧 헤브론이라고 했다(창 23:19-20).

지금은 헤브론 언덕에 1970년에 새로 건설된 유대인 마을 "기럇 아르바"(Kiryat Arba)라고 하여 아랍인이 거주하는 헤브론과 구분하고 있다. 현재 아랍인들은 헤브론을 베이트 엘 칼릴(Beit el Khalil)이라 부른다.

그들은 "하나님의 친구"를 엘 칼릴, "동네"를 베이트라는 뜻으로 하나님의 친구인 "아브라함이 살던 동네"라 하여 베이트 엘 칼릴이라 부른다. 헤브론에서 제일의 관심지역은 아브라함의 상수리나무가 있던 마므레(Mamre)와 막벨라 굴(The Cave of Machpelah)이다. 막벨라굴을 헤브론에서 가장 거룩한 장소로 생각한다. 아브라함이 자기와 자손의 무덤을 삼으려고 헷족속 소알의 아들 에브론에게서 은 사백 세겔을 주고 구입한 매장지이다(창 23:16-20).

막벨라 굴에 사라가 매장된 후 아브라함도 175세에 죽어 함께 장사되었고(창 25:7-10), 이삭도 180세에 죽어 이 굴에 장사되었으며(창 35:27-29) 애굽에서 요셉이 그의 아버지 야곱이 옮겨와 이 굴에 장사하였다(창 50:12-14). 현재의 헤브론 회교사원은 막벨라 굴 위에 세워져 있다. 최초의 교회는 헤롯 대왕시대에 세워졌으나 파괴되었다. 그후 비잔틴시대와 십자군 시대에 재건되어 오늘에 이르고 있고 아랍 회교인들이 관리하고 있다. 그러나 아이러니하게도 이스라엘 무장 군인들이 이곳을 지키고 있다.

마므레(Mamre)는 헤브론의 북쪽에 가까운 지역이다. 이곳에서 아브라함은 장막을 치고 살았다(창14:13 ; 18:1). 막벨라 뒤에 위치했으며 이삭이 살았던 곳이기도 하다. 아브람이 헤브론에 있는 마므레 상수리 수풀에 이르러 거하며 거기서 여호와를 위하여 단을 쌓았다(창 13:18).

하나님께서 "이제 후로는 네 이름을 아브람이라 하지 아니하고 아브라함이라 하리니 이는 내가 너로 열국의 아버지가 되게 함이니라(창 17:5). 하나님께서 열국의 아버지라는 아브라함의 이름을 주셨다. 또한 하나님께서 아브라함의 아내 사래를 사라(열국의 어머니)로 이름을 바꿔 주시고"아들을 낳으리니 이름을 이삭이라 하리라"(창17:15-19)고 약속해 주신 곳이다.

그리고 "아브라함에게 이르시되 네 후손들에게 남자는 다 할례를 받으라"고 이스라엘 백성이 출생하면 8일만에 필수적으로 받아야 할 언약의 명령을 주신 곳이다(창17:9-14). 이곳에는 헤롯대왕 때 것으로 보이는 유적이 있는데 주후 325년 콘스탄틴 대제에 의해 교회가 세워진 유적이 남아 있다. 그 울타리 안에는 아브라함의 우물과 상수리나무가 있던 자리가 남아 전해지고 있다.

또한 여호수아가 헤브론 성을 취하여 갈렙에게 주었고, 다윗은 헤브론에서 이스라엘 2대왕으로 즉위(40세)하여 7년 6개월간을 통치하다가 예루살렘의 다윗성으로 천도하여 33년을 통치하였다(삼하5:5). 다윗의 셋째 아들 압살롬이 헤브론에서 태어났다. 다윗이 예루살렘으로 천도한 지 4년뒤에 압살롬이 헤브론에 가서 다윗에 반역하여 난을 이르켜

왕이 되었다.

　그 때에 다윗은 예루살렘에서 도망하였다(삼하15:1-13). 압살롬에게 헤브론의 많은 사람이 반역에 동조한 것은 수도를 예루살렘으로 옮기면서 불만이 많았기 때문이었다. 그러나 다윗은 압살롬의 반역의 난을 잘 수습하여 극복한 후 많은 전쟁에서 이겨 이스라엘 땅을 가장 많이 확장하였다. 오늘날까지 다윗 왕을 이스라엘 백성들이 가장 성군으로 추앙하고 있다. 결론적으로 앞에서 살펴 본바와 같이 헤브론은 구약시대 성경의 주요 인물과 가장 밀접한 관련이 있는 성지라는 사실이다.

　특히 아브라함과 다윗의 자손 예수 그리스도의 족보 세계(世系)가 분명하게 성경에 기록되어 있다. 하나님은 동정녀 마리아를 통해 예수의 탄생을 약속하셨고(마 1:1-25), 그 약속이 성취되어 베들레헴에서 예수가 탄생했지만 아기 예수 성가족은 애굽으로 피난의 길을 떠나야 했다. 성가족은 헤브론을 거치지 않고 애굽으로 직행하지 않았을 것이다. 첫 목표지가 헤브론이었을 것이라는 예측에 공감이 간다.

　나는 25년 전 1년여 기간 동안 이스라엘에 체류하며 새 차를 이스라엘에서 출고하여 승용차편으로 이스라엘과 요르단의 전 성지를 답사했다. 헤브론은 요르단을 경유하는 답사 일정이었다.

　그래서 예루살렘 숙소에서 승용차(5명 탑승)로 출발하여 여리고에서 약 8km 복동쪽에 요르단으로 건너가는 국경검문소에 도착했다. 검문소에서 모든 절차를 밟은 후 요단강의 아렌비 다리를 건너 요르단 검문소에서 절차를 밟았다. 승용차 이스라엘 앞 범퍼를 요르단 앞 범퍼로 바꿔 달아야 한다. 요르단에 들어가 3박3일간 요르단 전 지역의 성지를 두루 답사하고 남쪽으로 내려갔다.

　이스라엘로 넘어가기 위해 홍해에서 바닷물이 들어오는 아카바만의 항구도시 아카바에 도착했다. 이스라엘에서는 아카바만을 에일랏(엘랏) 만이라고 부른다. 예루살렘에서 남동쪽으로 약 330km 지점에 위치한 항구도시 에일랏은 요르단 아카바와 쌍벽을 이루며 해상과 육로를 연결하는 중요한 통상로의 역할을 하고 있다. 나는 요르단 아카바 국경검문소에서 절차를 밟은 후 승용차 앞 범퍼를 이스라엘 범퍼로 다시 바꿔 달고 이스라엘 땅으로 건너왔다.

**열두 정탐꾼이 헤브론 에스골 골짜기에서 포도송이를 메고
가데스로 돌아오는 모습**

여호와께서 모세에게 일러 가라사대 사람을 보내어 내가 이스라엘 자손에게 주는 가나안 땅을 탐지하게 하되 그 종족의 각 지파 중에서 족장 된 자 한 사람씩 보내라(민 13:1-2).

가나안 땅의 전 지역을 40일 동안 정탐하고 바란광야 가데스로 돌아온 자들 중 10명은 우리는 메뚜기와 같아 능히 올라가서 그 백성을 치지 못하리라 그들은 우리보다 강하다고 했다. 그러나 여호수아와 갈렙은 그 땅 백성을 두려워하지 말라 그들은 우리의 밥(먹이)이라 그들의 보호자는 그들에게서 떠났고 여호와는 우리와 함께하시느니라고 하며 그들을 두려워하지 말라고 했다.

위 성화는 12정탐꾼이 40일 정탐하고 돌아오면서 헤브론의 에스골 골짜기에서 포도
송이를 메고 가데스로 돌아오는 모습이다(민 13:23-25). 결국 젖과 꿀이 흐르는 가나안
땅을 출애굽 백성 중 오직 여호수아와 갈렙 두 사람만이 들어갔고 요르단 느보산에서 모
세(120세에 사망)의 뒤를 이어 여호수아(95세)가 요단강을 육지와 같이 건너 가나안 땅
을 정복했다(신 34장).

아기예수 성가족 피난길

텔 아랏

이곳에서 나는 승용차로 헤브론을 향하여 달려 가면서 텔 아랏(Tel Aarat)을 답사한 후 성지순례자들의 안전이 보장되지 않는 아랍지역인 헤브론에 도착했다. 헤브론에서 주로 막벨라 굴 위에 세워진 사원을 집중적으로 답사했다.

요르단의 전 성지를 답사하고 마지막으로 헤브론까지 답사하게 된 것을 하나님께 감사하며 헤브론을 출발하여 예루살렘의 숙소에 도착했다.

6. 브엘세바 (Beer Sheba)

아기 예수 성가족은 브엘세바(Beer Sheba)를 외면하고 지나쳐 급히 서둘러 애굽으로 피난하지는 않았을 것이라는 사실을 성경의 기록이 입증해 주고 있다. 그래서 헤브론을 떠나 브엘세바를 경유했을 것이 확연해 지는 것이다. 그 구체적인 배경을 살펴 보고자 한다.

브엘세바(Beer Sheba)는 예루살렘에서 남쪽으로 약 83Km, 헤브론에서 약 48Km 지점의 네게브(Negeb, 황무지) 사막의 중심부에 위치하고 있어 교통의 요충지이다. 브엘세바는 "일곱 개의 우물" 또는 "맹세의 우물"이라는 뜻이다. 토질은 바람이 불어 쌓인 황토여서 비가 적당히 내리지면 풍부한 소출을 거둘 수 있으나 가물 때는 살기가 거의 불가능한 지역이다. 그러므로 철저히 하나님께 의뢰하지 않으면 살기 힘든 지역이다. 브엘세바는 현대 도시인 브엘세바와 성경에 나오는 옛 성터인 텔 브엘세바(Tel Beer Sheba)가 있다. 현대 브엘세바의 북동쪽에 텔 브엘세바가 인접해 있다.

아브라함의 우물

고대 이스라엘의 영토의 경계를 단에서부터 브엘세바까지라고 했다.(삿 20:1 ; 대상 21:2 ; 삼상 3:20) 아브라함이 그랄왕 아비멜렉과 어린 암양 일곱마리로 우물의 계약을 맺은 곳이다(창 21:22-24).

돌로 된 불제단

아브라함이 이삭을 번제로 드리려고 예루살렘의 모리아 산으로 가서 여호와 이레의 숫양으로 아들을 대신해서 번제로 드리고 돌아와서 이곳 브엘세바에서 거주했다(창 22:1-19). 이삭도 브엘세바에 단을 쌓고 장막을 치고 우물을 파고 아비멜렉과 우물의 계약을 맺었다(창 26:23-33).

야곱이 브엘세바에서 형 "에서"의 축복을 가로채고 하란으로 떠났고(창 28:1-10), 야곱이 하란에서 브엘세바로 돌아왔다. 가족 70인을 이끌고 아들 요셉이 애굽 총리(30세)가 되었을때 요셉에게로 떠난 곳도 브엘세바이다(창 45:27).

이스라엘 민족이 출애굽하여 여호수아가 가나안 땅을 정복할 때 브엘세바를 유다지파에 분배했으나 후에 시므온에게 넘겨 주었다(수 15:28,19:2). 사무엘의 두 아들 요엘과 아비야가 브엘세바에서 사사가 되었으나 그 행위가 아버지 같지 않아 뇌물을 취하고 판

결을 그릇되게 했다. 그러므로 이스라엘의 모든 장로가 왕을 세워 다스리기를 간청함에 사무엘을 통해 하나님께서 왕을 세우도록 허락하여 이스라엘의 왕정이 시작되는 계기가 되었다(삼상 8:1-9). 엘리야 선지자가 이세벨의 칼날을 피해 도주하여 이곳 브엘세바에 머물렀다가 떠나 40일만에 호렙산(시내산)에 이르렀다(왕상 19:1-18).

브엘세바는 바벨론 포로에서 귀환한 자들에 의해 다시 재건되었으며(느 11:27) 주후 70년 예루살렘 함락 후 로마군대가 요새화를 했다.

현대 브엘세바는 네게브 사막의 중심도시로 주위에 공장도 많고 초대 이스라엘 수상을 지낸 벤 구리온(Ben Gurion)의 이름으로 세워진 벤 구리온대학교가 있다. 또한 브엘세바 근처에는 베드윈(Beduin)이 많이 살고 있어 그들의 짐승이 브엘세바 시내에서 매매가 이루어지는데 아브라함의 우물에서 가까운 공터에서 매주 목요일마다 짐승시장이 열린다. 나는 성가족이 브엘세바를 경유했을 것이라는 심증이 브엘세바 현지 답사를 통해 분명해졌다.

벤구리온(이스라엘 초대 수상) 대학

7. 가 자 (Gaza)

아기 예수 성가족이 베들레헴에서 아스글론으로 갔다가 헤브론을 경유하여 가자로 갔을 것이라는 주장이 있으나 나는 이스글론 유적의 중요성 및 지리적 위치로 보아 수긍하기 어렵다는 견해를 이미 밝힌 바가 있다. 성가족은 브엘세바에서 가자로 가서 잠간 머물렀다가 라파에서 국경을 넘었을 것이다. 가자에 대한 성서의 역사와 지리적 배경을 살펴보고자 한다.

UN의 팔레스타인 분할 계획
(1947년11월29일)

가자(Gaza)는 블레셋 5대 성읍(아스돗, 아스글론, 가드, 에글론, 가자) 중에 하나로 성경에 "가사"로 기록되어 있다. 가자는 예루살렘으로부터 남서쪽 약 92Km, 텔라비브에서 남쪽으로 약 60Km, 브엘세바에서 북서쪽으로 약 40Km지점의 지중해 해안도시이다.

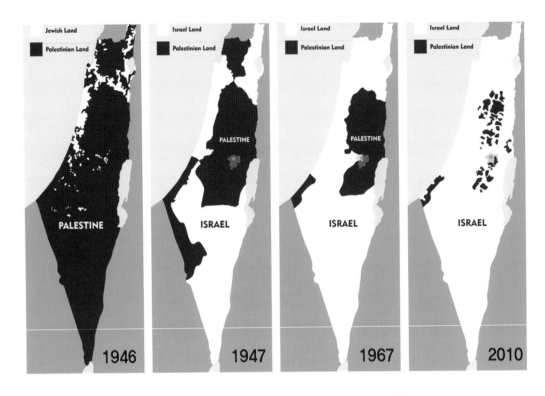

현대 이스라엘과 팔레스타인 영토 변화
(진한 녹색 지역은 팔레스타인 땅이다)

가자는 블레셋 성읍으로 노아 때부터 있었다. 여호수아가 가나안 땅에 들어가 유다지파에게 주었으나 점령하지 못했다(수 11:22). 그러나 사사시대에 잠시 취하였다(삿 1:18).

사사 삼손이 드릴라에게 힘의 비밀을 토설하여 잡힌 곳이 가자이며(삿 16:21), 삼손이 드릴라의 꾀에 속아 블레셋 사람에게 잡혀 가자의 옥중에서 맷돌을 돌리게 했었다.(삿 16:4-22) 블레셋 사람들이 삼손을 끌어 내어 다곤의 신전에서 재주를 부리게 하였고 신전의 두 기둥을 껴안고 몸을 굽혀 신전을 무너뜨리고 삼손 자신도 죽었다(삿16:23-31).

아기 예수 성가족은 삼손과 관련이 있고 신전이 있던 가자에 들렸을 것으로 믿어진다. 신약시대에 빌립 집사가 이디오피아 내시에게 가자로 내려가는 길에서 세례를 주었다(행 8:26).

가자에서 주후 592년에 세웠던 유대회당의 모자이크 바닥을 볼 수 있다. 현재 시내 큰 회교사원은 비잔틴 시대의 교회자리에 세워져 있다. 1967년 6일전쟁 후 이스라엘이 점령하고 있던 가자지구는 현재 팔레스타인 자치정부에 속해 있다.

팔레스타인 자치정부는 요르단강 서안지구(웨스트뱅크,5,655Km2)와 가자지구 (362Km2)가 멀리 떨어져 있지만 두 자치구가 통합된 자치정부이다. 그러나 두 자치구 갈등이 형성되어 미묘한 관계가 유지되고 있다. 그 미묘한 갈등과 충돌의 이질적인 배경은 다음과 같다.

팔레스타인 자치정부는 1964년 팔레스타인 해방기구(PLO)가 출범한 이후 1988년 독립을 선언하고 1993년 9월 오슬로 협정으로 정식 출범하는 등 국제적으로 팔레스타인이 유일한 대표기구로 인정을 받았다.

2006년 6월 가자지구 총선에서 강경파인 하마스에 패함으로써 그 여세로 가자지구가 이탈하여, 팔레스타인 자치정부는 요르단강 서안지구(웨스트뱅크)만 관장하여 통치하게 되었다. 결론적으로 팔레스타인 자치정부는 가자지구가 분리되어 떨어져 나간 상태의 절 뚝발이 자치정부로 전락하였다.

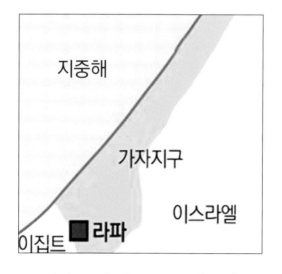

라파 국경 검문소 위치(가자)

특히 가자지구는 이스라엘에 대항하는 팔래스타인의 하마스 무장조직의 주요기지가 되어 이스라엘과 무력충돌이 빈번하여 세계의 화약고라 불리기도 한다. 오늘의 가자지구는 성지순례자들이 들어갈수 없고 더욱이 현지 답사가 허용되지 않아 아쉽다.

성가족의 애굽으로 피난

8. 엘 아 리 쉬 (El Arish)

엘 아리쉬 콥틱교회

엘 아리쉬(El Arish)는 이스라엘과 이집트의 국경인 라파(Raffa)에서 45Km, 카이로에서 285Km지점, 시나이반도의 지중해 연안에 위치하여 시나이반도를 총괄하는 행정도시로서 시나이 반도에서 제일 큰 도시이다.

나는 이스라엘의 예루살렘을 출발해서 이집트의 카이로까지 육로로 이동하기 위하여 예루살렘에서 직행 대형버스에 탑승하여 이스라엘과 이집트 국경의 라파(Raffa) 검문소에 도착했다. 이스라엘 검색원의 까다로운 검색을 마치고 국경을 넘었다.

이집트에서 장기계획으로 2개월여를 카이로에 체류하며 구약시대 애굽의 고센땅을 비롯하여 출애굽지역, 구 카이로지역, 알렉산드리아, 룩소르, 여러 곳의 수도원 그리고 아기 예수 애굽 피난 경로를 전부 답사하고자 했다. 그래서 이스라엘 국경을 넘어 시나이 광야지역의 엘 아리쉬는 성가족이 머물렀던 곳이기에 관심이 많았다.

나는 오후에 카이로에 도착하여 숙소에 여장을 풀고 1개월간 고센땅과 출애굽코스의 전 지역을 혼자서 전부 답사했다. 다음은 카이로를 출발하여 라파에 도착, 라파에서 역순으로 출발하여 아기 예수님 피난길을 답사하게 되어 엘 아쉬에 도착, 시가지 몇 군대를 돌아보고 지중해의 검푸른 넓은 바다를 팔벌려 가슴에 품어 본 다음 해안 백사장을 걸으며 한국에서 느낄 수 없었던 감동에 사로 잡혔다. 이마의 땀을 훔친 후 백사장에 인접한 식당에서 점심식사를 간단히 마쳤다.

이곳은 우기철에만 비가 내리고 연중 거의 비가 내리지 않는다. 그래서 지하수 개발과 수로건설사업이 활발하다. 사막이 남쪽으로 펼쳐져 있는 무성한 대추야자의 도시로 그 넓은 지중해의 수평선과 해변의 백사장 그리고 푸른 물결은 한결 아름다움을 더해 주었다. 이러한 자연의 정취를 고려하여 호텔들이 해변가에 많이 들어 서 있다.

먼저 숙소를 정할 필요성이 있었다. 해안에는 방가로가 많아 피서철이라 운치가 퍽 좋았다. 이곳 저곳 돌아보며 해안의 파도소리가 찰랑거리는 곳의 방가로를 숙소로 정하고 오후에 엘 아리쉬 시가 전 지역을 돌아 보았다.

나는 관광차원이 아닌 아기 예수 성가족의 피난 경로를 추적하는 답사에 역점을 두었다. 아기 예수 성가족이 머물렀던 곳에는 꼭 성가족 방문기념의 콥틱교회가 세워져 있었다. 엘 아리쉬의 중심지역에 역시 콥틱교회가 세워져 있었다(사진 참조). 나는 교회를 두 번이나 찾아갔으나 문이 닫혀 있어서 세 번째 담임 신부를 수소문하여 만나게 되어 대화를 나눴고 교회 내부를 돌아 보게 되었다.

특히 엘 아리쉬에 가까운 지역에 한국 기술진에 의해 화력발전소가 건설되어 사막도시의 산업화 동력으로 사용되었고, 저녁에는 가로등을 환하게 밝혀 주고 있었다. 또한 시나이 반도가 한국인에 의해 도시가 걸설되고 있어 한국인에 대해 주민들이 대단히 우호적이었다. 해가 저물어 가자 숙소에 돌아 왔다. 지중해 바닷물에 몸과 손발을 씻으니 그렇게 상쾌할수가 없었다. 아기 예수 성가족은 이곳 엘 아리쉬(El Arish)를 출발하여 다음 목적지인 페루지움(Pelusium)으로 향하였다.

엘 아리쉬의 지리와 역사를 상세히 알아볼 필요성이 있다. 로마 통치시대는 죄수들이 코가 잘린 채 아리쉬의 척박한 사막의 땅에 보내져 평생 죄수 취급을 당하며 살게 했다고 한다. 얼굴의 중요한 부위인 코를 벤 이유는 죄수를 감시할 필요 없이 사막에서 살도록 해서 내륙으로 들어오면 쉽게 식별하기 위해서였다고 한다.

이는 너무 잔인한 벌이요 인간존엄을 무시한 인격 말살의 횡포였다. 1897년 스위스 바젤에서 제1차 시온주의 총회가 개최되었다. 이 총회에서 "여기 나는 유대국가를 세웠노라"하고 선언하면서 "빠르면 5년 늦으면 50년 안에는 모든 사람들(유대인)이 그것을 확인하게 될 것이다"라고 예언하였다.

시온주의(Zionism) 또는 유대주의, 유태주의(猶太主義), 유태복고주의(猶太復古主義)는 팔레스타인 유대인 국가 건설을 목적으로 한 민족주의 운동이다. 시온주의자 테오도를 헤르츨(Theodor Herzl, 1860년-1904년)은 영국의 지지를 얻기 위하여 적극적으로 노력하였다. 그 결과 1903년에 영국 정부는 2개안인 "우간다 안"과 "엘 아리쉬 안"을 제시하였다.

(1안) 우간다 안은 풍부한 자원, 설탕, 면의 생산지로 유럽인들에게는 아프리카의 노른 자위라고 일컬어지던 우간다 땅에 유대국가를 세우는 것이었다.

(2안) 엘 아리쉬 안은 영국령 지중해 남동쪽에 유대인 자치구를 두겠다는 이집트의 엘 아리쉬를 염두에 두고 유대국가를 세우는 것이었다.

헤르츨 (T.Herzl)은 영국이 제시한 "우간다 안"에 대하여 우간다는 시온이 될수 없고 ,"엘 아리쉬 안"에 대하여 우리는 이집트로 가지 않을 것이라고 선언하였다. 유대 국가의 건설은 팔레스타인 땅만을 목적으로 한다. 선조들의 땅을 향한 염원은 결코 변치 않고 계속 될것이라고 밝혔다. 시온주의 운동은 시온주의자들에 의해 지속되었다.

2차 세계대전이 종식된 후 1947년 유엔에서 팔레스타인 땅안에 유대인 국가와 아랍인 국가 즉 두개의 국가를 세우도록 결의되었다. 그러나 아랍 국가들은 적극 반대했으며 이스라엘은 대환영하였다. 이스라엘이 기회를 놓치지 않고 1948년 5월14일 텔라비브 박물관에서 독립을 선언했다(벤구리온:초대 수상 겸 국방장관). 그리하여 영국이 지배 (1917-1948년5월)하고 있던 팔레스타인 땅에서 영국군이 독립선언한 날 자정 1시간전에 하이파항에서 떠나 철수했다.

그러나 이스라엘 독립을 반대한 팔레스타인과 아랍 동맹국가(이집트, 요르단, 레바논, 시리아, 이라크)는 이스라엘과의 4차 중동 전쟁을 지속했다. 2차 중동전쟁시 (1956.7.26.-11.7.)에 5개월간 시나이 반도를 점령했다가 이집트에 반환했고, 3차 중동전쟁(6일전쟁,1967.6.5.-6.10.)시에 이스라엘이 15년간을 시나이 반도를 점령했다가 이집트에 반환했다.

이스라엘이 시나이 반도를 점령한 기간에 이스라엘이 지하수 개발과 수로건설 등에 땀을 많이 흘려 발전시켰다. 그러나 이스라엘이 이집트에 시나이 반도 땅을 반환 (1982.4.25)하고 금일에 이르고 있다.

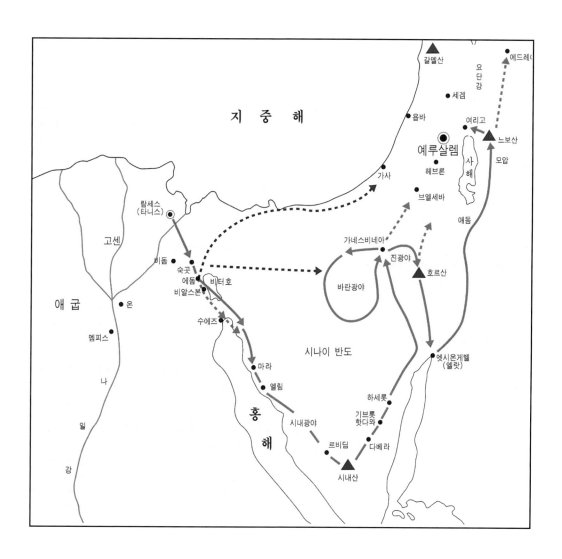

출애굽경로

모세의 헬레오폴리스에서 느보산까지

모세의 생애

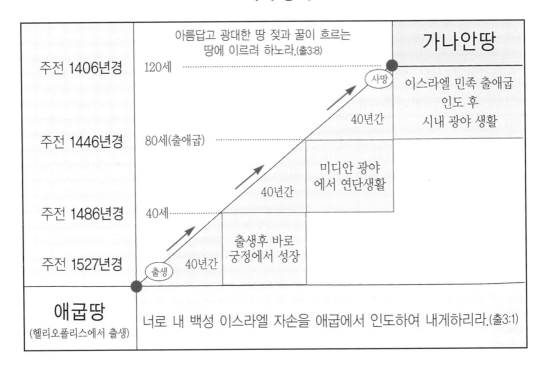

이스라엘 민족인 히브리족은 이집트 나일강 하구의 삼각주인 고센땅에서 430년간 애굽 바로의 폭정에 시달렸다. 그러나 애굽의 바로 왕궁에서 40년간 자란 모세가 바로 왕궁을 버리고 도피하여 시내산 하록 미디안 땅에서 40년간 장인 이드로(처:십보라 두아들:게르솜.엘리에셀)의 양을 치며 생활을 했다. 모세가 시내산 정상(해발,2,285m)에서 하나님의 소명을 받고, 애굽에 다시 들어가 바로와 열가지 재앙을 통해 대결한 후 마지막 장자재앙으로 바로가 출애굽을 허락하여 애굽에서 이스라엘 백성 60만명을 이끌고 출 애굽시킨 모세의 기적이 있었다. 모세는 홍해바다를 육지같이 건너 시나이 반도에 상륙 하여 시내산 정상에서 하나님이 돌비에 친수로 써준 십계명을 받았고, 성막을 세워 성막 위에 구름기둥이 오를 때마다 성막을 앞세우며 계속 이동한 후 30년 넘는 세월을 바란 광야에 머물러 가데스바네아에서 이스라엘 땅에 12정탐꾼을 보내는 등 시나이 사막에서 주로 생활하며 머물렀다.

하 나 님 이 택 한 모 세

여호와의 사자가 떨기나무 불꽃 가운데서 그에게 나타나시니라....
모세야 모세야 하시매 그가 가로되 내가 여기 있나이다 하나님이 가라사대
이리로 가까이 하지 말라 너의 선 곳은 거룩한 땅이니 네 발에서 신을 벗으라
또 이르시되 나는 네 조상의 하나님이니 아브라함의 하나님,
이삭의 하나님, 야곱의 하나님이니라 모세가 하나님 뵈옵기를 두려워하여
얼굴을 가리우매 여호와께서 가라사대 내가 애굽에 있는
내 백성의 고통을 정녕히 보고 그들이 그 간역자로 인하여
부르짖음을 듣고 그 우고를 알고
내가 내려와서 그들을 애굽인의 손에서 건져내고
그들을 그 땅에서 인도하여 아름답고
광대한 땅 젖과 꿀이 흐르는 땅 에 이르려 하노라.

출애굽기 3장 2절-8절

하나님이 모세에게 이르시되 나는 스스로 있는 자니라 또 이르시되
너는 이스라엘 자손에게 이같이 이르기를 스스로 있는 자가
나를 너희에게 보내셨다 하라.

출애굽기 3장 14절

모세와 관련된 애굽왕의 계보

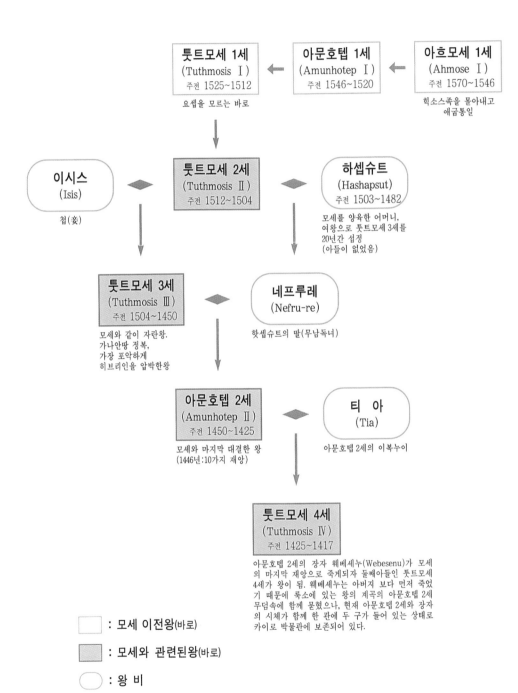

툿트모세 1세
(Tuthmosis Ⅰ)
주전 1525~1512

요셉을 모르는 바로

아문호텝 1세
(Amunhotep Ⅰ)
주전 1546~1520

아흐모세 1세
(Ahmose Ⅰ)
주전 1570~1546

헉소스족을 몰아내고
애굽통일

이시스
(Isis)

첩(妾)

툿트모세 2세
(Tuthmosis Ⅱ)
주전 1512~1504

하셉슈트
(Hashapsut)
주전 1503~1482

모세를 양육한 어머니,
여왕으로 툿트모세 3세를
20년간 섭정
(아들이 없었음)

툿트모세 3세
(Tuthmosis Ⅲ)
주전 1504~1450

모세와 같이 자란왕.
가나안땅 정복,
가장 포악하게
히브리인을 압박한왕

네프루레
(Nefru-re)

햇셉슈트의 딸(무남독녀)

아문호텝 2세
(Amunhotep Ⅱ)
주전 1450~1425

모세와 마지막 대결한 왕
(1446년:10가지 재앙)

티 아
(Tia)

아문호텝 2세의 이복누이

툿트모세 4세
(Tuthmosis Ⅳ)
주전 1425~1417

아문호텝 2세의 장자 웨베세누(Webesenu)가 모세
의 마지막 재앙으로 죽게되자 둘째아들인 툿트모세
4세가 왕이 됨. 웨베세누는 아버지 보다 먼저 죽었
기 때문에 룩소에 있는 왕의 계곡의 아문호텝 2세
무덤속에 함께 묻혔으나, 현재 아문호텝 2세와 장자
의 시체가 함께 한 관에 두 구가 들어 있는 상태로
카이로 박물관에 보존되어 있다.

☐ : 모세 이전왕(바로)

▨ : 모세와 관련된왕(바로)

◯ : 왕 비

장 엄 산 시 내 산 (성 산)

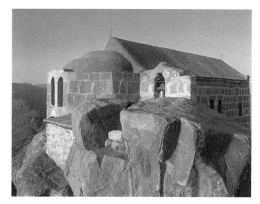

시내산 정상의 모세기념교회
(남쪽에서 촬영)

시내산 정상의 모세 기념교회
(북쪽에서 촬영)

시내산의 장엄한 일출

평생 잊을 수 없는 시내산 정상 설교

**새벽 깜깜한 시간에 손전등을 켜고 성지 순례자들에게
설교하고 있다. (1996.11.11.김흔중 목사)**

나는 구약성경의 출애굽기에 상세히 기록된 출애굽의 경로를 전부 답사했다. 그래서 시나이 반도에서 제일 큰 도시인 엘 아리쉬에서 출애굽에 대한 기록을 새롭게 뒤돌아 보게 되었다.

특히 장엄한 시내산 정상(해발 2,285m)에 성지순례자들과 함께 새벽 일찍 올라가 모세기념교회 앞에서 해뜨기 전에 손전등의 불을 켜들고 성경을 읽고, 성지순례자들에게 설교(1996.11.11.)를 하게 되어 감동이 넘쳤고 가슴이 벅찼다. 그 감동의 순간을 지금도 잊을 수 없고, 시내산 정상에서 해가 떠오르는 장엄한 모습은 평생동안 잊혀지지 않고 나의 시야(視野)에서 사라지지 않고 있다.

성 케더린 수도원(시내산 하록)

가시 떨기나무(성 케더린 수도원 경내)

홍해 바닷물을 가른 모세가
지팡이를 들고 있다.

9. 페루지움 (Pelusium)

    페루지움(Pelusium)은 엘 아리쉬에서 약 110Km, 수에즈 운하의 엘 콴타라(El Quantara)에서 약 40Km의 거리에 위치하고 있다. 지금의 이름은 엘 파라마(El Farama)이며 성경에 기록된 이름은 "다베네스"이다. 아기 예수 성가족이 체류한 당시 다베네스는 바로왕(Pharaoh)의 궁전이 있었으며 예레미야 선지자가 얼마간 머물렀던 곳이다.

    나는 엘 아리쉬에서 출발하여 수에즈 운하로 가는 대로를 따라 승합차편으로 약 105Km를 달려가다가 페루지움으로 들어가는 곳에서 하차하여 차를 바꿔서 타고 지중해 해변의 목적지 근처에서 하차했다. 큰 돌기둥(참조 사진)을 향해 걸어 들어가 보니 돌기둥 근처에 왕궁터의 흔적만 남아 있어 사막의 모래에 덮여 머지않아 흔적마저 사라질 것 같았다.

**둘기둥 : 페루지움의 옛 궁전터만 남아있고
유적 앞에 둘기둥이 사막에 외롭게 서있다.**

페루지움은 2000년 전에 애굽의 옛 바로(Pharaoh)의 궁전이 있었으며 중요한 항구 도시였다. 오늘날 항구의 흔적은 완전히 사라졌고, 스웨즈 운하 지중해 하구의 시나이 반도 북쪽에 넓은 사막지역으로 변했다. 애굽의 바로 왕궁이 있었다는 것이 믿겨지지 않았지만 바로 왕궁터의 입구에 큰 돌기둥이 세워져 있고 왕궁 터의 흔적을 눈으로 확인할 수 있어 웅장했던 바로(Pharaoh) 왕궁의 옛 모습을 흘러간 역사속에서 상상해 보게 되었다.

성경의 기록을 살펴 보면 선지자 예레미야의 아들 바룩을 영솔하고 애굽땅에 들어가 다베네스(페루지움)에 이르렀으니 그들이 여호와의 목소리를 청종치 아니 함이 이러하였더라(렘 43:6-7)라고 기록되어 있다. 예레미야와 관련하여 알아보고자 한다.

예레미야는 남유다 요시아 왕 13년부터 시드기야왕 11년까지 42년간(주전 628년-586년)의 선지자였다. 그는 유다왕국이 패망할 때의 선지자로서 애국애족심이 강하여 민중이 여호와를 배반하고 국가와 민족을 좀먹는 행동을 일삼는 관민을 볼 때에 흥분하여 대책을 세우지만 목이 곧은 민중은 듣지 않고 도리어 원망하여 가두고 심지어 죽이려고까지 하였다(렘 36:19).

특히 예레미야의 예언대로 바벨론 왕 느브갓네살이 예루살렘을 2년만에 함락하였다. 왕궁을 버리고 도망하는 시드기야 왕을 여리고 평원에서 사로잡아 끌고가 그 목전에서 두 아들을 죽이고 왕의 눈을 빼어 죽여서 바벨론으로 끌고 갔다(렘39:1-9).

남유다 왕국이 바벨론에 주전 586년에 멸망된 역사적인 비극이었다. 그 때 예레미야도 사로잡혀 쇠사슬에 묶여서 바벨론으로 끌려가다가 도중에 놓여 미스바로 돌아 왔었다.

바벨론에 사로잡혀 가지 않은 백성들이 애굽으로 도망하려는 것을 견책하였으나 듣지 않고 가매 부득이 그들을 지도하기 위하여 예레미야는 따라갔다. 애굽으로 가면서 "다베네스"(페루지움)에서 애굽에 내려간 자들이 멸망할 것과 애굽이 망할것을 예언했다(

렘42:7-17, 44:11-14). 이상의 성경기록에서 예레미야 선지자가 이곳 다베네스에 머물렀으며 바로왕의 궁전이 있던 이곳에 성경기록에는 없지만 아기 예수 성가족이 다베네스에 왔었던 사실이 전해지고 있다.

페루지움은 그뿐 아니라 애굽 군대가 페르시아 군대에 패전한 항구도시이기도 했다. 애굽의 제27대 왕조의 프삼메티코스 3세(Psammetichos III) 때에 페르시아 왕 캄비세스 II, 주전 530-522)의 침략을 받아 주전 522년에 페루지움에서 애굽군대가 격멸되어 헬리오폴리스와 멤피스가 점령되어 애굽은 페르시아의 지배에 들어 가게 되었다. 또한 페루지움은 폼페이우스(Gnaeus Pompeius Magnus, 주전104-48)가 암살된 곳이기도 하다. 그 암살된 역사적인 배경을 살펴보기로 한다.

폼페이우스(Gnaeus Pompeius Magnus)는 로마 공화정 말기 주전 70년과 52년 두 차례에 콘술(Consul, 집정관)이 되었다. 그는 오랜 세월 동안 로마를 괴롭힌 싸움에서 종지부를 찍게한 장군으로 업적도 높이 평가되었다. 그러나 카이사르(Caesar, 황제)와 대립하던 원로들의 충동으로 카이사르와 싸웠으며 이탈리아에서 쫓기는 신세가 되었다.

그 뒤 동방에서 세력을 결집했지만 주전 49년 갈리아에서 군사를 이끌고 카이사르가

**지중해 해상에서 해뜨는 서광의 빛을
촬영한 해뜨는 광경 (김흔중 촬영)**

루비콘 강을 건너 로마로 진군하자 폼페이우스는 로마를 포기하고 자신의 세력 기반이 있는 동방으로 이동했다. 주전 48년 8월 9일 그리스 아테네 북쪽 파르사루스(Fharsalus)의 평원에서 카이사르에게 패배하였고 자신을 지지할 것이라 믿었던 동방에서 모두 외면받자 이집트 알렉산드리아에 피신했다.

당시 로마군 두 사령관 아킬라스(Achillas)와 루시어스 셉티머스(Lucius Septimus)가 알렉산드리아에 머물고 있던 폼페이우스를 페루지움의 항구로 유인하여 함상에서 환영하는 척하면서 주전 48년 9월28일에 암살하였다.

아기 예수 성가족은 구약시대의 선지자 예레미야와 밀접한 관계가 있었던 애굽 땅의 애굽 왕궁이 있었던 다베네스(페루지움)에서 떠나 사막길을 이용하여 고센땅의 자가지그 지역인 텔 엘 바스타(Tel el Basta)로 향하였다.

나는 페루지움 백사장의 지중해 해변에서 검푸른 넓은 바다를 바라보며 세월의 무상함과 역사적인 인걸은 온데간데 없다는 사실에 허무하기도 했지만 오직 남다른 감회와 보람을 느끼며 아기 예수 성가족의 족적을 따라 페루지움을 뒤로 하고 자가지그를 마음에 두면서 떠나게 되었다.

성모 마리아 기념교회

이집트 자가지그의 마리아교회에서
(천진한 어린학생들과 함께 하고 있다. 1997.5.2. 김흔중)
자가지그는 여로보암이 망명했던 곳이며 예수님
피난 노정의 한 경유지역이다.

나는 시나이 반도 북서단 지중해 해변의 사막에 폐허(廢墟)의 유적으로 남아있는 페루지움을 출발하여 약 15분간 도보로 걸어서 라파 국경에서 카이로로 가는 대로에 도착했다. 이곳에서 승합차를 타고 약 40분간 직행하여 스웨즈운하를 건너 이스마일리아(Ismailia)에 도착했다.

구약시대의 이스라엘은 지정학적으로 대단히 중요한 위치에 있었다. 고대문명의 발상지인 애굽과 메소포타미아를 연결하는 중간지역의 비옥한 초생달지역 남서쪽의 길목에서 육교의 역할을 하는 교통의 요충지가 이스라엘이었다.

고대는 아라비아 사막을 가로지르는 대상(隊商,Caravan)이나 군대는 이스라엘 땅을 통과할 수밖에 없었다. 그 이유는 첫째로 경제적 목적을 달성하기 위한 통상로 개척이었으며, 둘째로 정치, 군사적인 중요성을 인식하여 교두보 및 통로의 확보 때문이다. 그래서 구약의 성경은 인접국과의 전쟁으로 점철된 기록이 대부분이다.

기독교의 구속사에 믿음의 시조(조상)인 아브라함을 비롯하여 야곱, 요셉 그리고 야곱의 자손들이 이스라엘에서 애굽으로 들어갈 때에 대상과 군대가 이동했던 통로를 이용했다. 바로 그 길이 내가 수웨즈운하를 건넜던 길이다.

그러나 구약시대와 아기예수 성가족이 애굽에 들어간 시기에는 수웨즈 운하가 개통되지 않았고 이스마일리아 도시도 건설되지 않았었다. 오늘날 이스마일리아(Ismaillia)는 이집트의 수웨즈 운하 중간지점에 위치한 항구도시이며 이스마일리아 주(州)를 관할하는 행정수도이다.

1863년에 수웨즈 운하를 공사할 때 공사의 운하회사가 건설기지로 삼아 프랑스식으로 설계했다. 운하공사 당시의 이집트 부왕(副王) K.이스마일의 이름을 붙여 도시 이름을 이스마일리아라 명명했다.

수웨즈 운하를 개통한 뒤에는 운하를 통항하는 선박의 관제지령부의 소재지가 되었다. 또한 제1차세계대전 때는 연합군의 중요한 작전본부가 설치되었다. 1975년 면세공업단지가 조성되었으며, 공단 내에는 식품가공, 트랙타 및 엔진 생산공장, 조선업체 등이 있는 인구 약 75만명인 도시이다. 이스마일리아에서 포토사이드(스웨즈 운하 북단 항구)까지 철도 및 간선도로가 연결되어 있다.

나는 이스마일리아에서 철도편을 이용하여 포토사이드(Port Said)를 돌아본 후 뒤돌아 나오면서 자가지그에 들어갔다. 자가지그는 고센의 델타지역에서 큰 도시이다. 아기 예수 성가족은 페루지움을 떠나 시나이 반도를 건너 애굽의 고센땅의 자가지그에서 약2Km 남서쪽의 텔엘 베스타(Tel el Basta)를 먼저 방문했으나 마을 사람들이 푸대접을 했다고 한다. 이곳에서 옛 신전의 터와 비석들이 널려 있는 유적을 볼 수가 있었다.

이곳 텔엘 베스타의 시가지 중심에 허술한 성 마리아 교회가 세워져 있었다. 내가 교회를 방문을 했을 때 어린 학생들이 모여 공부하고 있었다. 그 아이들의 모습은 천진스러웠고 눈망울이 살아 있었다. 여선생 2명과 학생들과 기쁜 마음으로 기념사진을 촬영했다(참조, 사진).

성경에 기록된 지명의 비베셋은 오늘의 자가지그이다. 성경에 아웬과 비베셋의 소년들은 칼에 엎드러질 것이며 그 성읍 거민들은 포로가 될 것이라 내가 애굽 멍에를 꺾으며 그 교만한 권세를 그 가운데서 그치게 할 때에 드합느헤스에서는 날이 어둡겠고 그 성읍에는 구름이 덮일 것이며 그 딸들은 포로될 것이라 이와같이 애굽을 국문하리니 그들이 나를 여호와인 줄 알리라 하셨다하라(겔 30:17-19)고 에스겔이 하나님의 심판을 예언한 비베셋이다.

비베셋은 애굽 제22왕조의 시삭에 의해 건설된 도시이며 이스라엘 여로보암이 솔로몬에게 쫓기게 될 때 망명하여 이 곳에서 머물렀다. 여로보암에 대하여 좀더 상세히 살펴본다면 솔로몬이 성의 밀로(토성)을 건축하고, 다윗성을 수축할 때에 큰 용사이며 부지런한 여로보함을 감독으로 삼았다.

그러나 여로보암이 예루살렘을 나갈 때 실로 사람 선지자 아히야가 길에서 여로보암을 만나 "네가 장차 이스라엘 10지파의 왕이 되리라" 하였다. 솔로몬이 이 예언을 듣고 여로보암을 죽이려 하므로 애굽으로 도망하여 애굽 시삭왕에게 이르러 솔로몬이 죽기까지 있었다(왕상 11:27-40). 성경에는 여로보암이 애굽에 망명하여 있던 곳이 기록에 없으나 "자가지그"로 전해지고 있다.

이스라엘의 3대왕 솔로몬이 죽게 되자 아들 르호보암이 2개 지파의 남 유다왕이 되었고, 여로보암이 애굽(자가지그)에서 세겜으로 돌아와 10개지파의 북 이스라엘 왕이 되어 사실상 이스라엘이 남북 분열왕국시대가 되었다. 북 이스라엘은 19대 호세아 왕 때인 주전 722년 앗수르에게 멸망했고, 북 이스라엘이 멸망한 136년 후 남유다는 시드기야왕 때인 주전 586년에 바벨론에게 멸망했다.

오늘날 이스라엘은 2천여년 동안 디아스포라의 수난의 역사속에서 드디어 1948년 5월14일 독립국가가 되었고, 대한민국은 1948년 8원15일에 건국이 되었다. 이스라엘 땅에 팔레스타인 자치정부가 있고, 한반도는 분단되어 남쪽에 대한민국, 북쪽에 3대세습정권과 서로 대치하고 있다. 우리는 이스라엘의 역사를 타산지석으로 삼아야 하고, 이스라엘 정신이 우리에게 교훈이 되어야 한다. 나는 자가지그(Zagazig)를 떠나 카이로 숙소로 돌아와 이틀 후에 아기 예수 성가족이 자가지그에서 빌베이스(Bilbeis)로 떠났기 때문에 나도 빌베이스(Bilbeis)를 답사하기로 했다.

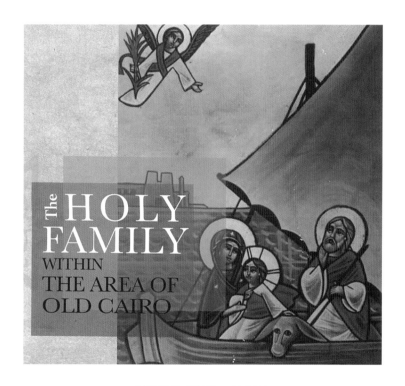

성가족 애굽 피난길
(이집트 국가관광청 서울사무소 성화 제공)

11. 빌 베 이 스 (Bilbays / Bilbeis)

빌베이스 성 죠지 교회

빌베이스(Bilbays / Bilbeis)는 이집트 나일강 삼각주 동쪽 끝에 위치한 고대 요새도시로 아랍어 방언으로 '벨베스'라고 부른다. 빌베이스는 애굽 파티마 왕조 통치하에 있었으며 주요 군사 요충지로 사용되었다.

1164년 이후 십자군과 이슬람 간의 전쟁으로 완전히 도시가 파괴되었다가 1798년 나폴레옹 1세가 이집트 알렉산드리아를 점령한 후 도시를 재건하였다. 도시의 면적이 작음에도 불구하고 이집트 공군 사관학교와 이집트 내에서 가장 규모가 큰 알-자페르(Al-Zafer)가 있으며, 도시 인구는 약 30만명에 이른다.

빌베이스는 카이로에서 이스마일리아까지 연결되는 운하의 좌편 도로변에 위치하고 있고, 이스마일리아와 빌베이스 중간에 출애굽할때 최초에 진을 친 숙곳이 있다. 카이로에서 빌베이스까지 승용차 편으로 1시간 소요 된다. 나는 자가지그에서 출발하여 이스마일리에 도착했다. 이스마일리에서 뻐스편으로 카이로의 숙소에 도착하여 하루 휴식을 취한 다음날 아침에 카이로 종합버스터미날에 가서 소형 승합차 편으로 빌베이스에 도착했다. 먼저 성죠지교회를 방문하여 친절한 담임 신부를 만나 대화를 나눴다. 아기 예수 성가족이 머물렀던 곳에는 꼭 기념교회가 세워져 있다는 사실을 확인할 수 있었다.

아기 예수 성가족이 자가지그와 같은지역인 텔 엘 바스타(Tel el Basta)를 출발, 하루가 걸려서 빌베이스에 도착했을 때 마침 장례식이 있었는데 예수님이 죽은 자를 불쌍하게 여겨 살려주셔서 온 마을 사람들이 성가족을 크게 환영했다는 전설이 있다.

중세시대에 이르기까지 수많은 순례자들이 빌베이스를 찾아 마리아 나무 아래서 경배하곤 했는데 그 후 나포레옹 군사들이 잘라버리려고 도끼로 찍었을 때 첫 도끼자국에서 피가 나오는 것을 보고 겁을 먹고 놀라서 도망쳤다고 한다. 이 마리아 나무는 주후1850년 고목이 되어 잘라져 화목이 되었다는 전설이 전해지고 있다.

성죠지 교회의 담임 신부는 어찌나 친절한지 교회의 성도들에게 주기 위해 만들어 놓은 주먹크기의 큰 식빵 세 개를 쟁반에 담아 먹으라고 주었다. 그 자리에서 먹을 수 없어 사양하고 배낭에 넣어가지고 와서 먼저 사진을 찍은 후에 먹었다.

나는 아기 예수 성가족이 애굽으로 피난하며 여러 날 식사를 어떻게 했고, 나귀의 먹이를 어떻게 해결했는지 무척 궁금했다. 더욱 요셉과 나귀는 다리가 얼마나 아팠을까 하는 안타까운 마음이 뇌리에 스쳤다.

나는 빌베이스를 세 번이나 탐방했다. 왜냐하면 내가 가진 사진기는 케논으로 그당시 괜찮은 사진기었는데 촬영한 성죠지교회를 현상해 보니 초점이 흐리고 분명하지 않았다. 그래서 세 번이나 빌베이스를 찾아가 교회 사진을 다시 촬영(사진 참조)했고, 출애굽할 때 첫 숙영지 숙곳 지역을 전부 답사했다. 숙곳에는 옛 흔적의 어떠한 유적도 없고 엘 쿠아사신(El Qassasin)이라는 작은 마을이 있을 뿐이었다. 그래서 마을에 인접한 사막에 외롭게 서있는 나무를 기념 촬영하여 보존할 수 밖에 없었다.

이스라엘 백성은 애굽에서 430년 동안의 노예생활을 청산하고 "여호와의 밤"(출 12:40-42)에 이스라엘 백성을 모세가 이끌고 출애굽을 했다. 모세가 태어날 당시에 히브리인의 남자는 출산시 조산부에게 다 죽이도록 했고, 이스라엘 백성에게 비돔(Pith-om)과 라암셋(Raam ses)의 국고성을 건축하게 하였다. 그리고 노역(勞役)을 엄하게 하여 고역으로 생활을 괴롭히고, 흙 이기기와 벽돌굽기와 농사의 일을 엄하게 시켰다. 그래서 견딜수가 없어 10가지 재앙의 마지막 장자재앙을 통해 출애굽이 시작 되었다(출 12:37).

새왕조시대의 바로인 아문호탭 2세(Amunhotep 11) 때에 라암셋에서 출애굽이 시작되어 장정만 60만명으로 많은 생축이 그들과 함께하였다. 비돔(Pithom)은 동부 이집트에 있는 팀사호(Timsah Lake)의 서쪽지역 텔 에르라타베(Tel er Retabeh)에 위치하였다.

라암셋(Raam ses)은 옛 힉소스의 수도인 아바리스(Abaris)를 말한다. 성경 기록에 의하면 헤브론 보다 7년 뒤에 세워진 소안(민 13:22)은 다미에타(Damietta)의 남쪽 약 29Km 지점에 있는 국고성이었다. 이곳 소안을 희랍인은 "타니스"라 불렀고 힉소스왕은 "아바리스"라고 불렀다. 세티 1세와 라암셋 2세에 의해 재건되어 다시 도읍지가 되면서 라암셋에 의해 '라암셋의 집'으로 불려지며 기념비까지 세워졌다. 주후 11세기 까지 "라암셋의 집"으로 불리다가 그 후에 타니스라는 이름으로 부르게 되었다.

오늘날 타니스(Tanis, 소안)에는 도시가 형성되어 있지 않지만 사막의 옛 성터 안에 유적과 많은 웅장한 비석과 석조의 기념물이 즐비했다. 나는 현장을 직접 답사하며 옛 역사의 비극과 허무와 무상함을 확인 할수 있었다.

이곳 라암셋에서 이스라엘 백성이 항오를 지어 출애굽할 때 애굽 총리를 지낸 요셉의 유골을 가지고 출발했다. 출애굽하여 첫 장막을 친 곳이 숙곳이다. 나는 고센지역의 자가지그, 빌베이스, 숙곳 등 이곳 저곳을 샅샅이 답사하고 라암셋(타니스)까지 답사를 잘 마칠 수 있었다.

그리고 숙곳에서 발행하여 광야의 끝 "에담"에서 장막을 쳤고, 하나님께서 낮에는 구름기둥이 밤에는 불기둥이 백성 앞에서 떠나지 않고 주야로 진로를 밝혀 주어 "바알스본"을 속히 경유하여 가로놓인 홍해의 물을 갈라 육지같이 건느도록하여 구원해 주셨고, 뒤따라 추격해 오던 애굽 군대를 홍해바다의 갈라진 물로 덮어서 수장시켜 몰살시켜 주셨다(출 13:18-22).

나는 카이로에 머물면서 20일 후에 에담, 바알스본, 홍해(스웨즈) 등 여러곳의 답사를 마쳤다. 이스라엘 백성이 홍해 바다가 갈라져 육지같이 건너서 시나이 반도에 상륙했다. 그리하여 라마, 엘림, 신광야, 시내광야, 르비딤(출애굽 후 최초 미디안과 전투, 여호와 닛시)을 거쳐 시내산에 도착했다.

모세가 시내산에 올라가 하나님이 친수로 돌판에 쓴 십계명을 받았으며 하나님이 말씀하신 식양대로 성막을 세웠다. 성막이 세워진 날에 성막 위에 낮에는 불이 구름에 덮여 아침까지 이르렀고 구름이 떠오르면 성막을 앞세우고 지파별로 항오를 지어 40여년에 걸쳐 느보산까지 이동했다.

불기둥과 구름기둥이 왜 필요 했는가?

모세에 의한 열 가지 재앙을 통해 마지막 장자의 재앙에 바로가 굴복하고 출애굽을 허락했다. 최초 라암셋에서 출애굽이 시작되었으나 바로가 4일만에 변심하여 애굽 군대가 병거 600승(대)을 가지고 추격하여 근접해 오자 이스라엘 백성 60만명은 생사가 엇갈린 급박한 상황에 이르렀다.

하나님은 그 바로 군대의 추격을 막아주기 위해 낮에는 구름기둥으로 바로 군대 앞을 차단해 접근을 지연시켜 주셨고(연막을 통한 차단전술), 밤에는 이스라엘 백성 앞을 밝혀 주셔서(어둠의 장애물 제거전술) 주야를 불문하고 신속하게 홍해바다에 이르게 하셨다. 홍해의 바닷물을 가르는 기적까지 행하여 이스라엘 백성을 구원해 주시고 바로 군대를 수장시키셨다.

하나님은 바로 군대의 추격을 차단. 지연시키는 전술로 역사하셨다. 그 방법은 불기둥과 구름기둥을 사용하셨는 것이었다.

추격해 오는 애굽 바로 군대 앞을 구름기둥으로 막아 추격을 지연시키고 이스라엘 백성 앞을 불기둥으로 밝혀주어 홍해까지 신속히 도착하도록 섭리하여 홍해를 육지같이 건너게 하셨다.

하나님은 차단, 지연에 능하신 전술가이시며 출애굽 40년을 섭리하여 가나안 땅을 정복케 하신 전략가이시다. 하나님은 전지전능하셔서 전쟁에 승리하게도 하시고 패하게도 하신다. 모든 전쟁은 여호와 하나님께 속한 것임을 깨닫게 된다(삼상 17:47).

시나이 반도에 상륙한 후에는 급박한 상황은 아니었다. 성막을 세운 날부터는 낮에는 구름기둥, 밤에는 불기둥의 필요성이 없었기 때문에 구름이 떠오르면 성막을 앞세우고 진출하도록 이스라엘 백성을 보호하며 인도하셨다.

아기 예수 성가족은 이곳 빌베이스(Bilbeis)에서 로마시대 기독교 박해가 심할 때 순교자가 많이 발생했던 사마누드(Samanoud)로 떠났다. 나는 빌베이스에서 육로로 카이로에 돌아와 성가족 피난 길을 따라 다음 지역인 사마누드를 답사하려고 준비 했다.

아기예수 성가족 애굽 피난
(이집트 국가관광청 서울 사무소 성화 제공)

마리아 기념교회(아바눕 교회)

나는 숙소에서 일찍 일어나 배낭을 짊어지고 카이로 기차역에 도착했다. 카이로는 현재 이집트의 수도이다. 카이로는 3개지역의 카이로로 구분된다. 역사의 흐름에 따라 3개 지역으로 구분되었다. (1) 구 카이로 지역, (2) 이슬람 카이로 지역, (3) 현대 카이로 지역으로 구분된다. 다음 기회에 상세히 지역별로 살펴보기로 하겠다.

내가 도착한 기차역은 현 카이로 중심의 기차역이다. 이집트 철도를 이용하여 기독교 성지답사 및 관광명소를 일정에 맞춰 바쁘게 찾아 다녔다. 특히 카이로 역에서 지하 전철을 이용한 경우도 자주 있었다.

오늘도 카이로 기차역에서 알렉산드리아행 기차를 타고 출발했다. 아기 예수 성가족이 경유했고, 유숙했던 곳에 세워진 "사마누드"의 성 마리아 교회를 방문하고, 로마시대 기독교 박해의 역사적인 비극의 현장을 답사하기 위해서였다. 카이로 역에서 승차하여 탄타(Tanta)역 까지 달려 오면서 창문으로 스치는 들판과 자연을 바라보며 남다른 감회를 느꼈다.

카이로에서 한 시간여 지나서 탄타 기차역에서 혼자 서둘러 하차하여 역 근처 정류장에서 사마누드행 합승 택시를 타고 얼마간 달려가서 작은 마을인 사마누드에 도착했다.
내 눈에 먼저 들어온 것은 교회건물의 십자가였다. 그 교회는 성 마리아 기념교회(아바눕 교회)였다. 교회 안에 들어가 한국에서 온 목사라고 내 소개를 하니 젊은 여성 관리인이 친절하게 안내해 주었다.

로마의 기독교 박해시대에 성 아바눕(St,Abanoub)은 12세의 소년으로 순교하여 성인(聖人)으로 추숭(追崇)되었으며 이곳에 그를 위해 세웠던 교회의 터 위에 성 마리아 교회가 세워졌다. 그래서 성 마리아 기념교회 또는 성 아바눕 교회라 부른다.

교회 안에는 성 아바눕의 유해와 8,000명의 많은 순교자들의 유해가 안치되어 있다. 기독교 박해의 처참했던 역사적인 사실을 고증해 주는 유해를 바라보니 가슴이 무척 아팠다.

이 교회의 울안 뒤편에 성가족이 사용했다고 전해져 내려오는 마리아 우물이 있었다. 이곳 저곳을 둘러보며 내스스로 숙연해짐을 절실히 느끼게 되었고, 예수 그리스도의 탄생으로부터 시작된 수난의 구속사적 의미를 사마누두의 성마리아 교회에서 재발견하게 되었다.

나는 두 번에 걸쳐 사마누드를 답사하며 역사속의 기독교 박해를 뒤돌아 볼때마다 숙연한 마음을 금할 수가 었었다. 또한 예수 그리스도의 생애를 돌아 보며 탄생초기 부터 고난의 길을 걸었다는 사실에 마음이 아팠다.

사마누드 마리아교회를 떠나 왔던 역순으로 탄타역에서 승차, 기차편으로 카이로 역에 도착하여 카이로역 인근의 숙소에서 하루의 답사 일정에 감사하며 배낭을 벗었다.

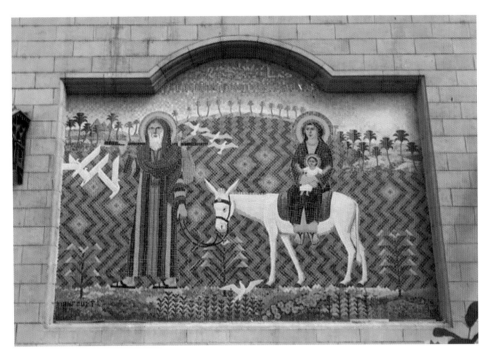

아기예수 성가족 피난길 (벽면 모자이크)

아프리카 가나의 크리스마스 씰 (1971년)

아프리카 가나의 위치(적색)

13. 사 카 (Sakha)

성 마리아 교회(사카)

성 마리아 교회 앞에서 신부의 손을 잡고 다정하게
찍은 사진(김흔중)

사카(Sakha)를 답사하려면 카이로역에서 기차편을 이용하게 된다. 카이로 역에서 알렉산드리아 행 기차에 올라 앉아 기차가 달리는 소리를 들으며 한국에서 달리는 기차소리처럼 들려서 향수를 느꼈고, 창밖의 넓은 이집트 들판이 영화의 장면들 처럼 아름답게 스치며 지나갔다. 이렇게 아기 예수 성가족이 머물렀던 사카(Sakha)를 향하여 기차는 정거장마다 멈추면서 승객이 내리고 타면서 달려갔다. 그러나 탄타(Tanta)역에서 기차를 바꿔 타거나 육로를 이용해서 목적지에 가야 했다.

나는 탄타에서 기차를 바꿔 탔다. 탄타는 사마누드(Samanoud)에서 얼마 멀지않은 북서쪽의 카프르엘 쉐이크(Kafr el sheik) 지역에 위치하고 있다.

나는 사카역에서 기대에 부풀어 하차를 했다. 역에서 나와 평야입구 마을의 안쪽으로 얼마쯤 들어가서 주민들에게 물어 물어서 약 100m 지점에 위치한 성가족 방문기념 성 마리아교회를 찾아 갔다.

마침 마리아교회 주임 신부가 친절히 맞아 주면서 교회 내부의 여러 곳을 앞장 서서 안내하며 돌아 볼 수 있도록 협조해 주었다. 한 곳에 이르러 발걸음을 멈추고 시선을 집중하게 되었다.

그곳에 아기 예수의 오른편 발자국이 있는 바위 돌이 유리상자(Casket)안에 놓여 있었다. 나는 의심스럽기는 했지만 굳이 부정할 필요는 없었다고 느꼈다. 나는 유리상자 규

교회 내에 보존된 예수님의 족적(足跡)

격을 알고 싶어서 신부에게 물어 보았다.

유리상자의 크기는 가로 1m x 세로 60cm X 높이 60cm의 크기였다. 유리상자 위 전면에 편지함에 구멍이 뚫린것처럼 쪽지를 넣도록 구멍이 있어서 성도들이 기도제목을 예수 발자국 상자 안에 넣고 기도하면 기도의 응답을 받는다는 것이다. 기도제목 쪽지가 많이 들어 있었다. 나는 아기 예수의 발자국을 눈여겨 보며 사진을 촬영했다(사진 참조).

성 마리아 교회를 떠나려고 교회의 현관으로 나오는데 주임 신부가 따라 나오면서 아쉬워했다. 손을 살며시 서로 잡고 고별기념사진을 촬영(사진 참조)했다. 내가 교회를 떠난 시간이 오후 2시가 넘었으나 점심식사를 못했다.

식당을 찾아가 식사하기가 쉽지 않았다. 통상 숙소에서 간단한 식사준비를 하고, 비스켓류와 물병을 배낭안에 준비해둔 것으로 점심을 때웠다. 사카에서도 준비한 점심을 먹기 위해서 한적한 장소를 찾았다. 고풍스럽고 나무로 지어진 휴식처가 있었다. 마침 휴식처에 사람들이 없어서 혼자서 소풍을 나온 기분으로 점심을 맛있게 먹었다. 사자성어에 "기자감식(飢者甘食)"이라는 말이 있다. 배고프면 맛있게 먹는다는 것이다. 아기 예수 성가족이 방문한 현장을 잘 돌아 보았으니 점심도 맛있었고 감사할 뿐이었다.

이제 돌아 가기 위해 사카역에서 사전에 알아 놓았던 기차시간표에 맞춰 역 대합실에 도착했다. 잠간 기다렸더니 기차가 들어와서 기차에 승차하여 탄타에서 바꿔 타고 카이로역에 도착하여 하차 하니 서녘 하늘에 황혼이 깃든 해질 무렵이었다. 숙소에 도착하여 저녁을 먹은 후 휴식시간에 하루의 일정을 뒤돌아 보니 은혜 위에 은혜가 넘쳤다. 카이로의 나의 숙소는 영육의 피로를 말끔히 씻어주는 안식처였다.

이집트 사다트 대통령 (1918.12.25~1981.10.6)

　　사다트 대통령은 이집트 육군사관학교를 거쳐 육군대학을 졸업하였다. G.A. 나세르와 함께 자유장교단을 결성하고 1952년 이집트 혁명 때에는 자유장교단의 일원으로 참가했다. 1951- 1957년 국무장관. 1957~1961년 국민연합(아랍사회주의자연합)의 서기장, 1961년에 국민의회 의장을 거쳐 1962~1964년 대통령평의회의원을 지낸 후 1964년 부통령 겸 국민의회 의장이 되었다. 1970년 9월 대통령 나세르가 병으로 사망하자 그 뒤를 이어 10월 제3대 대통령으로 취임하였다.

　　1973년 제4차 아랍과 이스라엘 분쟁 때에 직접 이집트군을 지휘하여 전세를 유리하게 이끌었다. 그는 현실주의적인 온건노선을 취하여 1977년 이스라엘을 방문하고 중동 평화의 길을 열었다. 이로 인하여 1978년 이스라엘의 수상 베긴과 함께 노벨평화상을 받았으며, 이어 1979년 3월 이스라엘과의 평화조약에 조인하였다. 이렇듯 중동평화의 주역을 담당하고 있던 그는 1981년 10월 6일 카이로 근교 나스루에서 대(對) 이스라엘 10월전쟁 8주년 기념식장에 참석하였다가 총격을 받고 사망하였다. 저서《나일의 반란 Révolte sur le Nil》(1957)이 있다.

14. 와디 엘 나투룬 (Wadi el Natrun)

나는 카이로에서 와디 엘 나투룬(Wadi el Natrun) 지역의 수도원 답사를 위한 준비에 고심을 했다. 카이로에서 거리가 멀뿐 아니라 사막지역이기 때문에 교통수단이 용이치 않고 승용차가 없으면 불편하기 때문이다. 그러나 이집트의 한인(韓人) 또는 선교사의 도움이 없이 이집트 전 지역의 성지 및 유적을 답사하겠다는 뜻에는 변함이 없었다.

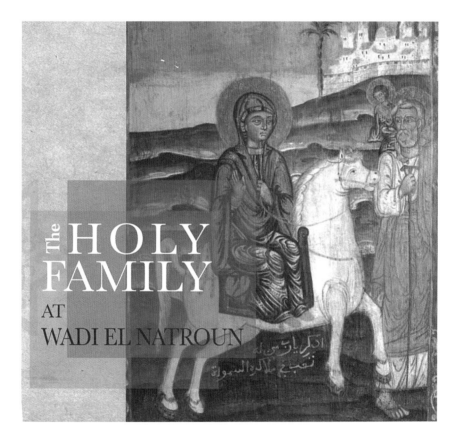

와디 엘 나투룬으로 성가족 이동
(이집트 국가 관광청 서울 사무소 성화 제공)

사다트 시 무명용사 무덤
(지하에 사다트 대통령 무덤이 있다)

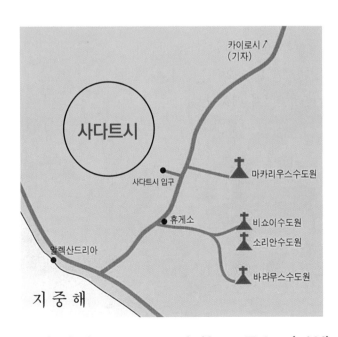

와디 엘 나투룬으로 들어가는 교통요도(진입)

마카리우스 수도원교회(1997.3.15. 김흔중 촬영)

바라무스 수도원교회

소리안 수도원교회

비쇼이 수도원교회

    와디 엘 나투룬(Wadi el Natrun)은 사막 가운데 있는 일종의 오아시스 (Oasis)로서 약간의 저지대를 이루는 광활한 사막이 형성되어 그 안에 성 마카리우스 수도원을 비롯해 총 4개의 수도원이 세워져 있다. 와디 엘 나투룬(Wadi el Natrun)은 아기 예수 성가족이 나일 삼각주의 고센땅인 카프르 엘 쉐이크(Kafr el sheik) 지역의 사카(Sakha)에서 멀리 떠나와서 이곳 사막의 와디 엘 나투룬에서 머물렀다. 나는 와디 엘 나투룬(Wadi el Natrun)을 답사하기 위해 용단을 내렸다. 카이로 버스정류장에서 직행 버스편으로 사다트시를 향해 달려가게 되었다.

카이로에서 알렉산드리아까지 개척된 사막 도로의 약 95Km지점의 우측에 사다트 시가 자리잡고 있었다. 사다트시는 사다트 대통령의 이름으로 명명되어 건설된 도시였다. 이집트 낫세르 대통령 재임 기간에 이스라엘과 아랍동맹(이집트, 요르단, 레바논, 시리아, 이라크)간의 4차 중동전쟁(1948-1973년)이 계속되었다.

낫세르 대통령에 이어 사다트(1918-1981년) 대통령은 4차 중동전쟁의 후속 조치에 심혈을 기울여 적대관계의 반 이스라엘, 반 유대 노선에서 벗어나 실질적인 중동평화를 위해 적극적으로 노력했다.

비쇼이 안드로스 주임신부

그래서 1978년 이스라엘 베긴 수상과 함께 노벨평화상을 수상했다. 그러나 1981년 급진 이슬람 근본주의자가 발사한 총탄에 의해 암살되었다. 오직 사다트 대통령이 평화를 갈구했기 때문에 그 정신을 기리기 위해 사다트 이름으로 사다트 시(Sadat City)가 건설된 것이다. 나는 사다트 시 입구의 정류장에 도착하여 버스에서 하차했다.

사다트 시로 들어가는 진입로를 기점으로 성 마카리우스 수도원은 그 기점에 못미쳐서 좌측으로 굽어 들어가고, 성 비쇼이 수도원 등 3개 수도원은 그 기점을 지나 휴게소(Rest House)에서 좌측으로 굽어 들어가게 된다. 성 마카리우스 수도원에서 성 바라무스 수도원까지는 약 26Km이고, 성 바라무스 수도원에서 성 비쇼이 수도원까지는 약 6Km이며 성 비쇼이 수도원과 소리안 수도원은 서로 인접해 있다.

알렉산드리아는 이집트 초기 기독교의 중심지로 활발했다. 그러나 주후 6세기경부터 로마제국의 기독교 박해가 극심해지자 알렉산드리아에서 이곳 와디엘 나투룬으로 기독교인들이 피신하여 많이 모여들게 되었다.

수도원의 창시자인 성 안토니(St Anthony, 주후251-355년) 대주교의 제자인 성 마카리우스(St Macarius, 주후251-355년)는 성 안토니와 같은 문하의 제자인 성 암몬(St Amnon)의 후원을 받아 와디 엘 나투룬 사막에 수도원을 세웠다. 와디 엘 나투룬에 4개의 수도원을 세운것은 아기 예수 성가족의 방문과 관련이 깊다. 이곳에 처음으로 세워진 수도원은 주후 340년에 성 마리아 이름으로 세워졌으나 로마의 성인 이름을 따서 성 바라무스 수도원이라 불렀다.

성 마카리우스 수도원은 주후 360년 마카리우스의 나이 60세에 세운 수도원으로 그는 이곳에서 죽는 날까지 30년 동안 수도원 생활을 하며 제자를 많이 길러낸 콥틱교회의 성자 중 한 사람이다. 그가 세상을 떠난 후 유해가 이곳 수도원에 안치되었다.

성 마카리우스는 이곳에 마카리우스 수도원뿐 아니라 성 바라무스 수도원을 세웠으며 4개의 수도원 중 성 마카리우스 수도원이 제일 큰 수도원이다. 콥틱교회의 교황은 반드시 수도원에서 수도사 생활을 의무적으로 해야 했다. 성 마카리우스 수도원에서 많은 교황이 배출되었다.

성 마카리우스 수도원 안에는 여러 곳에 교회가 있는데 성 마카리우스 교회에서 주로 예배의식을 행한다. 이 교회 안에는 성 마카리우스 유해가 안치되어 있고 왼편 지하 동굴에 세례 요한의 유해와 엘리사의 유해가 발견되어 교회 안쪽에 안치되어 있다.

세례 요한의 유해는 성 아다나시우스가 20세 때에 이스라엘에서 알렉산드리아로 이장했었는데 그후 기독교 박해시 이곳으로 옮겨 왔다고 한다. 성 마가의 유해는 이곳에 함께 안치되었다가 알렉산드리아로 옮겨갔다고 한다. 그러나 현재 카이로의 콥틱 교황청 경내의 성 마가교회의 성묘(聖廟)에 그의 유해가 여러 곳에서 모아져 안치되어 있다. 나는 이러한 사실을 직접 수도원과 교황청의 현장을 답사하여 확인하게 되었다.

나는 먼저 바라무스 수도원에 도착하여 3개 수도원을 두루 답사한 후, 마지막으로 성 마카리우스 수도원에 오후 5시경 도착하여 수도원장을 만났다. 마침 수도원을 방문한 미국 목사와 한 티 테이블에 합석하게 되었다. 한국에서 온 목사라고 내 소개를 하며 아기 예수 성가족의 족적을 답사하기 위해 이 수도원을 방문했다고 하자 무척 친절히 대하며 환영했다. 수도원장으 부터 차 대접을 받으며 향이 짙은 찻잔을 대하니 갈증이 말끔히 풀렸던 기억이 잊혀지지 않는다.

검정 수도사 복장을 하고 덥수룩한 하얀 턱수염을 한 수도원장의 지시로 안내원의 안내를 받게 되었다. 먼저 숙소의 침실을 마련해 주어서 숙소에서 여장을 풀고 수돗물로 몸을 씻고 수도원 경내를 돌아 보았다.

나는 발걸음이 가벼웠고 둘러보는 곳곳에서 감사의 기도가 절로 나왔다. 저녁 식사시간이 되어서 식당에 가서 입에 맞는 식빵과 삶은 달걀로 허기를 채웠다. 모든 콥틱 수도원은 콥틱교인들에게 침식을 무료로 재공해 주고 있다. 나는 이곳 수도원에서 콥틱교인 이상으로 대접을 해주어 너무 감사했다.

느티나무 가지의 참새떼들

나는 이곳 성 마카리우스 교회에서 새벽 5시부터 10여명의 수도사들이 모인 예배에 동참하게 되었다. 예배가 약 2시간여에 걸쳐 진행되자 창밖에서 여명이 밝아오고, 창밖의 울창한 고목의 느티나무 숲속에서 참새떼가 요란하게 새 아침을 찬미하는 듯 갑자기 노래하기 시작했다. 예배가 끝날때까지 소리가 요란했다. (왼편 사진참조)

새벽 예배를 마치고 나오는데 교회에 인접한 맞은 편에 49 순교자 교회가 있었다. 이곳은 기독교 신앙을 지키기 위하여 목숨을 바친 마흔 아홉 분의 순교자 뼈가 한곳에 묻혀 있는 교회를 바라보니 마음이 숙연해지는 곳이었다.

이곳에서 종탑 바로 옆에 도서관이 있어 들어가 보았다. 알렉산드리아 도서관에서 옮겨와 소장하고 있는 성경 사본을 비롯해서 많은 장서를 볼 수 있었다. 약 6천권의 성경 사본이 있었으나 영국과 불란서 등지로 유출되어 지금은 약 500여권 밖에 되지 않는다고 했다.

나는 광활한 사막 가운데 수도원은 삭막하기 그지 없을 줄 알았는데 느티나무가 무성하고 참새떼가 자연을 찬미할 수 있는 공간에 교회의 십자가, 아름다운 정원, 온갖 수목이 무성한 자연속의 수도원이 나에게 무척 감동을 주었다. 나는 사막에 세워진 수도원의 새 아침에 죄악이 관영(貫盈)한 바깥 세상과 격리된 소망의 천국인양 수도원 안에서 흐뭇한 감회에 침면(沈湎)하게 되었다.

아기 예수 성가족은 이곳 와디 엘 나투룬에서 카이로의 엘 마타리아로 가는 도중에 기자의 사막지역에 위치한 세계 7대불가사의한 대표적인 유적인 "피라미드"(Pyramid)를 틀림없이 눈여겨 바라보았을 것이라 짐작이 간다. 이집트의 "피라미드를 보지 않고서는 이집트에 대해서 이야기 하지 말라"는 말이 있을 정도로 유명한 관광지가 피라미드이다.

기자 지역의 불가사의한 피라미드(Pyramid)는 주전 2,680년에 조세르 왕이 세웠다. 이집트 사람은 사후 세계에 대한 믿음이 곧 신앙이었고 사후 세계를 위한 네크로 폴리스(Necropolis, 무덤지대)를 대단히 중요시 했다. 피라미드는 옛 왕조시대(제3왕-제4왕인 주전 2690년-2270년)에 건축되었다. 아브라함이 하란을 떠나 이스라엘에서 애굽으로 들어 오기 전에 피라미드가 건축되었다.

스핑크스(Sphinx)는 본래 무덤을 지키는 수호신이다. 주전 2,650년경 고대 왕국 제4왕조 때에 카프레왕의 스핑크스인데 피라미드 중에 두 번째의 피라미드에 가까이 있다. 스핑크스 앞에는 꿈의 비석이 세워져 있어 주목된다. 그 비석은 모세의 열 가지 재앙 중 마지막 재앙으로 아문호텝 2세의 장자가 죽고 둘째 아들인 툿트모세 4세가 왕이 된 고증이 되고 있다.

세계 각국의 관광객들이 모여들어 붐비고 있다. 나도 카이로에 체류하면서 여러 차례 관심을 가지고 피라미드와 스핑크스를 돌아보았다.

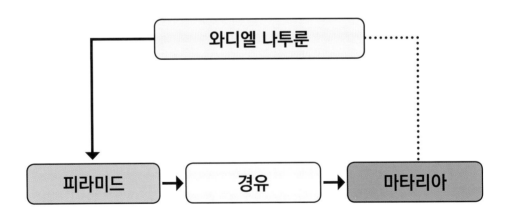

예수님이 쉬셨다는 뽕나무

마 타 리 아

1. 마타리아는 고센땅의 수도였다.
2. 요셉이 마타리아에서 아스닷과 결혼했다.
3. 모세가 출생한 헬리오폴리스는 마타리아이다.
4. 현재 헬리오폴리스는 마타리아와 다른 지역도시이다.

성가족 방문 기념교회(김흔중 촬영)

**고센 수도 온(on)에 있는 세소스트1세(12왕조)의
방첨탑(오벨리스크)**

나는 카이로 역(무바라크역 또는 람세스역)에서 가까운 시가지의 아파트 2층의 작은 평수의 공간에서 침식을 스스로 해결하며 2개월여 간의 치밀한 계획을 세워 성서의 성지 및 아기 예수 성가족이 머물렀던 경로를 전부 답사하기로 했다. 오늘은 숙소에서 아침 일찍이 택시를 이용해서 카이로 역에 도착했다. 이곳 카이로 역에서 마타리아 역까지 지하철을 이용하려 했다.

지하철 매표소에서 표를 사려고 줄을 섰다. 그런데 여성들은 줄에 서지 않고 남성들 맨 앞에 끼어들어 표를 사고 있었다. 알고보니 여성들에게 특권을 주어 줄을 서지 않고 표를 사도록 우대하고 있었다. 또한 전철의 두칸은 여성 전용으로 남자는 들어갈수 없도록 통제하고 있었다. 잘 모르고 여성칸에 들어갔더니 머리와 귀를 감싼 흰 스카프(히잡)를 목까지 두르고 대부분 검정 옷을 입은 여성들만 앉아 아랍말로 나를 보며 소리내어 비아냥 거렸다. 나는 멋쩍어서 황급히 남성칸으로 이동했었다. 어찌보면 국제망신을 당한 셈이다. 그러나 그녀들이 내 신분을 모르니 다행이었다.

세계 최초의 지하철도(60Km)는 1876년 1월 영국 런던에서 개통되었고, 1차 세계대전 후 여러 나라에서 지하철 건설이 시작 되었다. 한국의 지하철 1호선 서울역-청량리 (7.8Km) 구간이 1974년 8월15일에 개통되었다. 한국은 세계지하철 최초 개통후 110년만이었고, 이집트 지하철 개통은 한국 지하철 개통후 13년 후인 1987년 10월에 이집트 1호선인 뉴 일 마르그(New el Marg)역- 카이로(Cairo)역- 헬완(Helwan)역을 연결 (33개역)하는 구간이 개통되었다. 이집트는 현재 3호선이 개통되었고, 6호선까지 계획 되어 있다.

나의 목적지는 아기 예수 성가족이 머물러 쉬셨던 마타리아(Matariyah)였다. 카이로 지하철역에서 탑승하여 번화가를 벗어나 지상으로 전동차가 달려 멈추어 선 아홉번째 역인 마타리아역에서 신속히 하차했다.

초라하게 보이는 지상의 마타리아 역에서 얼마 떨어지지 않은 시가지 안에 성가족이 쉬셨다는 울타리 담장 안에 보잘 것 없이 오래된 뽕나무 한그루(사진 참조)가 보존되어 있었다. 나는 홀로 서서 시선을 집중시켰다. 또한 이곳 인접지역에 카톨릭에서 세운 성가족 방문 기념교회가 세워져 있다.

나는 교회 내부에 성가족의 피난 배경과 성가족의 많은 성화(聖畵)가 유화로 생생하게 잘 그려져 큰 액자로 만들어 벽에 부착되어 있어 유심히 살펴볼 수 있었다. 나는 무척 관심을 가지고 성가족을 염두에 두고 주목해서 바라보았다.

아기 예수 성가족은 사다트 시에 가까운 사막지역의 와디 엘 나투룬(Wadi el Natrun)에서 출발하여 기자의 피라미드(Pyramid)를 둘러 보았을 것으로 추측되는 가운데 이곳

마타리아(Matariyah)로 이동하였다. 나는 성가족이 왜 마타리아 이곳 까지 멀리 찾아 왔을까 무척 궁금했다.

최초 베들레헴에서 출발, 경유하여 머문 모든 곳은 구약시대의 기독교와 깊은 관련이 있는 역사적인 유적들이 있는 곳이었다. 이곳 폐허의 마타리아도 예외가 아닌 관심지역이다. 그 궁금증이 풀리게 된 것은 역사자료와 유적들이 고증해 주었다. 특히 마타리아의 옛 유적인 제19왕조 때의 바로인 세티 1세의 태양의 신전 터와 제12왕조 때의 바로인 세소스트리아1세의 방첨탑(方尖塔. 사진참조)이 헬리오폴리스(Heliopolis)라는 사실을 입증해 주고 있었다.

성가족이 마타리아를 찾아 왔을 때는 뚜렷한 유적이 없었고 폐허의 들판이었다. 오직 들판에 한 그루의 뽕나무가 있어 그 그늘에서 아기 예수 성가족이 쉬셨다 한다. 오늘날 마타리아에는 뜻깊은 바로인 세소스트리아 1세의 방첨탑(方尖塔)이 외롭게 우뚝 서 있어 나는 방첨탑을 바라보고 주변을 돌아볼 수 있었다.

마타리아(Matariyah)는 구약시대의 온(On,太陽城)이며 나일 삼각주 고센땅의 수도였다. 애굽에 종으로 팔려(주전 1898년, 17세)간 요셉은 바로의 꿈을 해몽해 줌으로 써 사브낫바네아(하나님께서 말씀 하심, 유대인은 비밀을 드러내는 자리함)라는 이름으로 불리었고, 애굽의 총리직(창 41:46, 주전 1885년,30세)에 오르게 되었다. 요셉은 온(On)에서 제사장 보디베라의 딸 아스낫과 결혼을 하였다.

온(On, 太陽城)은 태양신을 섬기던 도시로 신전이 있었으며 히랍인들은 태양의 도시라는 뜻 으로 헬리오폴리스(Heliopolis)라 불렀다. 그러나 지금의 카이로 공항 근처에 있는 헬리오폴리스(Heliopolis)는 마타리아에서 북서쪽으로 약 5Km 지점에 위치하고 있다. 나는 현 헬리오폴리스의 전 지역을 답사 했다. 역사 전문가들은 현 헬리오폴리스(Heliopolis)는 옛 온(On) 땅이 아니라는 주장이다. 나도 그렇게 공감하며 동의하고 있다.

모세가 헬리오폴리스(Heliopolis)에서 주전 1527년에 출생(출 2:1-10)했다고 전해져 오고 있다. 최근에 옛 헬리오폴리스가 현재의 마타리아 들판임을 분명하게 주장하고 있다.

따라서 마타리아가 옛 헬리오폴리스라는 사실을 전술한 바와 같이 제19왕조 때의 바로인 세소스트리아 1세의 방첨탑(方尖塔)이 분명히 고증해 주고 있고, 마타리아가 온(On)이며 고센땅의 수도로서 요셉이 온의 제사장 보디베라의 딸 아스낫과 결혼했고, 또한 모세가 마타리아(헬리오폴리스)에서 출생(레위족속 부:아므람, 모:요게벳)한 사실에 신빙성이 있다(출 6:18-20). 그러나 성서에 기록된 모세의 출생지와 하수가에 버려진 장소에 부합되는 지리적인 연구가 구체적으로 이루어져야 할 과제로 남아 있다.

나일강은 우기철에 범람하여 이집트인들에게 비옥한 충적토를 선사해 농경지를 만들어 주었다.

특히 히브리인이 정착했던 나일 삼각주 고센땅은 비옥한 충적토의 선물이었다. 그러나 나일강의 홍수는 장구한 수천 년의 세월 동안 나일강의 굴곡과 침식으로 강이 육지가 되고 육지가 강으로 변한 지층 및 지각변동이 확인되고 있다. 올드 카이로 지역으로 이동하여 나일강 홍수를 막기 위해 건설된 아스완 댐(Dam)을 간략하게 살펴 보고자 한다.

나는 세 번이나 마타리아를 왕래하면서 상세히 답사한 후 성가족이 이곳을 방문하여 쉬게 된 심오한 뜻을 충분히 이해할 수가 있었다. 이제 마타리아(Matariyah)에서 목적지를 바꾸어 올드 카이로(Old Cairo) 지역으로 옮기고자 한다.

16. 아부사르가 교회 지역

올드카이로 지역의 유적분포

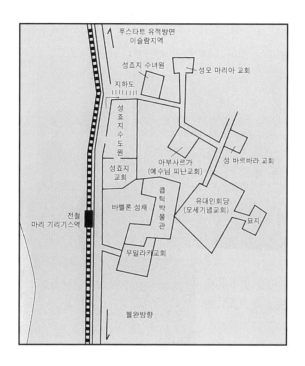

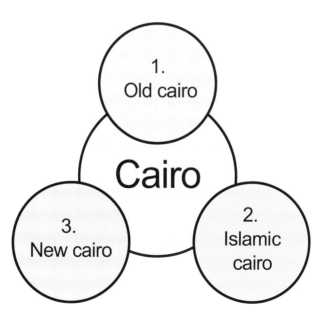

아 부 사 르 가 교 회

　　이집트 카이로 지역의 마타리아(Mataria)는 고센땅의 수도인 온(On)이었다. 또한 마타리아는 모세가 출생한 헬리오폴리스(Heliopolis)이었다. 아기 예수 성가족은 마타리아(Mataria)에서 올드 카이로 지역으로 와서 상당기간 머물러 있었다. 그 머물렀던 장소는 올드 카이로의 아부사르가 교회(Church of Abu Sarga)와 벤 에즈라 유대회당(Ben Ezra Synagogue)의 유적이 잘 고증해 주고 있다.

　　나는 카이로의 지하전철 역에서 헬완 행 지하철을 타고 일곱 번째 역인 마리기르기스(Marigirgis) 역에서 하차하여 올드 카이로의 전 지역을 5회에 걸쳐 답사할 수 있었다. 올드 카이로에서 가장 관심지인 아부사르가 교회(Church of Abu Sarga)와 벤 에즈라 유대회당(Ben Ezra Synagogue)에 초점을 두어 답사를 했다.

　　카이로는 시대별로 3개 지역으로 구분한다. 첫째, 신 카이로(New Cairo, 영국 통치대 이후) 둘째, 이슬람 카이로(Islamic Cairo, 이슬람 통치시대) 셋째, 구 카이로(Old Cairo, 로마 통치시대)로 세 지역을 통상적으로 구분하여 부르게 된다. 그러나 오늘의 카이로(Cairo)는 시대별 구분이 없는 이집트 아랍공화국의 수도인 카이로(Cairo)를 지칭한다.

　　이집트에서 오래전 기독교 유적을 볼 수 있는 곳이 올드 카이로(Old Cairo)이다. 이곳에는 1천년이 넘는 역사를 지닌 이집트의 초대교회들이 아직도 남아있고, 이슬람 시대에도 수만명의 기독교인들과 유대인들이 이 지역에서 살았던 흔적이 남아있다. 초대 기독교 중심지역으로 전성기 때의 콥틱교회들이 오늘날까지 신앙의 터에 교회가 남아서 기독교 역사가 살아 숨쉬고 있다.

　　먼저 개괄적으로 올드 카이로 지역을 살펴보기로 한다. 마리기르기스(Marigirgis station) 역에서 하차하면 바로 인접한 지역에 유적의 건물들이 많이 세워져 있다. 역 구내에서 나오며 바라보면 바로 길 건너에 바벨론 성채, 그 오른편 옆에 알 무알라카 교회, 왼편에 콥틱 박물관과 둥근 지붕의 성 죠지교회가 눈 아래로 보인다. 그리고 안쪽으로 들어 가면 주변에 수도원, 수녀원, 아부사르가 교회, 성 바르바라 교회, 그리고 벤 에즈라 유대회당이 있다.

나의 첫번째 관심지역인 아기 예수 성가족의 피난교회로 알려진 아부사르가 교회(Church of Abu Sarga)를 직접 방문하여 세심하게 여러 차례 답사를 했다. 아랍어 이름의 아부사르가 교회는 일명 성 서지우스 교회(Church of St Sergius)라고 부른다.

이곳 아부사르가 교회는 예수님이 탄생한 후 헤롯대왕의 박해를 피하기 위해 베들레헴을 출발하여 수개월에 걸쳐 여러 곳의 유적지를 경유하여 올드 카이로에 이르러 1개월여 동안 머문 교회이다. 이곳에 교회가 세워지기 전에는 로마의 사원이 있었다고 한다.

아기 예수를 두 손으로 감싸 안은 마리아를 나귀에 태우고 요셉은 나귀 고삐줄을 잡고 피난길에 올라 멀리 이곳까지 왔다. 그간 머나먼 험로의 사막길, 산야길, 들길을 걸어오면서 요셉과 마리아의 피로와 침식을 해결하기 위해 많은 어려움이 있었을 것이다. 또한 나귀의 수고와 먹이 그리고 관리에도 어려움이 많았을 것이다. 이곳에 도착한 요셉은 이 로마사원의 동굴에 머물면서 사원을 돌보며 1개월여 동안 생계를 유지했다고 한다.

그간 로마제국의 국교로 공인될 때 까지 기독교에 대한 박해가 심했다. 그 당시 성 서지우(St Sergius)와 성 바쿠스(St Bachus)가 아기 예수를 1개월여 간 잘 피신하도록 도와주었고, 이집트의 초대교회 구성원들이 비밀회합을 가졌던 지하동굴에서 피신을 했다가 그후 성 서지우(St Sergius)와 성 바쿠스(St Bachus)가 이곳에서 순교를 했다. 그들 유품을 근거로 하여 4세기말- 5세기초에 오늘날 동굴의 입구를 볼 수 있는 사원의 터에 지금의 아부사르가 교회가 세워졌다.

이 교회 안에는 아기 예수가 피난했고, 성 서지우스와 성 바쿠스가 순교한 곳을 기념하기 위해 지금의 동굴의 지실(地室)을 만들어 유적지로 보존하고 있다. 교회 안의 제단 왼편의 문을 열고 들어가면 좁은 방안에 각목으로 창살 울타리를 만들어 출입을 금지시키고 있지만 허용되면 이 계단으로 들어갈 수 있다.

그러나 이 동굴의 지실은 아스완 댐을 막은 후 나일강 물이 스며들어 계단 절반 이상이 물에 잠겨버렸다. 올드 카이로에서 가장 중요한 아기 예수가 피난한 깊은 동굴의 유적을 볼 수가 없게 되었다. 이곳은 사진촬영 금지구역이지만 나는 사진촬영의 기회를 가질 수 있었다. (사진 참조)

이 교회의 외관은 전혀 교회답지 않지만 내부는 실로 소중한 교회이다. 본당 내부에는 열두 제자를 상징하는 12개의 기둥이 서 있다. 각 기둥마다 십자가와 제자의 성상이 새겨져 있는데 그 중 한 기둥에는 십자가가 새겨져 있지 않다. 그것은 가롯 유다를 상징하는 것이다.

전면 중앙에 제단이 있고 그 왼편에 강단이 있는데 그 강단에는 십계명을 상징하는 열개의 기둥으로 받쳐져 있다. 그리고 교회 내부 북쪽에는 예수님 탄생의 모습과 오병이어의 기적을 새겨 놓은 모습의 아이콘이 붙어 있다. 아기 예수 성가족은 이곳에서 출발하여 나일 강변의 마아디(Maadi)에서 배를 타고 나일강 물길 따라 남쪽으로 내려갔다.

아부사르가 교회는
성지 순례자들에게
관심지역의 성지이다.

아브사르가 교회(후면)(1996.11.9. 김흔중 촬영)

예수님 피난 동굴 (1996.11.9. 김흔중 촬영)

순교한 성 서지우와 성 바쿠스

17. 벤에즈라 유대회당(Ben Ezra Synagogue)

올드 카이로의 회당에 있는 "모세 우물"이다.
(모세가 태어나 버려진 갈대밭 지역으로 추정된다. 1996.11.9)

나의 관심지역인 벤 에즈라 유대회당(Ben Ezra Synagogue)을 중요시 하여 답사를 했다. 이곳에 최초의 회당은 주전 450년경에 세워졌으며 회당 이름을 예레미아 시나고그(엘레미아 Synagogue)라고 불렀다. 그러나 주전 30년에 로마에 의해 파괴되었다.

지금의 회당 입구 정원 쪽에 허물어진 터에는 원래 4세기경 알 무알라카 교회에 소속했던 교회가 있어 9세기경까지 가브리엘 교회 또는 미가엘 교회로 불렀다.

그후 이슬람 지배하에 들어가게 되면서 엄청난 세금을 콥틱교회에 부과함으로 인하여 세금지불이 곤란해지자 지금의 회당 부지를 이슬람인에게 매각하기에 이르러 이곳에

131

이슬람 사원이 들어섰다. 그후 12세기 이븐툴룬 왕조(주후 868-905년) 때에 유대인의 소유로 다시 돌아오게 되어 유대인 회당이 다시 세워졌다. 이 회당의 이름은 당시 예루살렘의 유명한 랍비 아브라함 벤 에즈라 (Abraham Ben Ezra)의 이름으로 명명하여 벤 에즈라 교회라고 부르게 되었다.

이 유대회당에는 많은 전설이 전해오고 있다. 회당 뒤편에 보면 우물이 있고 회당 밖의 지하로 들어가면 우물과 연결되어 물이 흐르고 있다. 이곳의 샘을 모세의 샘이라 부른다. 성모 마리아는 아기 예수와 함께 피난와서 머물렀던 가까운 곳의 아부사르가 교회 (Church of Abu Sarga)의 이곳 모세의 샘에 와서 아기 예수의 몸을 씻겼을 것이라 전해지고 있다.

나일 강변에 버려진 갈대 사이 상자에 들어있는 모세를 바로의 공주가 물에서 건져낸 곳이 바로 이곳이라는 설이 있다(출2:1-10). 로마시대에 바벨론 성채 밑으로 나일강이 흐르고 있었다는 사실로 보아 모세가 태어날 당시 유대회당 지역에 나일강이 흐르고 갈대밭이 있었을 가능성도 배제할 수 없다. 좀더 깊이 연구해야 할 과제로 남는다.

그러나 이집트의 심장 뉴 카이로의 중심에 게지라(Gezirah) 섬이 있다. 게지라는 아랍어로 "섬"이라는 뜻이다. 이 게지라 섬을 바로의 아기 박해를 피해 갈대 상자에 넣어 나일강의 수풀에 숨겨 놓은 아기 모세를 바로의 공주가 발견하여 건져냈다는 "성서의 땅"이라 주장한다. 게지라 섬에는 타흐리르 공원, 카이로 타워, 현대 미술관, 오페라 하우스,박물관이 있다.

카이로의 상징인 카이로 타워는 높이가 187m의 원통모양의 기념건축물이다. 나는 16층의 맨 꼭대기 전망대에서 이집트 젖줄 나일강, 카이로 전경, 멀리 피라미드까지 볼 수 있었다. 특히 아기 모세가 갈 상자에 버려진 장소와 바로의 궁전은 어디였는지 궁금증을 가지고 사면을 굽어 내려다 보았다.

올드 카이로의 벤 에즈라 유대회당 지역에서 모세가 기도를 하고 출애굽했다고 전해지고 있다. 이 전해지는 고증은 회당 안에 들어가자마자 눈에 띄는 두 쪽판의 히브리어로 쓰여진 설화의 내용이 입증해 주고 있다.

　나에게 현지 가이드가 단상의 두 쪽판을 십계명이라 설명해 주었다. 그러나 나는 신학공부 할때의 히브리어는 기초 지식밖에 없지만 가까이 가서 내용을 살펴보니 십계명이 아니었다.

　그래서 나의 카메라로 사진을 찍어서 이집트 전지역의 답사를 마치고 이스라엘에 가서 이스라엘 히브리대학 박사과정을 공부하고 있던 선교사(목사)에게 번역을 의뢰하여 번역한 결과 십계명이 아니라 설화의 내용이라는 사실을 확인하게 되었다. 나는 밭에 묻힌 진주라도 캐낸 것처럼 반가웠다. 그 번역한 내용을 다음장에서 상세히 이해할 수 있도록 하겠다.

> 모세가 출애굽 하기
>
> 전에 관련 되었던
>
> 관심지역의 성지이다.

올드 카이로의 시나고그(회당) 내에 놓여 있는 표지물이다.
(위 히브리어 본문을 김흔중이 촬영하여 번역토록 했다.
즉 모세가 이곳에서 손을 펴고 기도한 후 출애굽했다는 내용이
히브리어로 기록되어 있다. (1996.11.9. 촬영,번역)

번역

"설 화"

이 도시 사람들의 이야기에 의하면 우리의 랍비 모세가 이곳에서 하나님께 기도했다고 전해진다. 이 장소에 대해서 토라에 이렇게 기록되어 있다.

모세가 성에서 나가서 여호와를 향하여 손을 펴매 그 손에 응답이 되었더라. 바로 이 장소에서 기도가 있기 때문이다.

A. 바벨론 성채

바벨론 성체의 유적

바벨론(Babylon)에 대한 이해를 돕기 위하여 알아 보기로 한다. 바벨론은 (1) 이라크 지역의 바벨로니아 제국의 수도 바벨론 (2) 우상의 도시로 언급되는 로마의 바벨론 (3) 이집트 구 카이로(Old Cairo)의 바벨론이 있다. 바벨론의 이름을 구분하지 못하면 혼돈하기 쉽다.

올드 카이로의 바벨론 성채(城砦, stronghold)는 크레오파트라와 안토니우스가 자살한 후 새로운 통치자가 된 로마의 아우구스투스(Augustus, 가이사 아구스도)가 주후 30년 이후 이집트를 지배하기 위해서 나일강변에 세운 성채로서 주후 98년 로마 트리안 황제가 비잔틴 양식으로 보완 개축하였고, 주후 395년 아르카디우스(Arcadius, 재위 395-408년)가 재건하였다.

올드 카이로의 바벨론 성채의 망대 사이에 입구는 수문이며 현재의 지표면보다 6m 가 낮은 위치였음을 알 수 있다. 현재의 성채 모습은 당시 거대한 성채의 극히 일부에 지나지 않는다.

주후 641년 이슬람 제국의 아므르(Amur) 장군이 이곳의 바벨론성을 함락시키고 군사기지로 삼아 이슬람 통치가 시작 되었다. 바벨론성의 붕괴는 이집트가 이슬람화하는 서막이 되어 주후 658년부터 본격적으로 이집트를 지배하였다. 그후 영국 통치시대를 거쳐 금일에 이르기까지 콥틱교회는 가혹한 탄압을 받았다.

바 벨 론

1. 이라크의 바빌로니아 제국의 수도 바벨론
2. 우상의 도시로 언급되는 로마의 바벨론
3. 이집트의 구 카이로의 바벨론

B. 무알라카교회(The church of Muallaqa)

알 무알라카 교회

콥틱 박물관 바로 오른편에 위치하고 있는 아름다운 교회로 주후 7세기 말(684-687년)에 세워졌다. 그러나 9세기에 파괴되었다가 11세기에 복구 되었으나 그후 12세기에 일부 파손되기도 했었다. 콥틱교회 중에서 가장 오래된 교회 중 하나이다. 이 지역에 피난 온 성가족이 쉬어간 것을 기념하는 뜻으로 일명 성 마리아 교회(Church of Vergin Mary)라고 부르기도 한다,

아기 예수와 마리아의 모자이크 벽화(무알라카 교회)

교회 내부에는 계단의 중앙에 성모 마리아 상이 있고 북쪽편에 성 죠지 그리고 남쪽에는 세례요한의 초상화가 그려져 있다. 중앙에 있는 성모 마리아 상을 살펴 보면 아기 예수가 한가운데 위치해 있는 모자이크가 눈에 띈다. 그 오른편에는 성모 마리아 ,천사장 가브리엘, 사도 베드로가 위에 있고 , 그 왼편에는 세례 요한 , 천사장 미가엘, 그리고 사도 바울이 함께 있다.

C. 콥틱 박물관 (Coptic Museum)

콥틱 박물관(Coptic Museum)

둥근 지붕의 성 죠지 교회와 바벨론 성채 사이의 넓은 부지에 위치한 콥틱 박물관은 주후 1세기에서 오늘날까지 약 2000년간의 콥틱교회의 역사를 생생하게 보여 주는 약 14만점의 유물이 소장되어 있다. 이 박물관은 주후 1908년에 건축이 시작되어 1910년에 개관 되었다.

내가 콥틱교회의 교회사를 여러 차례 밝혔지만 주후 451년에 터키의 칼케톤(Chal-cedon)에서 열린 종교회의에서 콥틱교회가 예수님의 양성론(兩性論, 신성+인성)을 부인하고 오직 단성론(單性論,오직 신성)만을 주장하여 파문을 당하면서 심한 박해를 받았다.

그러한 박해를 거치면서 남긴 유물이 박물관에 많이 진열되었는데 1층에 주로 4-6세기의 콥틱교회의 건축물의 원추기둥(Colums), 기둥머리(Capitals), 머릿돌 등이 아주섬세하고 아름다운 조각으로 새겨져 있다. 그리고 2층에는 파피루스와 양피지 등에 색채로 아름답게 필사한 콥틱 성경 사본들이 진열되어 있다. 고대 애굽교회의 제사장과 사제들이 입던 에봇의 종류 , 여러 가지 직물, 장식품, 농기구 등 다양한 유물들이 전시되어 있다. 이곳은 콥틱교회의 역사를 조명해 주는 신앙의 뿌리를 살펴볼 수 있는 중요한 박물관이다.

콥 틱 박 물 관

콥틱교회의 교회사를 생생하게 고증해 주는 많은 유물들은 종교의 박해와 핍박에도 불구하고 주후 1세기부터 금일에 이르기까지 콥틱교회의 맥박이 뛰고 있으며 믿음이 살아 숨쉬고 있다.

D. 성 죠지교회(The Church of St Jeorge)

성 죠지교회(1996.11.9. 김흔중 촬영)

둥근 지붕의 우람한 성 죠지교회(The Church of St Jeorge)는 주후 13세기경에 세워졌다. 이 교회의 다른 이름은 마리기르기스교회(The church of Marigirigis)이다. 이 교회의 이름이 연유되어 마리기르기스 거리의 이름이 붙여졌고, 전철역의 이름도 마리기르기스 역이 되었다.

교회의 정문을 들어 서면 수도원이 자리 잡고 있는데 일반인의 출입이 금지되어 있다. 교회의 층계를 따라 올라가 안으로 들어 가면 오랜 역사를 증명해 주는 듯 약간 어두운 편인데 아름다운 아이콘이 많이 붙어 있고, 콥틱 성경을 읽는 신도들의 모습을 볼 수 있다.

교회의 정문에서 나와 지하도를 지나면 왼편에 Convent of St Geoge for Coptic Nun's 라는 수녀원의 영문 간판이 붙어 있다. 남자는 수녀원 내의 지하 기도실에 들어갈 수 있으나 1층의 수녀원 예배당에는 들어 갈 수 없다.

E. 성 바르바라교회(The church of St Barbara)

아부사르가 교회에서 조금 진행하면 가로 막힌 길 왼편에 교회같지 않은 허술한 교회의 건물이 있다. 이 교회는 바르바라 교회로 딸인 바르바라가 아버지에게 전도하려다가 아버지에게 매를 맞아 죽었다. 그래서 아버지에게 맞아 순교한 처녀 바르바라에게 바쳐진 교회이다. 대단히 오래된 교회로 나무로 된 천장과 석조기둥 등은 아부사르가 교회와 비슷하다.

내가 마침 예배드리는 시간에 참석했을 때 참새 몇 마리가 날아 들어와 교회 안에서 이리 저리 날아다니는 가운데 예배가 진행되었다. 그 참새는 우리나라의 참새와 전혀 다름이 없었기에 색다른 감회를 느꼈다.

한국의 참새와 동일한 참새가 날고 있었다.

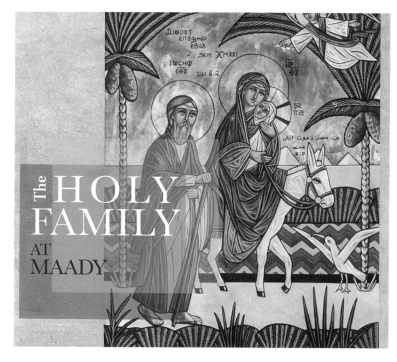

성가족이 마아디에서 배를 타고 나일강으로 내려갔다.
(이집트 국가관광청 서울사무소 성화제공)

마리아 교회(1996.11.9. 김흔중 촬영)

마리아 교회(측면)

마리아 교회(해변)

아기 예수 성가족은 올드 카이로에서 남쪽으로 나일강변을 따라 약 10Km의 강변촌(江邊村)인 마아디(Maadi)에 이르렀다. 성가족은 마아디의 승선부두에서 배를 타고 나일 강을 따라 남쪽으로 내려 갔다고 한다.

나는 올드 카이로 중심지에서 차를 타고 성가족이 떠난 길을 뒤따라 나일 강변의 마아디 강촌으로 갔다. 성 가족이 배를 타기 위해 잠간 지체했던 마아디에는 성 마리아 교회가 강변에 세 개의 둥근 지붕이 보이도록 설계되어 세워져 있다.

본래 마리아 교회 자리에 유대회당이 세워져 성가족이 회당에서 예배를 드렸을 것이라고 한다. 이 교회 안에는 모세의 우물이 있다. 나일 강물을 지하를 통해 파이프로 우물에 끌어들여 이 우물의 나일 강물로 세례예식을 행할 때 세례수로 사용하였다. 이곳 마아디에 내가 도착하여 답사할 때에 성지순례자들이 많이 찾아 오고 있었다.

혹자는 이 마아디에서 모세가 갈상자에 담겨 떠내려오는 것을 건졌다는 전설이 내려오는 그 자리에 교회가 세워졌고 바로가 살던 궁전은 나일강의 범람으로 자취가 사라져 찾을 길이 없으나 갈대의 숲은 아직도 남아있다고 주장한다. 이러한 주장은 신빙성이 희박하며 공감이 가지 않는다.

아기 예수 성가족이 최초 출발지 베들레헴에서 마아디까지 오면서 많은 고난의 시여정이었을 것이다. 이제 성가족은 육지를 떠나 나일강을 이용하는 피난길이 시작되었다.

나는 마아디 현장에서 여러 가지 깊은 생각을 하게 되었다. 왜 나일강을 따라 내려가야 했는지 궁금했다. 나는 성가족의 최종 목적지를 참고 자료를 통해 사전에 알고 답사를 하게 되었지만 성 가족이 마아디에서 2000년 전에 승선한 선박은 돛을 달고 노를 젓는 범선이었을까? 또한 지상으로 이동했던 나귀의 승선여부도 궁금했다. 여러 가지 궁금증의 상념(想念) 속에 도도(滔滔)히 흐르는 나일강 물을 유심히 바라보았다. 나일강은 이집트의 고대 역사와 문화가 살아 숨쉬는 생명줄이 되어 오늘에 이르고 있다. 나는 마아디에서 나일강을 바라보며 나일강의 역사를 알아 보고 싶었다.

이집트는 국토가 약 1,000Km²(한반도의 4.5배)가 되는데 국토의 97%가 사막이다. 옛 그리스의 역사의 아버지라 불린 헤로도토스(Herodotos, 주전 484-426년)는 그의 저서 "역사"(Historial)에서 "이집트는 나일의 선물이다."라고 말했다. 이집트는 나일강이 없으면 예나 지금이나 불모의 사막땅에 지나지 않는다.

동북 아프리카의 광대한 사막을 유유히 흐르는 나일강은 그 길이가 6,853Km가 되는 세계에서 제일 긴 강이다. 이집트는 고대로부터 금일에 이르기까지 비가 오지 않는 불모지의 사막이다. 오직 나일강의 풍부한 물, 그것도 해마다 여름이 되면 어김없이 강물이 범람하여 얻어지는 나일강 주변의 비옥한 농경지는 나일강의 선물이다. 나일강 유역은 온통 푸르름으로 뒤덮이고 풍요로움이 넘쳤다.

검은 땅으로 뒤덮인 나일강 유역은 농사 짓기 좋고 물과 먹을 것이 풍부한 지상 낙원이었다. 그러나 나일강을 벗어난 바깥의 사막땅은 살기조차 어려웠다. 그들은 나일강 유역의 지상 낙원에서 죽은 후에도 재생 부활하여 내세에서 이 세상과 똑같은 삶이 영원히 지속되기를 원했다.

그러한 바람이 고대 이집트 특유의 내세 신앙, 장례 풍속, 재생, 영생의 사생관을 만들어냈다. 이러한 문화가 고대문명에 바탕을 이루었다. 고대 이집트 문명은 나일강이 범람하는 리듬속에서 싹트고 자라서 꽃을 피웠던 문명이다.

특히 나일강이 카이로에서 지중해에 이르는 나일 델타지역 (삼각주, 고센땅)에 부채살 처럼 흐르는 지류는 나일강이 범람할 때마다 하천에 운반되어 퇴적한 충적토(沖積土)와 부엽토(腐葉土)가 쌓여서 비옥한 땅의 평야를 이루었다. 이곳에 이스라엘의 요셉(17세)이 종으로 팔려와 애굽의 총리(30세)가 되었고. 요셉의 아버지 야곱이 가족 70명과 함께 고센땅(약 2만4천Km²)에 이주하여 그 후손들이 430년(주전 1876-1446년)간 살다가 모세에 의해 출애굽을 했다.

모세는 고센땅의 헬리오폴리스(Heliopolis)에서 출생하여 바로의 궁중에서 자랐다.

후에 도망(40세)하여 시내산에서 소명을 받고 다시 애굽에 들어갔다(80세). 고센땅에서 모세에 의해 이스라엘 백성이 유월절인 여호와의 밤에 애굽의 노예생활을 청산하고 람세스(타니스)에서 첫 출발하여 출애굽한 기적의 역사적 사건은 하나님의 섭리였다.

이러한 성서와 관련된 구약시대 애굽땅의 유적을 돌아 본 아기 예수 성가족의 피난길도 하나님의 예정된 뜻이였을 것이다. 나는 마아디에서 나일강을 따라 내려가는 성가족을 연상하며 나일강을 예찬하고 싶다.

나일강은 이집트의 젖줄이며 이집트 고대 문명의 유산과 숱한 역사의 사연을 품어 안은채 5천년의 시공을 초월하여 광활한 모래 벌판의 사막을 강물로 가르며 유유히 흐르고 있다. 나일강은 참으로 위대한 강이며 영원한 생명줄이다. 오늘도 힘차게 생동하는 생명의 강이다.

나는 마아디에서 모든 답사 일정을 마치고 카이로 거처의 숙소로 돌아가 기차편으로 다음 지역의 사말루트(Samalut)를 거쳐 엘 테이르(El Tail)를 답사하기 위해 준비를 해야 했다.

엘 테이르의 마리아 기념교회

이집트의 철로와 도로는 카이로에서 룩소르를 지나 나일강의 상류에 이르기까지 나일 강변에서 마리아 교회의 높은 언덕 위에서 나일강을 굽어 내려다 보며 나일강의 범람을 막아내기 위해 나일강 상류에 아스완 댐(Aswan Dam)을 쌓아 올린 난공사에 관하여 살펴보려 한다.

고대로부터 나일강이 범람하여 나일강 유역의 이집트인 들에게 천혜의 비옥한 충적토를 만들어 주어 좋은 농경지를 제공했다. 그러나 근세에 나일강의 홍수는 사람들이 제어

하기 힘든 많은 피해를 안겨주었다. 그래서 이집트를 위임통치하던 영국은 1889년부터 강물이 넘치는 것을 막기 위해 아스완에 댐(Dam)을 쌓기 시작했다. 그렇게 해서 쌓은 댐을 로우댐(Low Dam)이라 부른다. 그러나 로우댐으로는 강물의 파괴력을 막을수가 없었다. 1901년 범람하는 홍수를 조절하기 위한 댐 건설을 다시 시작했다.

이어 1952년 나세르 대통령은 혁명정부를 이끌고 더 크고 높은 댐을 만들기 시작했다. 그러나 미국과 영국이 원조를 끊고 등을 돌렸다. 나세르 대통령은 1960년 소련의 도움을 받아 다시 시작했다. 수몰지구에 9만명이 넘는 주민을 이주시켜야 했고, 람세스 2세가 만든 위대한 세계인의 유산인 아부심벨 신전이 물속으로 가라앉게 되자 유네스코와 국제사회가 돈을 모아 주어야 했다.

아스완 댐을 크고 높은 댐으로 쌓으면서 신전을 토막 토막 잘라서 높은 지대로 옮겨 원상으로 신전을 복구하게 되었다. 그렇게 24개 유적물을 들어 올리는 공사의 대역사로 1970년 7월21일 마침내 댐이 완공되었다.

이렇게 세계문화유산이 보존되며 나일강 물의 범람을 막은 아스완 댐공사는 고대 이집트의 찬란한 역사와 문화유산을 보존하고, 유지하는데 크게 기여하게 되었다는 사실을 나는 비로소 알게 되었다.

엘 테이르를 답사하며 마리아 교회의 높은 언덕 위에서 이집트의 젖줄이라 불리는 나일강의 유유히 흐르는 강물을 응시하며 이곳에 들렀다가 엘 미니아(El Minya)로 배를 타고 다시 떠난 아기 예수 성가족을 불현듯이 연상(聯想)하게 되었다.

엘 미니아 (Minya)는 카이로에서 남쪽으로 약 245Km 지점의 나일강 서안에 위치하고 있는 이집트 중부지역에 속한다. 이 도시의 인구는 20만8000명으로 식품과 면직물 공업으로 발달한 곳이다. 이곳에는 신전이나 고대유적은 없으나 성 가족이 거쳐간 경로의 한 곳으로 볼 수 있다.

21. 베 니 하 산(Beni Hassan)

카이로에서 남쪽으로 250km, 중부의 민야(Minya)에서 남쪽으로 20km 지점에 있는 마을로 주전 20세기 경에 만들어진 암굴분묘와 신전으로 유명하다. 이집트 중부에 있는 고분군으로 현재의 지명은 18세기에 이곳에 정착한 아랍인의 이름에서 유래된 것이며, 고대에는 오릭스(Oryx) 주로 불렸다. 고대 이집트 중왕국(Middle Kingdom) 시대의 암굴분묘가 주를 이루며 고왕국(Old Kingdom) 시대의 것도 일부 있다.

총 39기에 달하는 분묘의 연대는 주전 2040년부터 주전 1640년까지로 추정된다. 1824년 영국의 윌킨슨(G . Wilkinson)에 의해 본격적인 암굴분묘의 발굴이 시작되었는데, 그 중 귀족 크눔호텝(Khnumhotep)의 묘에서 발견된 벽화는 농사, 사냥, 레슬링과 비슷한 운동경기 등 고대 이집트인의 생활상이 생동감있게 표현되어 있으며, 보존상태도 매우 양호하다.

고분군 남쪽의 스페오스 아르테미도스(Speos Artemidos) 암굴에는 하트셉수트(Hatshepsut, 재위 BC 1503?~BC 1482?) 여왕에 의해 세워진 신전이 있는데, 이는 이 지역의 주신(主神)이던 파케트(Pakhet) 여신에게 봉헌된 것이다. 성가족은 옛 신전과 암굴들이 있는 관심지역인 베니하산을 돌아보았을 것이다.

베네하산의 벽화

151

성가족 애굽 피난길
(이집트 국가관광청 서울 사무소 성화제공)

나는 엘 아슈무네인(EL Ashumunein)을 답사하기 위하여 말라위(Malawi)에서 버스를 타고 약 30분간을 달려가 버스에서 하차를 했다. 엘 아슈무네인은 이집트 프톨레메 왕조시대부터 로마 점령시대 까지 번성했던 도시였다.

하차해서 바라보니 얼마 떨어지지 않은 곳에 파손된 돌기둥이 많이 서 있어 찾아가 보니 주춧돌이 옛 신전터에 박혀 있었고 이렇다 할 다른 유물은 없었다. 그 곳에서 사진을 촬영하여 현상했으나 선명치 못하여 첨부치 못해 무척 아쉽게 생각된다.

그 신전의 폐허를 둘러보고 인접해 있는 약 150m 지점에 성 마리아 교회인가 싶어 다가가서 보았더니 허술한 담장이 둘려있어 수도원처럼 보였다. 그 밑에 접근하여 보니 사람의 한길 반정도의 높은 철제문이 달려있어 출입을 통제하고 있었다. 나는 무조건 철문을 열고 들어갔다. 그러나 철문 맞은 편의 가까운 망대에서 경비원이 내려 오더니 아랍말로 나를 거부하는 것 같았다. 서로 의사소통이 되지 않아 답답했다. 경비원은 아랍인의 정통 복장인 갈라비아(Gailabia, 통두루마기)를 입고 있었다.(사진 참조) 내 느낌에 콥틱교인들이 게토(Getto) 지역에서 고립된 생활을 하고 있는 것 같았다.

나는 생명에 위협을 받기 때문에 목사라는 신분을 밝힐 수 없었다. 나는 손짓을 하며 건물 위의 높은 벽에 십자가 표시된 교회에 들어가 보고 싶다는 표현을 했다. 그랬더니 문을 열어 주어 안으로 들어가 보니 30평 남짓한데 우리나라의 허술한 시골교회와 비슷했다. 나를 경비원이 교회 안에 감금해 놓는 듯해서 무척 불안했다. 교회에 들어가 앉아 내부를 눈으로 둘러보니 귀신이 나올 것 같은 사람이 살지않는 빈집과 같았다.

그러나 교회 안에는 5-6명이 앉는 긴 의자가 두줄로 30여개 놓여 있었고 설교할수 있는 강대상이 앞에 놓여 있었다. 또한 책장 3개가 있었는데 그 속에는 성경책, 찬송가 등 기타 여러책 들이 꽂혀 있었다. 나는 아랍성경을 한권 꺼내 펴보니 우리 한국인에 의해 번역된 아랍어 성경이어서 깜짝 놀라 관심을 가지고 아랍성경을 넘겨보았다. 나는 문서선교의 필요성 그리고 기대효과가 엄청나다는 사실을 깨닫게 해 주었다.

내가 소지하고 있는 지갑에 환전해 넣어 놓은 얼마되지 않는 비상금의 아랍돈이 걱정이 되었다. 돈을 빼앗기고 생명까지 잃을 것 같은 공포에 빠지게 되었다. 나는 긴 의자에 앉아 간절히 기도하며 하나님께 지혜를 구했다. 즉시 일어나 살펴보니 교회 안에 화장실이 있어 들어갔다. 그 곳에서 양말을 벗고 지폐를 양말에 넣은 후 발바닥 밑에 깔리도록 다시 신고 신발을 신었다. 다시 화장실에서 나와 교회 밖으로 나갈 수 있기를 간절히 간구했다. 무려 2시간이 지났을 무렵에 교회문이 열렸다. 경비원을 따라 경찰제복을 입은 자가 들어 오더니 나가자는 것이다.

나는 무조건 따라나섰는데 철대문 밖에 군인 장갑차가 대기하고 있었다. 나에게 장갑차에 올라 타라는 것이다. 올라타 앉으니 현역 군안 4명이 소총을 들고 나를 둘러싸며 꼼짝 못하게 했다. 내가 군인출신이 아니였다면 놀랐겠지만 오히려 살게 될 기회가 왔다는 안도감을 갖게 되었다. 약 7-8분 지나니 장갑차가 멈추며 나에게 내리라는 것이다. 내려서 보니 파출소였다.

그곳에 들어가 10여분 쉬고 있는데 다시 장갑차에 타라는 것이다. 약 30분 후에 도착한 곳은 말라위(Malawi) 경찰서였다. 나는 조사를 받기 위해 조사실 앞 의자에 앉아 약 15분간 대기하고 있었다. 한 조사관이 나와서 김일성을 아느냐고 질문을 했다. 나는 북한의 왕(King)인데 죽었다고 답변했다.

나는 남한에서 온 투어리스트(Tourist, 관광객)라고 답변을 했다. 그랬더니 조사실로 들어가자고 하지 않고 따라 오라는 것이다. 그래서 2층에서 1층으로 걸어 내려 갔다. 현관 앞까지 따라갔는데 그곳에서 나에게 어디로 가겠느냐고 물었다. 나는 버스정류장으로 간다고 답변을 했다. 그랬더니 현관에 대기하고 있던 관용 승용차의 기사에게 지시하여 약 5분거리의 버스정류장까지 태워다 주었다. 너무나 감사한 일이었다. 한마디로 생사의 기로애서 악몽에서 깨어난 것 같았다.

내가 말라위(Malawi) 버스 정류장에 도착했을 때 이미 해가 저물어 가고 있어 카이로까지의 육로이동은 불가했다. 그래서 말라위 기차역으로 이동하여 야간 열차편을 이용하고자 했다. 말라위 역에서 기차에 승차하여 겨우 비집고 안으로 들어 갔다. 얼마나 복잡한지 우리나라 6.25전쟁 직후 3등 열차칸 보다 더욱 복잡했다. 승객 좌석 위의 짐을 싣는 곳에 앉고 눕고 많은 승객들이 혼잡해서 공기가 탁해 숨쉬기도 불편했다.

그러한 상태에서 밤새도록 앉지 못하고 서서 가야만 했었다. 그러나 내가 외국 사람이라는 것은 알고 자리를 양보해 주어 감사했었다. 마침 내 옆에 중학교 영어선생이 앉아 있어 나의 서투른 영어를 통역하며 어느 정도 소통이 되어 흥미가 진진한 기차여행이 되었다. 이른 아침에 카이로 역에 도착, 숙소에 돌아와서 여장을 풀었다. 나의 엘 아슈뮤네인 탐방을 마치고 돌아 온 것을 생각하면 꿈만 같았다.

　　엘 아슈무네인을 답사 또는 순례 하려는 뜻이 있다면 유의할 사항이 있다. 이 지역은 종교간의 갈등이 심한 곳이기 때문에 가급적이면 답사 또는 순례를 피하는 것이 좋다. 이곳 답사를 마친 며칠 후에 이곳이 아닌 인접지역에서 아랍원리주의자들에게 외국인 3명이 살해된 사건이 발생했다. 이곳에 꼭 가고자 하면 한국 선교사 또는 한국 가이드의 안내를 받으면 안전하다. 대중 교통수단은 말라위(Malawi)에서 정기적으로 왕래하는 버스편으로 약 30분이 소요된다. 그러나 자주 운행되지 않아 불편이 많다.

엘 아슈무네인(EL Ashumunein) 콥틱 교회
(가운데 서있는 경비원)

23. 말 라 위 (Malawi)

말라위(Malawi)를 가려면 베니하산을 경유해야 한다. 말라위는 우리나라의 읍정도 되는 도시이다. 말라위 시내에 들어가기 전에 2개의 유적이 있다. 그 유적의 하나가 엘 아슈므네인이고 또한 유적이 가발 유적이다. 말라위의 상징인 비비 원숭이 모습을 한 토르 신을 볼수가 있다. 토르 신은 이집트 신화에서 따오기의 모습으로 나오지만 말라위 지역에서는 비비 원숭이 모습의 신으로 세워져 있다.

엘 아슈뮤네인에서 기술했지만 말라위에는 경찰서가 있고 우리나라 읍(邑) 규모인 크기의 도시이다.   성가족은 베니하산에서 엘 아슈뮤네인을 경유하여 말라위를 돌아보고 쉬셨을 것이다.

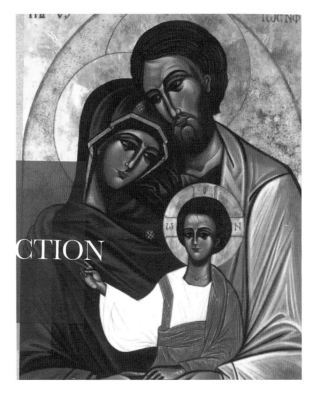

성가족
(이집트 국가관광청 서울 사무소 성화 제공)

24. 엘 쿠 세 아 (El Qusiya)

　　성 가족은 다이루트(Dairut)를 거쳐 나일 강변에 가까운 작은 도시인 엘 쿠세아 (El Qusiya)에 도착했다. 성가족이 이곳에 이르렀을 때 마침 마을에 결혼식이 있었는데 신부가 귀신이 들려서 벙어리 처럼 바보가 되어 있었다. 그 신부가 아기 예수에게 달려가 입을 맞추니 귀신이 물러가 금방 온전해져서 하나님을 찬양했다는 전설이 전해지고 있다. 이곳에 성가족이 도착했을 때는 아기 예수는 3세 전후가 되었을 것이다. 이제 말도 잘 했을 것이며 걸어다니는 어린 예수의 모습이 상상되기도 한다. 어린 예수는 성육신해서 이 땅에 인간의 모습으로 탄생했다. 엘 쿠세아에서 결혼식장에서 벙어리처럼 바보인 신부가 예수에게 달려가 입을 맞추니 금방 정상이 되었다는 기적이 오늘날까지 전해 내려온다는 사실에 귀를 기울이게 된다.

성가족
(이집트 국가관광청 서울 사무소 성화 제공)

아기 예수 성가족 이집트 마지막 종착지에 도착

수도원 전경

마리아 기념 교회

성가족 방문 기념비

나는 아기 예수 성가족이 피난길의 고된 여정(旅程)을 멈추고 마지막 종착지에서 머물게 된 엘 무하라크수도원(El Muharraq Monastery)에 도착하였다. 나는 성가족의 피난 이동경로를 뒤따라 밟으며 전부 답사하고 최종 지점에 이르렀다. 엘 무하라크수도원에 들어서면서 베들레헴에서 떠난 성가족을 이곳에서 만나게 된 것 같아 감동과 은혜가 넘쳤다.

엘 무하라크 수도원 (El Muharraq Monastery)은 카이로에서 남쪽으로 약 335Km 지점, 나일강변의 국도에서 약 4Km의 내륙에 위치하고 있다.

성가족은 다이루트(Dairut)를 거쳐 나일강변에 가까운 작은 도시인 엘 쿠세아(El Qu-siya)에 도착했다. 성가족은 엘 쿠세아에서 내륙으로 약 3Km 지점의 오늘날 엘 무하라크수도원이 있는 코스캄산(Mt Qousqam)의 기슭에 도착하였다. 요셉은 그곳에서 종려나무와 진흙으로 작은 집을 지었다.

집 근처에 있던 우물은 아기 예수의 축복을 받았다. 아기 예수는 악질의 질병과 더러운 악령들에게 시달리는 근처에 사는 많은 사람들을 낫게 하는 기적을 행하였다. 그후에 이스라엘로부터 요세(Joses)라는 사람이 이곳에 와서 성가족에게 고하기를 "헤롯"이 동방박사들에게 속았음을 알았을 때 몹시 격노하여 사람을 보내 베들레헴 근처에 있는 두 살박이 아래 사내아이들을 전부 죽였다고 고했다.

그 때에 아기 예수는 이스라엘에서 온 요세에게 감사하며 그의 조상들인 성자들과 함께 잠들 것이라 했다. 그 후 요셉은 요세가 죽으매 그의 무덤 앞 사각형의 돌 위에 "성가족이 코스캄 산에서 잠시 머물었다"고 새겼다. 요세의 무덤은 수도원의 성모 마리아 교회 밖의 남서쪽 모퉁이에 있어 오늘날 까지 전해지고 있다.

헤롯이 죽은 후에 주의 사자가 애굽에서 요셉에게 현몽하여 가로되 일어나 아이와 그의 모친을 데리고 이스라엘 땅으로 가라 아기의 목숨을 찾던 자들이 죽었느니라(마 2:19-20)라고 하였다. 성가족이 이곳을 떠나기 전에 성모 마리아는 아기 예수께 약 6개월동안 가족의 피난처가 되었던 작은 집을 축복하기를 부탁했다. 그래서 그곳은 이사야 예언서에 "나의 백성 애굽이여 복이 있을지어다"(사 19:25)의 말씀으로 축복을 받아 명예와 명성을 얻었다.

성가족이 수도원의 자리에 방문한 것을 기념하여 히브리어로 새겨진 옛 비석이 세워져 있어 지금도 볼수가 있다. 성가족이 이곳에 약 6개월간 머물러 있던 곳에 성모 마리아교회가 세워져 있다. 이곳이 이집트의 배꼽이 되는 곳이라고 안내 수도사의 설명이 있었다.

성가족이 다시 이스라엘 땅으로 돌아 갈 때의 경로는 올 때에 머물렀던 곳의 주요 성지를 대부분 경유하여 되돌아갔을 것으로 짐작이 된다. 성가족이 애굽에 피난했던 기간의 주장이 다르지만 3년6개월이 가장 긍정적이다. 또한 아기 예수가 나사렛으로 귀환 할 때의 나이는 다섯살로 보는 견해가 지배적이다. 왜냐하면 "헤롯왕"이 죽은 시점을 근거로 했기 때문이다. 그래서 엘 무하라크 수도원에서 출발했던 아기 예수의 나이는 3세-4세쯤 되었을 것이다. 그렇다면 아기예수가 어렸기 때문에 출발할 때는 나귀 등의 마리아 품에 안겼지만 애굽에서 출발할 때는 마리아 팔에 안길 나이가 지나 말도 잘하고 많이 자랐을 것이다. 이스라엘로 돌아갈 때는 나귀 두 마리가 필요했을 것 같기도 하다.

이곳 수도원 지역, 성채의 탑(Tower)은 제논왕(Xenon, 주후 474-491년)에 의해 로마 요새의 형태로 세워졌는데 이방민족이 자주 공격해 왔기 때문에 이에 대비하기 위해서 세워졌다. 지금의 수도원의 튼튼한 석조의 담벽은 주후 1901-1928년에 높이 약3.5m, 총연장 길이 약 4Km가 되도록 건축되었다. 그리고 일반문(一般門)과 특별문(特別門)으로 튼튼하게 이중문이 달려 있다.

수도원 안에는 옛 성모 마리아교회, 새 성모 마리아교회, 성 죠지교회. 수도원 궁전, 수도사 숙소, 귀빈 숙소, 콥틱교인 기도실 및 숙소, 도서관, 목축장, 도살장(소,돼지) 등 많은 건물과 시설이 들어서 있다. 모든 콥틱교회에서 추천을 받아 오면 누구나 수도원에 들어와 기도할 수 있고, 침식을 제공 받는다.

매년 6월20일 부터 일주일간은 성모 마리아의 탄신일을 축하하는 큰 축제가 열린다고 한다. 이 수도원에 콥틱 교인뿐만 아니라 많은 순례자들이 모여드는 모습을 직접 볼수 있었다. 성모 마리아 교회의 성전 안에서 수도사들이 새벽 4시부터 3시간 동안 카톨릭과 유사한 예배의식이 행해지고 있었다. 나는 2일간 새벽 예배에 참석하여 주목해서 보았다. 다른지역 수도원에서는 새벽 5시부터 2시간 동안 예배가 진행되었는데 이곳은 3시간 동안 예배가 진행되고 있었다.

평생 잊을 수 없는 이집트 콥틱 수도사와 함께(1997.4.10. 김흔중)
예수님이 애굽으로 피난하여 마지막 머물러 있던 엘 무하라크 수도원
정원 앞에서 나를 전담해서 3박 4일간 안내해준 수도사이다.

콥틱 성경

나는 이 수도원에 들어오자마자 수도원장의 특별한 배려로 수도사 1명이 그림자 처럼 나를 수행하며 안내를 해 주었다. 심지어 식사시간이 되면 식당에서 입맛에 맞는 메뉴까지 챙겨주기도 했다. 나는 분에 넘치는 환대를 받았다. 그 수행 수도사와 석별의 정을 나누며 정원 앞 십자가 푸른 아취에서 기념사진을 촬영했다.(참조, 사진)

　　나는 엘 무하라크 수도원에서 떠나 기차편으로 카이로에 도착하여 숙소에서 여장을 풀었다. 그간 성가족의 피난경로를 초지일관하여 전부 답사할 수 있도록 도와주신 주님께 간절한 감사의 기도를 드렸다.

성가족 나사렛으로 귀환
(이집트 국가관광청 서울 사무소 성화 제공)

26. 아기 예수의 나사렛으로의 귀환

아기 예수는 베들레헴에서 탄생한 직후 헤롯의 학살을 피해 애굽으로 잠시 피난을 하게 되었다. 베들레헴은 예수님이 성육신으로 탄생한 고향이다. 나사렛은 예수님이 성령으로 동정녀 마리아에게 잉태되었고, 실제 성모 마리아의 고향이다. 그렇기 때문에 성가족은 애굽에서 피난의 고난을 마치고 아기 예수를 학살하려 했던 헤롯이 죽게되자 나사렛으로 귀환하게 되었다.

나는 아기 예수 성가족의 피난 경로인 첫 출발지 베들레헴에서 마지막 종착지인 이집트의 엘 무하라카 수도원까지 실제 현장 답사를 전부 마쳤다. 그래서 성가족의 귀환경로는 최초 피난 경로를 되돌아 귀환했을 것이라는 주장이 있지만 피난할 때보다 귀환에 소요된 시일이 단축되었을 것이다. 또한 아기 예수가 많이 자라 5세가 되어 귀환할 때의 상황과 환경은 크게 달라졌을 것이다.

나는 성가족이 애굽에서의 귀환경로는 피난시 경로와 중첩되기 때문에 기록을 생략하고자 한다. 그러나 성가족이 이스라엘에 접어들어 지중해의 해안도로인 구약시대의 통상로를 따라 주요 성지를 전부 돌아보며 나사렛에 도착했을 것이다.

아기 예수 성가족의 피난길로 베들레헴에서 출발하여 헤브론, 브엘세바. 가자에 관련하여 이미 전술한 바가 있다. 그래서 성가족이 귀환 시에도 가자 지역을 경유했겠지만 다시 반복된 기술을 생략한다. 귀환시 가자에 이어 아스글론, 아스돗, 욥바, 가이사랴, 므깃도, 나사렛의 경로를 개략적으로 살펴보고자 한다.

베르나르도 다디(Bernardo Daddi, 1280~1348)의 성화
이탈리아 피렌체 오르산미켈레 성당에 액자부착
(성화를 바라보면 병자들에게 치유기적이 일어났다고 한다)

이탈리아 피렌체 오르산미켈레 성당은
위 성화가 부착되어 있는 곳이다.

(1) 아 스 글 론 (Ash Kelon)

아스글론(Ash Kelon)은 지중해 해안지역에 위치한 작은 성읍이었다. 예루살렘에서 남서쪽으로 약 75Km, 가자에서 북쪽으로 27Km 지역에 위치해 있는 아스글론은 블레셋 5대 성읍 중의 한 성읍이다. 현대 아스글론은 바닷가에 있는 옛 아스글론 보다 약2Km 동쪽의 내륙에 위치해 있다.

아스글론은 애굽과 메소포타미아를 연결하는 해안도로를 통과하는 지점으로 아벡 (Aphek), 므깃도(Meglddo), 하솔(hazol) 등과 같이 중요한 성읍이었다.

이스라엘 사사(士師) 중 가장 특색이 있는 삼손 때부터 다윗 때까지 블레셋이 점령하

삼손의 복수와 죽음(사사기 16:23-30)

고 있었다(삼상 6:17 ; 삼하 10:20). 그러나 선지자들이 이 성이 장차 멸망할 것을 예언하였다(암1:8 ; 렘25:20).

삼손은 나실인으로 출생하여 장성하매 여호아의 신에 감동되어 딤나에서 사자를 만나 맨손으로 찢어죽이고(삿 14:5) 아스글론에 가서 30명을 죽이고 의복 30벌을 수수께끼를 푼 자에게 주었으며(삿 14:19) 여우 300마리를 잡아 꼬리에 햇불을 매어 블레셋인의 밭에 보내어 곡식을 불살라 아내 빼앗긴 것에 대한 복수를 하였다(삿15:1-6).

이와같이 삼손이 아스글론 성읍에 관련되어 벌어진 일련의 사건이 성경에 기록되어 있다. 아스글론에 남아 있는 유적으로는 주전 400년 경의 유물과 로마시대의 건물과 조각들을 볼수가 있다. 성가족은 나사렛으로 귀환하는 도중에 아스글론에 잠간 머물러 바라보고 지나갔을 것이다.

블레셋 5대 성읍

1. 아스돗   3. 아스글론

2. 가 자   4. 가 드

5. 에글론

---

(2) 아스돗(Ashdod)

아스돗(Ashdod)은 텔아비브로부터 남쪽으로 해안을 따라 약 41Km 지점에 위치한 조그마한 항구도시이다. 아스돗에서 동남쪽으로 약 5Km 떨어진 주위보다 약간 높은 언덕 지대가 구약시대의 옛 아스돗이다. 아스돗(Ashdod)은 가자, 아스글론, 가드, 에글론, 아스돗 등과 함께 블레셋 5대 성읍인데 아스돗은 5대 성읍 중에 중심이 되는 성읍이다.

엘리 선지자 때 이스라엘은 실로에 있던 법궤를 아벡전투에 가지고 나가 빼앗겨 에벤에셀로부터 아스돗에 이르렀다(삼상 5:1-2) 그리하여 실로에는 법궤가 없는 빈 껍대기 성막만 남게 되었으며 하나님의 영광이 이스라엘에서 떠났다.

블레셋은 빼앗은 법궤를 가져다가 아스돗에 있는 다곤 신전 안의 다곤(블레셋인의 主神) 곁에 두었다. 이튿날 이른 아침에 보니 법궤 앞에서 다곤이 엎드러져 얼굴이 땅에 다았고 그 머리와 두 손목이 끊어져 문지방에 있고 다곤의 몸둥이만 남아 있었다(삼상5:3-5). 또한 독종의 재앙이 아스돗의 사람에게 번져 망하게 하니 성읍 사람들에 의해 법궤를 가드로 옮겼다(삼상5: 1-7 ; 5:2-9) 그러나 독종이 더욱 심해져 다시 에그론으로 옮겨 갔다.

블레셋 군대가
아벡 전투에서 법궤를 빼앗아
옮겨 놓았던 곳이다.

그간 법궤가 블레셋 지역에 7개월 동안 머물게 되었으나 에글론의 제사장과 복술자들의 말을 듣고 속건제를 드린 후 멍에 메어보지 못한 송아지 딸린 젖나는 암소 두 마리를 택하여 새 수레에 메워 법궤를 수레에 싣고 송아지는 떼어 집에 있게 하고 유다 땅인 벧세메스로 돌려 보냈다(삼상 5:1-12).

이때 벧세메스 사람들이 법궤를 들여다 보므로 70인(5만)이 죽게 되자, 기럇여아림(kiryat Yearim)으로 옮겨져 20년 동안 보존되어 있었다(삼상 7:1-4).

다윗왕이 헤브론에서 예루살렘으로 천도(遷都)한 후 다윗성으로 법궤를 옮겨 오고자
이스라엘에서 선발한 3만명을 이끌고 기럇여아림의 아비나답의 집에서 새 수레에 싣고
이동하던 중 수레를 끌던 소들이 뛰므로 아비니답의 아들 웃사가 법궤를 붙잡자 하나님
이 진노하여 치시므로 그가 법궤 앞에서 죽었다(삼하 6:7).

법궤가 기럇여아림의 아비나답의 집에 20년간 보존되었고
그 집터 위에 세워진 불란서 수녀원 내의 기념교회
(예수님과 마리아상이 예루살렘을 향하고 있다.)

그리하여 오벧에돔의 집에서 3개월 머물게 한 후 법궤를 다시 옮겨 다윗성의 장막에 두고 번제와 화목제를 드려 다윗왕은 하나님의 영광을 회복하였다(삼하 6:16-17). 유다 왕 웃시아가 아스돗을 정복하여 견고한 성을 쌓았으나(대하 26:6) 앗수르 왕 사르곤에 의해 이스돗이 침략을 당했다(사 20:1).

신약시대는 이스돗을 아소도라 불렀으며 집사 빌립이 가사(가자)에서 이디오피아 내시에게 전도하고 이 아스돗에 머물러 복음을 전하였다. 이상 위에서 살펴본 바와 같이 아스돗은 블레셋에게 빼앗긴 법궤와 밀접한 관련이 있고, 블레셋 5개 성읍 중 중심의 성읍인 점을 고려하면 성 가족이 아스돗에 들러 돌아보고 휴식을 취하며 유숙(留宿)을 한 후 욥바(텔아비브)로 출발하였을 것이다.

법궤(언약궤)

172

(3) 욥 바 (텔아비브)

텔아비브

텔아비브(Telaviv)는 예루살렘에서 북서쪽으로 약 63Km 지점의 지중해 해안에 위치한 항구도시이다. 텔아비브는 봄의 언덕(Hill of Spring)의 뜻을 가진 성경의 텔아빕(Tel Aaviv)에서 유래되었다. 오늘의 텔아비브는 1948년 이후 남쪽에 있는 욥바(Jaffa)가 통합되어 텔아비브-욥바가 되었으며 예루살렘 다음 가는 큰 도시가 되었다.

욥바(Jaffa)는 구약시대에 가장 오래된 항구도시 가운데 하나로 전설에 의하면 노아의 도시였다. 노아 홍수 이후 노아의 아들 야벳은 아름다운 욥바에 도시를 건설하고 정착했다고 한다.

욥바 항구

　여호수아가 가나안 땅에 들어와 단지파에게 이곳 땅을 분배했으나 점령하지 못했다(수 19:46)

　솔로몬 시대에 예루살렘의 성전건축을 위해 레바논에서 수입되는 백향목 같은 목재를 레바논에서 실어 나르던 항구였으며(대하 2:16) 선지자 요나는 이 항구를 통하여 "니느웨"로 가지 않고 "다시스"로 도망을 갔다(욘 1:3) 이 항구는 이집트, 바벨론, 페니키아, 페르시아, 헬라 등 여러 나라에 의해 사용되어 오다가 헤롯 대왕이 가이사랴에 새로운 큰 항구도시를 건설하면서 쇠퇴하기 시작하여 욥바의 항구기능은 점차 상실 되었다.

　신약시대에 베드로의 선교지 였으며 "다비다"가 죽게 되자 다시 살렸으며(행 9:36-41) 기적이 일어났던 곳이다. 베드로가 피장 시몬의 집에 머물러 있을 때 하나님의 환상

요나의 물고기 정원　　　　　　　피장 시몬의 집

을 통해 가이사랴에 있던 백부장 고넬료에게 가서 복음을 전파하고 세례를 주었다(행 10장). 이곳에는 1147년에 세워진 천주교 소속 베드로 수도원이 있다.

욥바는 잘 조화를 이루고 있는 예술 문화의 항구도시로 많은 예술가들이 모여 살고 있고, 박물관, 미술관, 공예품 전시장 등이 있다.

또한 해변가의 위락시설 및 각종 문화 행사장은 관광객들에게 관심이 높다. 텔아비브-욥바는 이스라엘 최대의 항구 도시로 문화, 외교, 경제, 상업도시의 중심도시로 발전했다.

이 스 라 엘 "역 사" 요 점 정 리

이스라엘 땅은 이스라엘 백성에게 하나님께서 주시기로 약속한 땅이다. 즉 벧엘에서 하나님께서 아브라함에게 이르시되 너는 눈을 들어 너 있는 곳에서 동서남북을 바라보라 보이는 땅을 너와 네 자손에게 주리니 영원히 이르리라(창 13:17). 말씀하신 약속의 땅이다. 그 약속의 가나안 땅을 이스라엘 백성이 출애굽하여 정복했다. 그러나 수난의 역사가 계속되면서 족장 시대와 사사시대를 거쳐 왕정시대가 시작되었다. 남 유다의 다윗왕(2대)은 이스라엘 영토를 가장 많이 확장했다.

그러나 솔로몬왕(3대)이 죽게 되자 남 유다 왕국(2개 지파)와 북 이스라엘 왕국(10개 지파)로 분열된 후 북 이스라엘이 앗수르에게 주전 722년에 멸망하고, 남 유다가 바벨론에게 주전 586년에 멸망하였다. 이때에 솔로몬 성전이 파괴되고 제1일성전시대가 끝나 이스라엘 백성들이 포로로 끌려 갔다. 그러나 고레스왕의 칙령으로 유다인이 바벨론에서 귀환하여 제1성전 파괴 후 70년만에 제2성전을 완공하여 제2성전시대가 시작 되었다. 또한 주후 70년 제2성전이 로마 티투스 장군에 의해 파괴되어 제2성전시대가 끝나고 로마의 지배에 들어가게 되었다. 유대인 반란이(주후 132-135) 일어나자 로마 하드리안 황제는 이스라엘 땅의 지도에 유대라는 이름을 없애고 팔레스타인이라는 이름으로 바꿔 버렸다.

그후 비잔틴시대, 회교 아랍시대, 오스만 터키시대 등의 외세의 수난이 거듭 되면서 주후 1917년 영국군 총사령관 아렌비 장군이 거룩한 성 예루살렘을 점령하였다. 제1차 세계대전(주후1914-1918년)에서 터키가 패배하자 주후 1920년부터 영국이 이스라엘을 통치하게 되었다.

제2차 세계대전이 종식된 후 1947년 UN에서 팔레스타인 땅에 유대인 국가와 아랍 국가를 양분하여 독립시키려 결의했으나 아랍인들은 이 결정을 무효로 주장한 반면 유대인들은 받아들여 1948년 5월 14일 이스라엘은 독자적으로 텔아비브 박물관에서 벤

구리온이 독립을 선언하여 이스라엘이 독립 국가가 되었다. 그래서 영국군이 1948년 5월14일 자정 직전에 하이파항을 떠나 철군했다. 역사적인 독립선언을 한 벤구리온은 수상이 되었다.

이스라엘은 독립선언을 하자마자 전쟁에 휘말렸고 1차에서 4차(1948-1973년)의 중동전쟁에서 번번히 이스라엘이 승리했다. 특히 3차전쟁의 6일전쟁은 2천년간 디아스포라의 이스라엘 민족이 예루살렘을 포함한 전 지역을 점령하여 오늘날의 이스라엘 영토를 확보하게 되었다. 그러나 요르단강 서안지역(West Bank) 및 가자 지역을 관할하고 있는 팔레스타인 자치정부와 이스라엘 간에 유혈 분쟁이 지속되고 있다. 특히 예루살렘은 기독교, 유대교, 이슬람교 등 3대 종교에 의한 태풍의 눈이 되고 있어 지구종말의 화약고가 되고 있다.

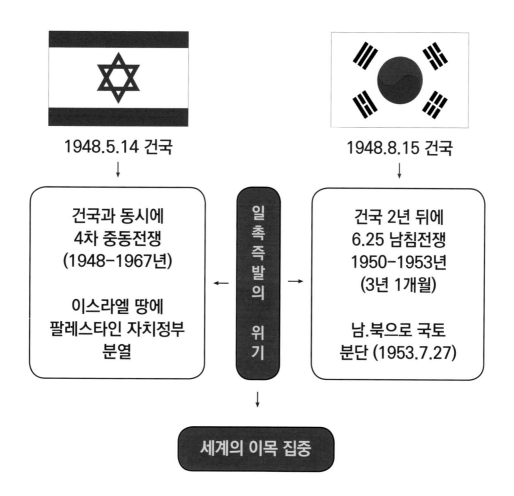

(4) 가이사랴(Caesarea)

유대총독 빌라도 기념비 모조품
(진품은 이스라엘 박물관에 소장)

가이사랴 유적

야외 음악당

가이사랴(Caesarea)는 예루살렘에서 서북쪽으로 약 113Km, 텔아비브(욥바)에서 북쪽으로 약 50Km, 하이파 항에서 해안선을 따라 약 37Km에 위치했던 이스라엘에서 가장 큰 항구도시였다. 현재는 옛 항구 도시의 유적만 남아있으며 사람이 거주하지 않는 폐허로 남아 있다. 가이사랴는 당시 지중해 연안에 있는 다른 항구들과 달리 항구로서 좋은 조건을 갖추지 못한 곳이다.

로마 초대황제 가이사 아구스도(Gaesa Augustus, 주전 63-주후 14년)는 헤롯 대왕(Herod Gerat, 주전 37-주후 4년)에게 가이사랴 지역의 땅을 하사했다. 헤롯 대왕은 건축광으로 로마 황제 가이사에 대한 감사표시로 항구와 도시를 건설한 후 이 항구도시의 이름을 가이사랴(Caesarea)라고 이름을 붙였다. 가이사랴는 시장터 아고라(Agora), 야외 원형극장, 경기장, 로마의 공중 목욕탕 등을 건축하여 당시 이스라엘에서 가장 큰 도시를 건설했다. 로마 제국은 가이사랴를 유대지방의 행정수도로 하여 정치중심도시로 삼았다. 로마에서 파송된 총독의 관저와 행정 본부가 이 도시에 위치하고 있었다.

가이사랴는 로마의 비잔틴시대에 아주 큰 도시를 이루었다는 사실을 유적을 보아 잘 알 수가 있다. 그후 십자군 시대에 전성기를 이루었다. 십자군 시대의 가아사랴에 거대한 요새를 건설했고 그 유적은 지금도 남아 있다. 십자군 원정이 있자 십자군의 보루였던 가이사랴가 주후 1,265년 마물룩에게 점령되면서 완전히 파괴되어 모래속에 매몰되어 버렸다. 그 후 600년이 지나 20세기에 접어들어 고고학자들에 의해 발굴작업이 이루어 졌다. 특히 인상적인 것은 관광객들이 바다를 바라보고 앉을 수 있는 야외 원형극장이다. 지금도 예술가들의 공연장으로 사용하고 국제적인 규모의 이스라엘 음악제(音樂祭)도 열린다.

가이사랴의 유적 가운데 로마식 수로(水路)는 갈멜산 줄기의 샘에서 끌어들인 대역사의 흔적이 지금도 남아있다. 또한 관심을 끄는 유물은 "유대 총독 본디오 빌라도"라고 글씨가 새겨진 기념돌비이다. 이 돌비는 예수님을 재판했던 로마 총독 빌라도가 가이사랴에 주재해 있었다는 증거이다. 기념비의 진품은 이스라엘 박물관에 소장되어 있고 가이사랴에 세워진 기념비는 모조품이다. 가이사랴에 주둔하고 있던 로마의 백부장 고넬료는 욥바의 피장 시몬의 집에 머물러 있던 베드로를 모셔오게 하여 고넬료와 같이한 모든 사람을 세례를 받게 했다(행10장).

이는 베드로가 유대인이 아닌 로마 장교 고넬료와 그의 가족, 친지들에게 세례를 줌으로써 유대인이라는 울타리를 벗어나 민족과 국가를 초월하여 이방인에게 복음을 전파한 역사적인 사건이었다. 가이사랴는 바울이 전도여행 중 세 번 들른 곳이며 마지막으로 바울이 예루살렘에서 이곳 가이사랴에 이송되어 2년간 (주후 57-59년) 감옥에 수감되었다가 가이사랴 항에서 배를 타고 로마로 떠나 로마의 마메르틴 감옥에서 참수를 당해 순교(주후67년)를 했다.

헤롯 대왕(주전 37-주후 4년)이 죽은 년대가 주후 4년이기 때문에 가이사랴 항구 도시는 예수님 탄생전에 이미 건설된 것이다. 헤롯이 죽었기 때문에 아기 예수 성가족이 애굽에서 이스라엘 나사렛으로 귀환하는 도중 가이사랴에 이르렀을 때에 가이사랴 항구에 큰 도시가 건설되어 있었다. 이곳에서 성가족이 휴식을 취하고 유숙(留宿)한 다음에 므깃도를 향해 떠났을 것이다.

가이사랴 빌립보(Caesarea Pilippi)

가이사랴 빌립보(Caesarea Pilippi)는 텔 단(Tel Dan)으로 부터 약 4Km지점, 이스라엘의 최북단의 헬몬산 남서쪽 기슭에 자리잡고 있다. 오늘날 바니아스(Banyas)라고 부르는 곳이다. 구약 성경에는 한 번도 기록된바 없으며 신약 성경에서 단 두번밖에 언급되지 않았다(마 16:13 ; 막 8:27). 바니아스는 텔 단과 함께 헬몬산에서 나오는 풍부한 물 근원(초당 30m2분출)이 되고, 레바논에서 나오는 시냇물과 합류하여 주요 수원이 되어 북 요단강을 통해 갈릴리호수로 흘러들어 간다.

이 지역은 주전 2세기 초에 시리아의 셀루시드왕조(Seleucis)가 프톨레미왕조(ptolamy)로부터 빼앗은 땅이다. 가나안 시대에는 바알신전이 있던 곳이었으나 희랍시대에는 "목자들의 신"인 판신(Pan god)을 섬기던 곳으로 이 지역을 파니아스라 불렀다.

그러나 아랍인들이 프(P)의 발음을 잘 하지 못하여 "바니아스"라고 부르게 되었다. 헤롯대왕이 주전 20년 로마 황제 아우구스도(Augustus)로부터 하사받은 도시로 헤롯은 그곳에 대리석으로 신전을 만들어 아우구스도(Augustus) 황제에게 바쳤다. 헤롯 대왕이 죽은 후 그 아들 헤롯 빌립이 분봉왕이 된 후 이곳을 자기의 수도로 정하여 로마 황제와 자기의 이름을 결합한 이름으로 가이사랴 빌립보(Caesarea Pilippi)라 불렀다.

예수께서 제자들과 함께 이곳 가이사랴 빌립보를 방문하셨다. 예수께서 "사람들이 인자를 누구라 하느냐"고 제자들에게 물으셨을 때에 베드로는 "주는 그리스도시요 살아계신 하나님의 아들이시니이다" 라는 위대한 신앙고백을 한 곳이다(마16:13-20). 예수께서 시몬 베드로에게 "너는 베드로라 내가 이 반석위에 내 교회를 세우리니 음부의 권세가 이기지 못하리라" 말씀하셨다(마 16:17). 아그립바 2세는 이 도시를 발전시키고 네로황제를 위하여 이곳을 네로니아스(Neronias)라고 이름을 고친 적이 있으나 별로 사용되지 않았다.

예루살렘을 멸망시킨 로마 티투스 장군은 얼마동안 이 도시에 머물면서 축제를 열었다고 한다.

이곳의 암벽에는 판신을 섬기던 동굴을 비롯하여 작은 신상을 두기 위하여 바위 절벽을 파서 만든 벽감(壁龕, Niches)이 많고 절벽 밑으로는 사철 변함없이 풍부한 물이 흐른다.

이곳을 필자가 답사했을 때 예수님의 공생애 그리고 베드로의 이곳에서의 신앙고백에 감동이 되었다. 베드로가 예수님의 열두 제자들 가운데 수제자의 위치에서 로마 교황청을 중심으로 기독교 교회사에 우뚝 서 있게 된 신앙적 발원지가 바로 가이사랴 빌립보라는 사실을 확신하게 되었다.

가이사랴 빌립보 유적

(5) 므깃도

므깃도 유적 전경

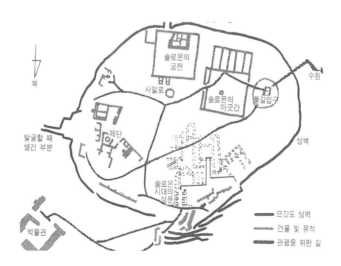

므깃도 유적의 평면도

므깃도의 지하수로

므깃도(Megiddo)는 예루살렘에서 북쪽으로 약 120Km, 하이파에서 약 17Km, 나사렛에서 약 18Km 지점, 이스르엘 평야의 남서쪽에 위치한 평지보다 약40-60m 높은 언덕위의 고지대로 지금은 폐허가 되어 있다.

이스르엘 평야는 이스라엘에서 가장 비옥한 평야이며 유일한 곡창지대로 중요한 평야이다. 고대로부터 이스르엘 평야의 주변에서 가장 크고 중요한 도시는 므깃도였다. 므깃도는 이 평야를 지키는 관문의 전략적인 위치의 도성이었다. 가나안 땅을 장악하려면 먼저 므깃도를 장악해야 한다는 지리적 중요성이 역사적인 사실로 입증이 되고 있다.

므깃도는 교통의 요충지이다. 이곳에서 (1) 해안길을 따라 애굽으로 (2) 남쪽으로 시리아와 세겜을 거쳐 예루살렘으로 (3) 북쪽으로 악고를 지나 두로와 시돈지방으로 (4) 다볼산을 빗겨 돌아서 갈릴리호수를 지나 다메섹으로 (5) 아풀라와 벤산을 거쳐 요르단 지역으로 가는 통로이다. 그러므로 평시에는 대상(隊商)들이 왕래하는 길목의 통로이며 전시에는 군사적인 주요 접근로 상의 성읍이었다. 그러므로 북쪽의 앗수르, 바벨론, 페르시아 등의 나라가 애굽을 치러갈 때에 므깃도는 언제나 중요한 발판이나 교두보가 되었다.

주전 1,468년 애굽의 바로인 투트모세 3세는 므깃도를 점령하는 것이 1,000개 성읍을 점령하는 것보다 더 전략적 가치가 있다고 인정했다. 역사 고고학자들에 의하면 주전 3,500년 전부터 마을이 형성되었고 역사적으로는 주전 1,468년경 애굽의 투트모세 3세에 의해 므깃도를 점령하여 힉소스족의 세력을 꺾기 이전에 반애굽 저항세력사이에서 중요한 역할을 했다.

므깃도는 주전 300년경부터 끊임 없이 전쟁의 소용돌이 속에 휩싸였다. 주전 4세기까지 무려 24번이나 파괴되었다가 다시 재건된 흔적을 발견할 수가 있다. 그래서 므깃도는 고대로부터 "전쟁터의 상징"처럼 여겨져 왔다.

따라서 성경에 아마겟돈이라는 이름으로 종말에 있을 마지막 날의 전쟁터로 계시되었다(계 16:16). 므깃도 언덕을 "할 므깃도(Har Megiddo)"라고 하며 히랍인들은 이를 "아마겟돈"이라 불렀다. 므깃도 언덕에 이르면 먼저 박물관 안에 들어가게 된다. 그 안에는 솔로몬왕 시대에서 아합왕 시대까지의 므깃도 모형을 볼 수가 있다. 박물관에서 나와 옛 므깃도에 이르면 처음 솔로몬왕 때의 성문의 유적이 있다. 성 안의 동쪽 끝지역에는 주전 2,500년경 가나안 사람들이 자기들의 신을 섬긴 제단이 있다(출 20:25).

성 안의 남쪽지역에는 솔로몬 시대의 궁전터가 있고, 궁전터의 북쪽 앞에 주전 7-8세기에 만들어진 우물처럼 굴착된 길이 7m, 반경 11m의 곡물 저장소가 있다. 곡물 저장소의 내벽은 나선형으로 파져 있어 밑바닥까지 내려갈 수 있다. 성안의 남서지역에 솔로몬의 마구간이 있다. 이 마구간은 약 450마리를 먹일수 있는 큰 규모였다.

고고학자들은 이 마구간을 솔로몬왕 때 만든 것으로 생각했으나 계속 연구한 결과 약100년 뒤인 아합왕 때 만들어진 것이라 한다. 솔로몬 마구간 옆에 수로 터널로 들어가는 입구가 있다. 아합왕은 므깃도의 급수문제를 해결하기 위하여 지하 터널을 만들었다.

므깃도에는 원래 지하 10m 지점에서 솟아나는 샘이 하나밖에 없었다. 그런데 지하샘이 성밖의 언덕 기슭에 있었다. 평시에는 문제가 없는데 적에게 포위 당할 경우에 물 공급을 받을 수 있도록 성안으로 지하 터널을 만들었다. 그래서 아합왕은 암석지대를 굴착하여 지하 터널을 만들어 물을 끌어 들였다.

지표면에서 땅 밑으로 약 35m 내려가서 지하 수평터널 약 70m를 지나면 물 근원의 샘에 도착하게 된다.

이상 위에서 살펴 본 바와 같이 므깃도는 "전쟁터의 상징"이 되는 곳이다. 세상의 마지막 날의 아마겟돈 전쟁이 언제, 어떻게, 왜 일어날 것인지 아무도 알수 없지만 오직 인류의 역사를 주관하시고 섭리하시는 하나님 만이 알고 계실것이다. 나는 므깃도를 찾아가 세 번이나 현장 답사를 했다. 므깃도 폐허의 땅에 서서 지형평가 요소를 염두에 두고 사면을 바라보며 미래 이스라엘의 역사에 초점을 맞춰 보았다.

지구 종말은 올 것인가!
온다면
언제 올 것인가!

갈멜산 정상의 엘리야 승리의 동상이다.
바알신과 아세라신 선지자 850명을 엘리야 선지자가
혼자서 무찔러 칼 끝이 굽었다.
(1996.11.12 이정복 목사와 김흔중 목사)

이스르엘 평야

다볼산 전경

예수님의 소년시절

아기가 자라며 강하여지고 지혜가 충만하며 하나님의 은혜가
그의 위에 있더라...예수는 지혜와 키가 자라가며
하나님과 사람에게 더욱 사랑스러워 가시더라 (눅 2:40,52).

목 수 일 을 하 며 성 장 하 셨 다

선한 목자

나는 선한 목자라 내가 내 양을 알고 양도 나를 아는 것이
아버지께서 나를 아시고 내가 아버지를 아는 것 같으니
나는 양을 위하여 목숨을 버리노라 (요한 10:14-15)

예 수 님 의 공 생 애

내가 진실로
속히 오리라
(계 22:20)
〈Maranatha〉

예수는 하늘로
가심을 본
그대로 오시리라
(행 1:11)

다 이루었다!
(요 19:30)

예수께서 이르시되 나는
부활이요 생명이니
나를 믿는 자는 죽어도살겠고
무릇 살아서 나를 믿는 자는
영원히 죽지 아니하리니
이것을 네가 믿느냐
(요 11:25-26)

그가 누구이기에
바람과 물을 명하매
순종하는가 하더라
(눅 8:25)

회개하라 천국이 가까이
왔느니라 하시더라
(마 4:17)

십자가의 도가 멸망하는
자들에게는 미련한 것이요
구원을 받는 우리에게는
하나님의 능력이라
(고전 1:18)

구주가 나셨으니 곧 그리
스도 주시니라
(눅 2:11)

보라 네가 수태하여 아들
을 낳으리니 그 이름을 예
수라 하라
(눅 1:31)

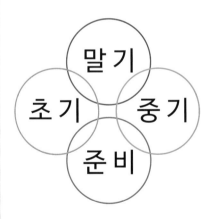

말 기

초 기   중 기

준 비

(1) 예수님의 공생애(公生涯) 족적

(2) 예수의 공생애 준비기간 (탄생- 애굽 피난-성장-세례)

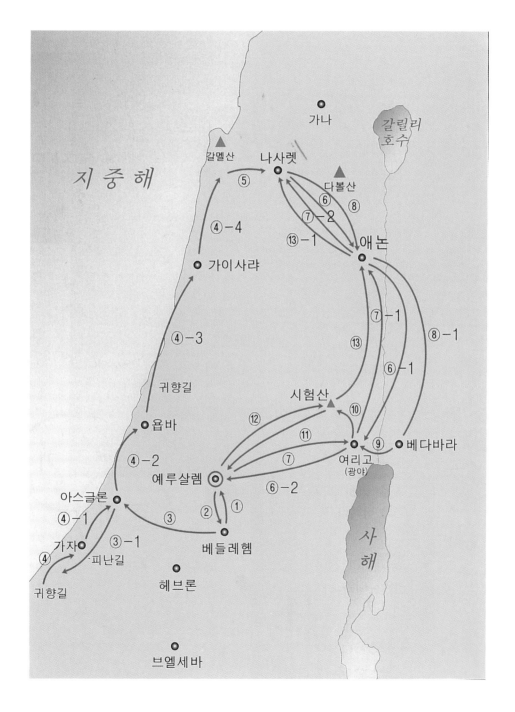

오늘날 다윗동네(베들레헴)에 너희를 위하여 구주가 나셨으니 곧 그리스도 주시니라(눅 2:11 1:31, 마 1:16, 2:1-11). ① 할례 할 팔일이 되매 그 이름을 예수라 하니 곧 수태하기 전에 천사의 일컬은 바더라. 모세의 법대로 결례의 날이 차매 아기를 데리고 예루살렘에 올라갔다(눅 9:21-24). ②-③ 주의 사자가 현몽하여 가로되 헤롯이 아기를 찾아 죽이려 하니 애굽으로 피하여 내가 네게 이르기까지 거기 있으라 하시니 요셉이 일어나서 밤에 아기와 그의 모친을 데리고 애굽으로 떠나가 헤롯이 죽기까지 거기 있었으니 이는 선지자로 말씀하신바라(마 2:13-18, 호 11:1).

④ 헤롯이 죽은 후에 주의 사자가 애굽에서 요셉에게 현몽하여 가로되 일어나 아기와 그 모친을 데리고 이스라엘 땅으로 가라 아기의 목숨을 찾던 자들이 죽었느니라 하시니 요셉이 일어나 아기와 그 모친을 데리고 이스라엘 땅으로 들어오니라(마 3:19-21, 눅 2:39).

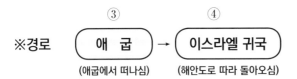

⑤ 나사렛이란 동네에 와서 사니 이는 선지자로 하신 말씀에 나사렛 사람이라 칭하리라 하심을 이루려 함이니라(마 2:23).

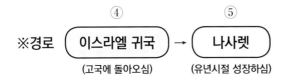

⑥-⑦ 그 부모가 해마다 유월절을 당하면 예루살렘으로 가더니 예수께서 열두 살 될 때에 저희가 이 절기의 전례를 좇아 올라 갔다가 그날들을 마치고 돌아갈 때에 아이 예수는 예루살렘에 머무셨더라 그 부모는 이를 알지 못하고 동행 중에 있는 줄로 생각하고 하루길을 간 후 친족과 아는 자중에서 찾되 만나지 못하매 찾으면서 예루살렘에 돌아갔더니 사

흘 후에 성전에서 만난즉 그가 선생들 중에 앉으사 저희에게 듣기고 하시며 묻기도 하시니 듣는 자가 다 그 지혜와 대답을 기이히 여기더라(눅 3:41-47).

*베다바라(세례받으신 곳) : 여호수아가 지금으로부터 약 3400년 전에 요단강을 건넌 곳이다. (요단동편 "베다니"라는 주장도 있음)

⑧ 예수께서 갈릴리로서 요단강에 이르러 요한에게 세례를 받으려 하신데.… 세례를 받으시고 곧 물에서 올라 오실 때 하늘이 열리고 하나님의 성령이 비둘기 같이 내려 자기 위에 임하심을 보시더니 하늘로서 소리가 있어 말씀하시되 "이는 내 사랑하는 아들이요 내 기뻐하는 자라 하시니라(마 3:13-17, 요 1:31-34).

⑨ 예수께서 성령에게 이끌리어 마귀에게 시험을 받으러 광야로 가사 사십일을 밤낮으로 금식 하신 후에 주리신지라 시험하는 자가 예수께 나와서 가로되 ⑩ "네가 만일 하나님의 아들이어든 명하여 이 돌들이 떡덩이가 되게 하라." ⑪ 성전 꼭대기에 세우고 "하나님의 아들이거든 뛰어내리라." ⑫ 지극히 높은 산으로 가서 천하만국과 그 영광으로 보여 가로되 "만일 내게 었드려경배하면 이 모든 것을 네게 주리라." 하니 예수께서 주 너의 하나님만 경배하고 다만 그만 섬기라 하니 마귀는 떠나고 천사들이 나아와서 수종 드니라(마 4:1-11, 눅 4:1-13).

※경로 베다바라 → 광야 → 시험산 → 예루살렘 → 시험산 → 나사렛
(세례받으시고 떠나심) (40일금식 하심) (1차시험:산중턱) (2차시험:성전꼭대기) (3차시험:산꼭대기) (귀향하심)

수태고지 교회 벽면에 부착되어 있는 예수님과
마리아의 성화(공주사대 이남규 교수 작품)

나사렛 예수님 수태고지 기념교회

(3) 예수의 공생애 초기 사역 (갈릴리 지역, 사마리아 지역, 예루살렘 지역)

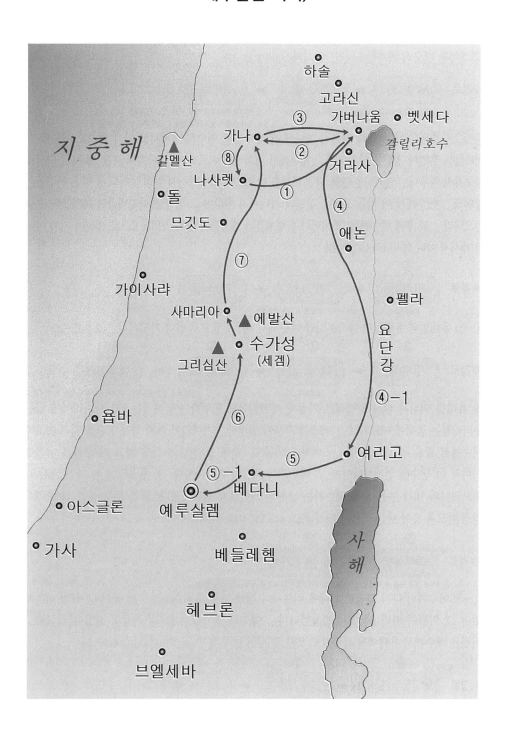

① 예수께서 요한(세례)의 잡힘을 들으시고 갈릴리로 물러 가셨다가 나사렛을 떠나 스불론과 납달리지경 해변에 있는 가버나움에 가서 사시니… 그 때부터 예수께서 비로소 전파하여 가라사대 "회개하라 천국이 가까웠느니라" 하시더라(마 4:12-17).

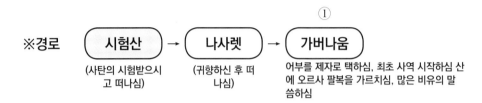

②-③ 사흘되던 날(세례 후) 갈릴리 가나에 혼인이 있어 예수의 어머니도 거기 계시고 예수와 그 제자들도 혼인에 청함을 받았더니 … 예수께서 저희에게 이르시되 "항아리에 물을 채우라" 하신즉 아구까지 채우니 … 연회장은 물로 된 포도주를 맛보고 어디서 났는지 알지 못하되 물 떠온 하인들은 알더라 … 예수께서 이 처음 표적을 갈릴리 가나에서 행하여 그 영광을 나타내심에 제자들이 그를 믿으니라… 그 후에 예수께서 그 어머니와 형제들과 제자들과 함께 가버나움으로 내려가 거기 여러 날 계시지 아니 하시니라(요 2:1-19).

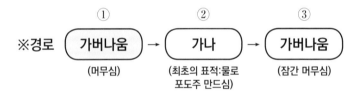

④-⑤ 유대인의 유월절이 가까운지라 예수께서 예루살렘으로 올라 가셨더니…(요 2:13-25).

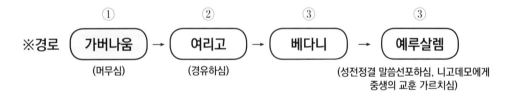

⑥ 유대를 떠나사 다시 갈릴리로 가실새 사마리아로 통행하여야 하겠는지라 사마리아에 있는 수가라 하는 동네에 이르시니 … 야곱의 우물이 있더라 … 사마리아 여자 하나가 물을 길러 왔으매 예수께서 물을 좀 달라하시니 … 여자가 가로되 "주여 물 길을 그릇도 없

고 이 우물은 깊은데 어디서 이 생수를 얻겠삽나이까…" 예수께서 대답하여 가라사대 "이 물을 먹는 자 마다 다시 목 마르려니와 내가 주는 물을 먹는자는 영원히 목마르지 아니하리니, 나의 주는 물은 그 속에서 영생하도록 솟아 나는 샘물이 되리라(요 4:1-15, 4:40-49).

※경로
⑤-1 예루살렘
(성전정결 교훈 후 떠나심)
→
⑥ 세겜(수가성)
(수가성 여인 : 생수의 교훈을 하심, 2일 머무심)

⑦-⑧ 예수께서 다시 갈릴리 가나에 이르시니 전에 물로 포도주를 만드신 곳이라, 왕의 신하가 있어 그 아들이 가버나움에서 병들었더니 … 예수께서 가라사대 "네 아들이 살았다"하신데.…이것은 예수께서 유대에서 갈릴리로 오신 후 행하신 두 번째 표적이니라(요 4:46-54).

※경로
⑤-1 세겜(수가성)
(2일 머무시고 떠나심)
→
⑥ 가나
(왕의 신하 아들을 살리심)
→
⑦ 나사렛
(귀향하심)

갈릴리 바닷가 팔복산에 세워진
팔복기념 교회

가버나움의 유대인 회당(예수님 당시)

갈릴리 호숫가(타브가)에 세워진 베드로
수위권교회

타브가에 있는 오병이어 기념교회

가버나움의 베드로 집터 위에
세워진 기념교회

오병이어 기념교회 내부의
오병이어 모자이크

(4) 예수의 공생애 중기 사역 (갈릴리 주변지역)

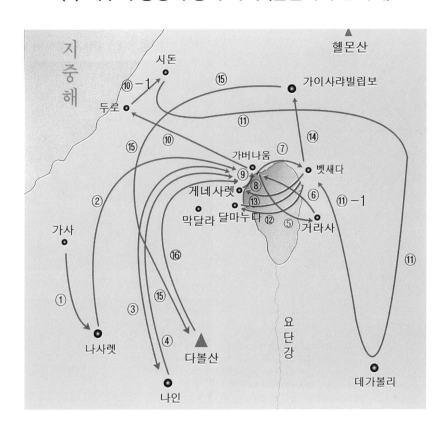

① 예수께서 그 자라신 곳 나사렛에 이르사 안식일에 자기 규례대로 회당에 들어가사 성경을 읽으려고 서시매 ...책을 덮어 그 맡은 자에게 주시고 ... 회당에 있는 자들이 일어나 (예수를)동네 밖으로 쫓아내어 그 동네가 건설한 산 낭떠러지 까지 끌고 가서 밀쳐 내려 치고자 하되 예수께서 저희 가운데로 지나서 가시니라(눅 4:24-30).

② 갈릴리 가버나움 동네에 내려오사 안식일에 가르치시매...그 말씀에 권세가 있으심이라...회당에 더러운 귀신 들린 사람이 있어 고치시며...여러 회당에서 전도하시니라(마 8:5-17 ; 눅7:1-10).

③ 그 후에 예수께서 나인이란 성으로 가실새 제자와 허다한 무리가 동행하더니 성문에 가까이 오실 때에 사람들이 한 죽은자 를 메고 나오니... 주께서 과부(죽은 자의 어머니)를 보시고 불쌍히 여기사 울지 말라 하시고 가까이 오사 그 관에 손을 대시니 멘자들이 서는지라 예수께서 가라사대, "청년아 내가 네게 말하노니 일어나라" 하시매 죽었던 자가 일어나 앉고 말도 하거늘.… 이 소문이온 유대와 사방에 두루 퍼지니라(눅 7:11-17).

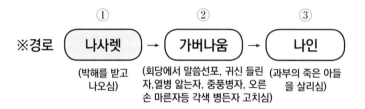

①　②　③
※경로　[나사렛]　→　[가버나움]　→　[나인]
(박해를 받고　(회당에서 말씀선포, 귀신 들린　(과부의 죽은 아들
나오심)　자,열병 앓는자, 중풍병자, 오른　을 살리심)
손 마른자등 각색 병든자 고치심)

※ 둘째 유월절에 가버나움에서 예루살렘을 다녀오심(요 5:1)
(그리스도의 신성에 관한 말씀 선포, 베데스다의 연못가 병자 고치심 : 왕복 경로는 밝혀져 있지 않음)

④ 예수께서 각 성과 촌에 두루 다니시며 하나님의 나라를 반포하시며 그 복음을 전파 하실새 열두 제자가 함께하였고 악귀를 쫓아 막달라 마리아의 일곱 귀신을 몰아냈다. 각 동네에 사람들이 예수께로 나아와 큰 무리를 이루니 예수께서 비유로 말씀하시되(씨 뿌리는 비유, 등불의 비유) (눅 8:1-3 ; 요 12-13 ; 막 3-4)

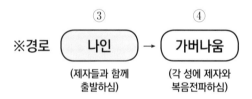

③　④
※경로　[나인]　→　[가버나움]
(제자들과 함께　(각 성에 제자와
출발하심)　복음전파하심)

⑤ 하루는 제자들과 함께 배에 오르사 저희에게 이르시되 호수 저편으로 건너자 하심에 이에 떠나 행선 할 때에 광풍이 호수로 내리 치매 배에 물이 가득하게 되어 위태한지라... 제자들에게 이르시되 "너희 믿음이 어디 있느냐" 하시니.… 저가 뉘기에 바람과 물을 명함에 순종하는고 하더라 갈릴리 맞은 편 거라사인의 땅에 이르러 육지에 이르시매 그 도시 사람으로 귀신들린 자 하나가 예수를 만나니... 귀신들이 그 사람에게서 나와 돼지에게로 들어가니 그 떼가 비탈로 내리달아 호수에 들어가 몰사 하거늘...(눅 8:22-39, 마 8:18-23 ; 막 4:35-36)

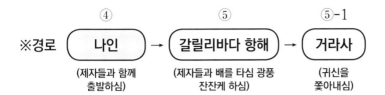

※경로

④ 나인 → ⑤ 갈릴리바다 항해 → ⑤-1 거라사

(제자들과 함께 출발하심) (제자들과 배를 타심 광풍 잔잔케 하심) (귀신을 쫓아내심)

⑥ 예수께서 배에 오르사 건너가 본 동네(가버나움)에 이르니(마 9:1) 거라사인의 땅 근방 모든 백성이 크게 두려워 하여 떠나기를 구하더라 예수께서 배에 올라 돌아 가실새… (눅 8:37). 예수께서 열두 제자를 불러 모으사 모든 귀신을 제어하며 병을 고치는 능력과 권세를 주시고 하나님의 나라를 전파하며 앓는 자를 고치게 하려고 내어 보내시며… (눅 9:1-9).

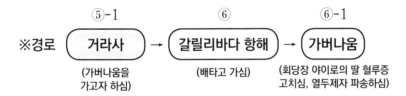

※경로

⑤-1 거라사 → ⑥ 갈릴리바다 항해 → ⑥-1 가버나움

(가버나움을 가고자 하심) (배타고 가심) (회당장 야이로의 딸 혈루증 고치심, 열두제자 파송하심)

⑦ 예수께서 열두 제자에게 명하시기를 마치시고 이에 저희 여러 동네에서 가르치시며 전도하시려고 거기를 떠나 가시니라(마 11:1). 그 후에 예수께서 갈릴리 바다 곧 디베랴 바다 건너편으로 가시매 … 여기 한 아이가 있어 보리떡 다섯 개와 물고기 두 마리를 가졌나이다 … 예수께서 가라사대 "이 사람들을 앉게 하라" 하신대 그 곳에 잔디가 많은지라 사람들이 앉으니 수효가 5,000쯤 되더라. 예수께서 떡을 가져 축사하신 후에 앉은 자들에게 나눠 주시고 고기도 그렇게 저희의 원대로 주시니… 보리떡 다섯 개로 먹고 남은 조각이 열두 바구니에 찼더라 ... 저물매 제자들이 바다에 내려가서 배를 타고 바다를 건너 가버나움으로 가는데 큰 바람이 불어 파도가 일어나 더니 제자들이 노를 저어 십여 리 쯤 가다가 예수께서 바다 위로 걸어 배에 가까이 오심을 보고 두려워 하거늘 가라사대 "내니 두려워 말라" 하신대 …(요 6:1-21 ; 마 14:13-38 ; 눅 9:10-17 ; 막 16:30-44)

※경로

⑥-1 가버나움 → ⑦ 벳새다(육로) → 벳새다(육로)

(여러동네 경유하여 가르치고 벳새다로 가심) (오병이어의 기적행하심 바다위를 걸으심) -제자들만이 배를 타고 벳새다에서 가버나움으로 갔다-

⑧-⑨ 저희가 건너가 게네사렛 땅에 이르니 … 다만 예수의 옷가 라도 손을 대게 하시기를 간구하니 손을 대는 자는 다 나음을 얻으리라(마 14:34-36).

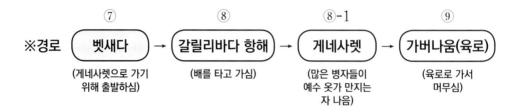

⑩ 예수께서 거기서(가버나움) 나가사 두로와 시돈 지방으로 들어 가시니 가나안 여자 하나가…내 딸이 흉악히 귀신 들렸나이다…예수께서 대답하여 가라사대 "여자야 네 믿음이 크도다. 네 소원대로 되리라" 하시니 그시로 부터 그의 딸이 나으니라(마 15:21-838, 막 7:24-30).

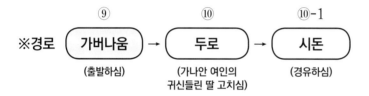

⑪ 예수께서 다시 두로 지경에서 나와 시돈을 지나고 데가볼리 지경을 통과하여 갈릴리 호수에 이르시매 사람들이 귀먹고 어눌한 자를 데리고 예수께 나아와 안수하여 주시기를 간구하거늘…사람들이 심히 놀라 가로되 "그가 다 잘 하였도다. 귀머거리도 듣게 하고 벙어리도 말하게 한다…" 하니라(막 7:31-37).

예수께서 무리를 명하사 땅에 앉게 하시고 떡 7개를 가시사 축사하시고 떼어 제자들에게 주어… 또 작은 생선 두어 마리가 있는지라… 배불리 먹고 남은 조각 일곱 광주리를 거두었으며 사람은 약 4,000명이었더라(막 8:1-9).

※경로 두로,시돈 → 데가볼리 → 벳새다
⑩-1 (지역을 돌아서 출발하심)   ⑪ (경유하심)   ⑪-1 (칠병이어의 기적행 하심, 벙어리 귀머거리 고치심)

⑫ 예수께서 저희를 흩어 보내시고 곧 제자들과 함께 배에 오르사 달마누다 지방으로 가시니라(막 8:9-10).

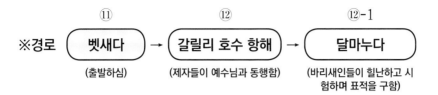

⑬ 저희를 떠나 다시 배에 올라 건너편으로 가시니라 제자들이 떡 가져오기를 잊었으매 배에 떡 한개 밖에 저희에게 없더라. 벳새다에 이르매 사람들이 소경 하나를 데리고 예수께 나아와 손 대시기를 구하거늘... 그에게 안수하시고 물으시니 우러러 보며 가로되 사람이 보이나이다(막 8:13-24).

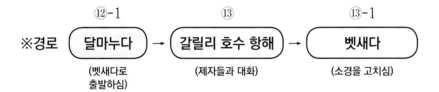

⑭ 예수와 제자들이 가이사랴 빌립보 여러 마을로 가실새 노중에서 제자들이 물어 가라사대 "사람이 나를 누구라 하느냐?" 베드로가 대답하여 가로되 "주는 그리스도시요 살아계신 하나님의 아들이시니이다"라고 답변하셨다(신앙고백)(마 16:16 ; 막 8:27-29)

⑮ 엿새 후 예수께서 베드로와 야고보와 요한을 데리시고 따로 높은 산에 올라 가셨더니 저희 앞에서 변형되사...우리가 초막 셋을 짓되 하나는 주를 위하여 하나는 모세를 위하여 하나는 엘리야를 위하여 하사이다 하니...(막 9:2-8 ; 눅 9:28)

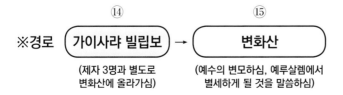

⑯ 가버나움에 이르러 집에 계실새 제자들에게 물으시되 "너희가 노중에서 서로 토론한 것이 무엇이냐" 하시되... "누가 크냐고 쟁논하였음이라 누구든지 내 이름으로 이런 어린 아이 하나를 영접하면 곧 나를 영접함이요 누구든지 나를 영접하면 나를 영접함이 아니요 나를 보내신 이를 영접함이니라"(막 9:33-37).

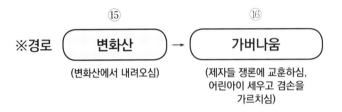

예루살렘에서 여리고로 가는 중간 지점의 오른편 도로변에 기념 교회가 세워져 있다. 한 강도를 만난 사람이 거의 죽게 된 상태에 있을 때 제사장과 레위인은 보고도 피하여 갔으나 당시 천시 받던 사마리아인은 현장에서 간호해 주고 주막에 데리고 가서 자비를 베풀었다. (눅 10:25-37)

선한 사마리아인의 여관

(5) 예수님의 공생애 말기 사역 (예루살렘 주변)

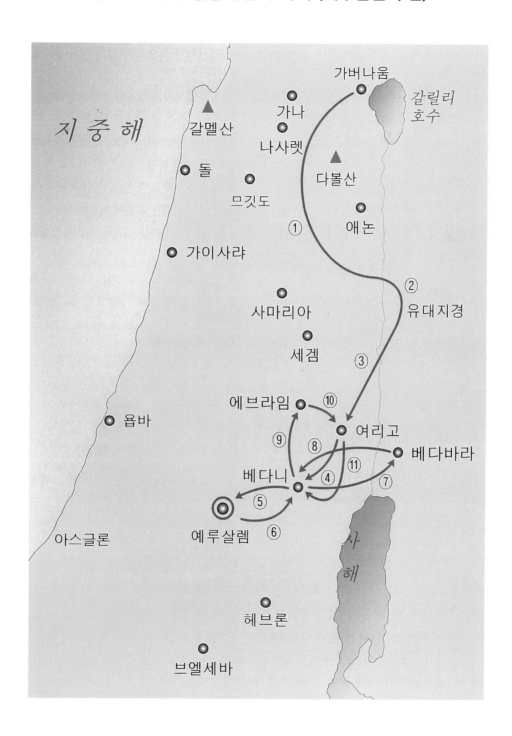

① 예수께서 승천하실 기약이 차 가매 예루살렘을 향하여 올라 가기로 굳게 결심하시고 사자들을 앞서 보내시매 저희가 가서 예수를 위하여 예비하려고 사마리아인의 한 촌에 들어 갔더니...저희가 받아 들이지 아니 하는지라...예수께서 돌아 보시며 꾸짖으시고 함께 다른 촌으로 가시니라(눅 9:51-56).

② 갈릴리를 떠나 요단강 건너 유대지경에 이르시니 큰 무리가 좇거늘 예수께서 거기서 저희 병을 고치시더라(마 19:1-2).

③ 저희가 여리고에 이르렀더니...소경 거지 바디매오가 길가에 앉았다가...심히 소리 질러 나를 불쌍히 여기소서...예수께서 이르시되 "가라 네 믿음이 너를 구원 하였느니라"하시니 저가 곧 보게 되어 예수를 길에서 좇으니라(막 10:46-52, 마 20:29-34).

④ 예수께서 베다니에 머물러 있으매 예루살렘에 수전절이 이르니 때는 겨울이라(요 10:22).

⑤ 예루살렘에 들어 가시니 온 성이 소동하여 가로되 이는 누구뇨? 하거늘 무리가 가로되 갈릴리 나사렛에서 나온 선지자 예수라 하니라(마 21:10-11).

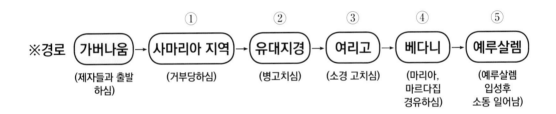

※경로 가버나움 → 사마리아 지역 → 유대지경 → 여리고 → 베다니 → 예루살렘
(제자들과 출발하심) ①(거부당하심) ②(병고치심) ③(소경 고치심) ④(마리아, 마르다집 경유하심) ⑤(예루살렘 입성후 소동 일어남)

⑥ 그들을 떠나 성밖으로 베다니에 가서 거기서 유하니라.

⑦ 저희가 다시 예수를 잡고자 하였으나 그 손에서 벗어나 나가시니 다시 요단강 저편 요한이 처음으로 세례주던 곳(베다바라)에 가서 거기 거하시니.

※경로 예루살렘 → 베다니 → 베다바라
⑤(소동을 피하여 오심) ⑥(머무심, 예수를 잡고자함) ⑦(피신하심 많은 사람이 믿음)

⑧ 어떤 병든 자가 있으니 이는 마리아와 그 형제 마르다의 촌 베다니에 사는 나사로라..예수께서 와서 보니 나사로가 무덤에 있은지 이미 나흘이라...예수께서 눈물을 흘리

시더라...큰 소리로 나사로야 나오라 부르시니 죽은 자가 수족을 베로 동인채로 나오는데 그 얼굴은 수건에 싸였더라. 예수께서 가라사대 "풀어 놓아 다니게 하라" 하시니라. (요 11:1-44)

⑨ 이날 부터는 저희가 예수를 죽이려고 모의 하니라. 그러므로 예수께서 다시 유대인 가운데 드러나게 다니지 아니하시고 여기를 떠나 빈들 가까운 곳인 에브라임이라는 동네에 가서 제자들과 함께 거기 유하시니라...예수 있는 곳을 알거든 고하여 잡게 하라 명령 하였음이더라. (요 11:53-57)

⑩ 예수께서 여리고로 들어 가시더라. 삭개오라 이름하는 자가 있으니 세리장이요 또한 부자라...예수께서 이르시되 "오늘 구원이 이 집에 이르렀으니 이 사람도 아브라함의 자손임이로다." 인자가 온것은 잃어버린 자를 찾아 구원하려 함이니라 하셨다(눅 19:1-10).

⑪ 유월절 엿새 전에 예수께서 베다니에 이르시니...마리아는 지극히 비싼 향유 곧 순전한 나드 한근을 가져다가 예수의 발에 붓고 자기 머리털로 그의 발을 씻으니 향유의 냄새가 집에 가득하더라. (요 12:1-13 ; 마 21:1-9)

(6) 예수님의 수난 주간 시작

예수께서 제자들에게 이틀을 지나면 유월절이라 인자가 십자가에 못 박히기 위하여 팔리우리라 하셨다(마 26:1-2).

예수께서 베다니 문둥이 시몬의 집에 계실 때에 한 여자가 매우 귀한 향유 한옥합을 가지고 나와서 식사하시는 예수의 머리에 부었다. 예수께서 이 여자가 내 몸에 향유를 부은 것은 내 장사를 위함이라 하셨다(마 26:6-13).

저희가 예루살렘에 가까이 와서 감람산 벳바게에 이르렀을 때에 예수께서 두 제자를 보내시며 이르시되 너희 맞은 편 마을로 가라 곧 매인 나귀와 나귀 새끼가 함께 있는 것을 보리니 풀어 내게로 끌고 오너라 만일 누가 무슨 말을 하거든 주가 쓰시겠다 하라 그리하면 즉시 보내리라...

제자들이 가서 나귀와 나귀 새끼를 끌고 와서 자기들의 겉옷을 그 위에 얹으매 예수께서 그 위에 타시니 앞에서 가고 뒤에서 따르는 무리가 소리 질러 가로되 호산나 다윗의 자손이여 찬송 하리로다 주의 이름으로 오시는 이여 가장 높은 곳에서 호산나 하더라(마 21:1-9).

(7) 예수님의 수난 주간 행적(Holy Passion Week)

고난주간(苦難週間)은 예수께서 3년간의 공생애를 주님 스스로 십자가 수난을 당하시기 위하여 나귀를 타시고 군중들의 환호 속에서 예수님 자신이 메시아임을 공식선언 하면서 예루살렘에 입성한 종려 주일로부터 주님이 장사 되었다가 부활한 부활주일 직전까지의 인류를 구원하기 위해 예수님이 수난을 당하신 일주간의 기간이다.

예수님은 고난 주간에 예루살렘에 입성, 성전 정화, 감람산 강화, 성만찬 제정, 겟세마네 동산의 기도, 체포와 심문, 십자가 처형과 장사 등 예수님 공생애에 절정을 이루는 전 우주적 대 사건이 숨막히게 수난경로에 따라 전개되었다.

(8) 예수님의 일주일간 고난 행적의 코스

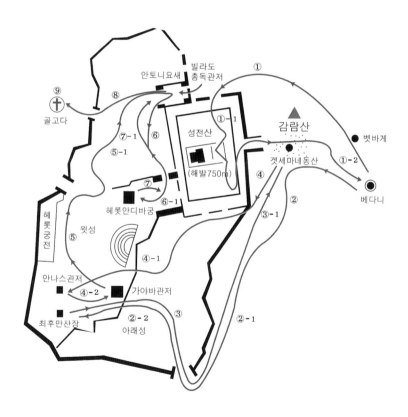

※ 다음 장의 수난 일주간의 서부 행적 내용을 읽어가며 행적 코스를 따라 이해한다.

(9) 주간 일정 및 세부 행적 내용

요 일			행 적 내 용	참 고 성 경	경로순번
금・토요일			· 베다니에서 유숙하심(일, 월, 화, 수 : 동일하게 베다니에서 유숙)	요 12:1-11, 마 21:17	
일 요 일			· 예루살렘성으로 나귀타고 들어가심 (호산나, 호산나 영광으로 입성하심 : 벳바게 → 예루살렘성) (예루살렘성 가까이 오셔서 성을 바라 보고 우심)　　　　　(승리의 날)	마 21:1-11, 막 11:1-11 요 12:12-19 눅 19:41-44	①
월 요 일			· 예루살렘성으로 들어가심(길가에서 열매 없는 무화과를 저주하심) · 성전 청결을 선포하시고 성전에서 병자를 고치심　　　(선전 청결의 날)	마 21:18-20 막 11:12-19	①
화 요 일			· 예루살렘성으로 들어가심 · 성전에서 대제사장과 많은 장로, 백성에게 비유로 가르치심 (두 아들, 세리와 창기, 포도원, 혼인잔치) · 외식하는 바리새인과 부활이 없다는 사두개인들과 변론하며 책망하심 · 예루살렘 멸망과 성전이 무너뜨려질 것을 선포하심　　　(변론의 날)	마 21:23-23:36 마 23:37-39 마 24:1-2 먹 13:1-4	①
수 요 일			· 침묵하심　　　　　　　　　　　　　　　　　　　　　　　(침묵의 날)		
목요일	오후	해질무렵	· 마가의 다락방에서 유월절 지키심 (제자들의 발을 씻기심, 최후의 만찬을 가지심, 새 언약을 선포하심, 제자들과 고별인사 후 제자를 위한 중보 기도하심)　　　(변민의 날)	마 26:17-29	②
		밤	· 겟세마네 동산으로 가심 · 겟세마네 동산에서 기도 하시다가 잡히심　　　　　　　(변민의 날)	마 26:36-56 요 18:1-11	③
금요일	오전	밤	· 대제사장 가야바에게 끌려가심 · 안나스에게로 먼저 끌려 갔다가 가야바에게로 보내져서 그곳에서 심문을 받고 갇히심(요 18:13, 18:24) · 닭 울기전에 베드로가 예수를 세 번 부인함(새벽)　　　(수난의 날)	요 18:12-24 마 26:36-56	④ (4+1)
		이른아침	· 안토니 요새로 끌려가심 · 안토니 요새(빌라도 관저)에 있는 빌라도에게 호송 되었다가 예수를 관할하고 있던 헤롯안디바(안티파스)에게 보내져 헤롯안디바궁으로 가심 · 가룟 유다는 예수를 팔고 받은 은 30을 성소에 던지고 아겔마다(피밭)에 가서 목매어 자살하니 몸이 곤두박질하여 배가 터져 창자가 다 흘러나 왔음(행 1:8, 마 27:3-10)　　　　　　　　　　　　　　(수난의 날)	눅 23:6-12 눅 23:15	⑤ ⑥
		낮	· 헤롯 안디바로 부터 다시 빌라도에 보내져 법정에서 사형선고를 받으심 (안토니 요새)　　　　　　　　　　　　　　　　　　　　(수난의 날)	막 15:15 눅 23:24 요 19:1-16	⑦
	오후	낮	· 사형장(골고다 언덕)으로 끌려가심 (십자가를 지심 → 구레네시몬이 대리 십자가 짐 → 예수님이 십자가 지고 두 번(세번?) 쓰러지심 → 골고다 언덕 당도하심) · 십자가에 못 박혀 달리실 때 부터 온 땅이 어두워짐(6시부터 9시까지)(수난의 날)	마 27:32-45 눅 23:33-49 요 19:31-37 (6시→오전 12시(정오) 9시→오후 3시)	⑧
		해질무렵	· 십자가에서 죽으심 · 십자가에 달려 "다 이루었다."하시고 운명(요 19:30)하시니 사람을 장사한 일이 없는 새 무덤에 장사되심(요 19:41)　　　　(수난의 날)	마 27:50 .막 15:37 눅 23:44-49	⑨
토 요 일			· 무덤에 계심 · 무덤을 로마 병사들이 굳게 지킴　　　　　　　　　　　(비애의 날)	요 19:28-37 마 27:62-66 요 19:39-42	
일 요 일			· 무덤에서 부활하심(다시 살아 잠자는 자들의 첫 열매 되심)(고전 15:20)(부활의 날)	마 28:1-11, 요20:1-7	

※ 예수는 부활한 40일 후에 감람산에서 승천하셨으니, 하늘로 올리우신 이 예수는 하늘로 가심을 본 그대로 오시리라(행 1:11) 아멘

십자가의 길 14개 지점 경로

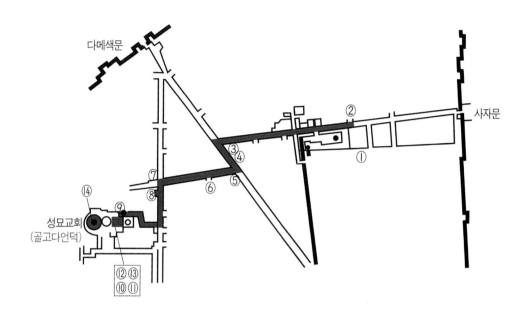

십자가 수난길의 14개 지점

제1처 : 예수님께서 사형선고를 받으셨다.
제2처 : 예수님께서 십자가를 지셨다.
제3처 : 예수님께서 기력이 떨어져 넘어지셨다.
제4처 : 예수님께서 성모 마리아를 만나셨다.
제5처 : 구레네 시몬이 예수님을 도와 십자가를 대신 졌다.
제6처 : 베로니카 여인이 수건으로 예수님 얼굴을 닦아 드렸다.
제7처 : 기력이 다하신 예수님께서 두 번째 넘어지셨다.
제8처 : 예수님께서 예루살렘 부인들을 위로하셨다.
제9처 : 예수님께서 기진맥진하시며 세 번째 넘어지셨다.
제10처 : 예수님께서 옷 벗김을 당하셨다.
제11처 : 예수님께서 십자가에 못 박히셨다.
제12처 : 예수님께서 십자가 위에서 돌아가셨다..
제13처 : 예수님 시신을 십자가에서 아래로 내림.
제14처 : 예수님께서 무덤에 묻히셨다.
(3일만에 부활하셨고, 40일만에 승천하셨다.)

(10) 예수님의 십자가 수난

● 십자가에 달리신 수욕(受辱)

- 예수님 옷을 제비뽑아 나눔(막 15:25)
- 대제사장과 서기관이 희롱(막 15:31)
- 관원들이 비웃고 군병들이 희롱
  (눅23:36-37)
- 달린 행악자 중 하나가 비방함(눅 23:39)
- 비방한 자를 달린 자중 하나가 꾸짖음
  (눅 23:40-42)
- 지나가는 사람들이 예수님을 모욕함
  (마 27:3-41)

● 가상칠언(架上七言)

1. 저희를 사하여 주옵소서(눅 2:34)
2. 오늘 네가 나와 함께 낙원에 있으리라
   (눅 23:43)
3. 보라 네 어머니라(요 19:27)
4. 엘리 엘리 라마 사박다니 하시니
   (마 27:45-49)
5. 내가 목 마르다(요 19:28)
6. 다 이루었다. (요 19:30)
7. 내 영혼을 아버지 손에 부탁하나이다
   (눅 23:44-46)

구 원

12시
(6)

온땅이
3시간(6시-9시)
동안
어두워 졌음
(마 27:45)

사 랑

9시 (3)

(9) 3시

은 혜

(12)
6시

능 력

● 십자가에 달리시기 전 사건들

- 마가의 다락방에서 최후의 만찬 가지심
  (눅 22:14)
- 겟세마네 동산에서 기도하심(마 26:6)
- 군대와 대제사장과 바리새인의 하속들에게
  잡히심(요 18:12)
- 안나스 집에 끌려 갔다가 대제사장
  가야바의 집에 끌려감(요 18:12-15)
- 빌라도에게 보내지심(막 15:1)
- 헤롯에게 보내지심(눅 23:6-10)
- 빌라도에게 다시 보내지심(눅 23:11)
- 법정에서 사형선고 되심(눅 2:23-24)
- 십자가를 메고 골고다로 올라가심
  (눅 23:33)

● 십자가에 돌아가신 후 사건들

- 성소의 휘장이 위로부터 아래로 찢어져
  둘이 되고 땅이 진동함(마 27:51)
- 무덤들이 열리고 자던 성도의 몸이
  많이 일어남(마 27:52)
- 구경꾼의 무리들이 가슴을 치며 뉘우침
  (눅 23:48)
- 군병들이 예수와 함께 못박힌 두 사람
  의 다리를 꺾음(요 19:32)
- 예수님의 옆구리를 찌르니 피와 물이
  나옴(요 19:34)
- 새 무덤에 장사 되심(요 19:38-42)
- 무덤을 봉하고 파수꾼을 세움
  (마 27:66)
- 큰 지진이 나며 천사가 돌을 굴려내고
  그 위에 앉음
- 안식 후 첫날 막달라 마리아, 베드로,
  요한이 빈 무덤 발견(요 20:1-10)
- 혼자 울고 있는 막달라 마리아에게
  마리아야 부르심(부활 후) (요 20:16)

내가 목 마르다 · 다 이루었다 (요19:28-30)

예수께서 죄인을 구원 하시려고 세상에 임하셨다 하였도다(딤전 1:15)

자기를 부인하고 자기 십자가를 지고 나를 좇을 것이니라(막 8:34)

예수님의 빈무덤
아리마대 요셉이 예수님의 장지로 바친 동굴무덤이다.
(성지 순례자들이 무덤안에 들어가 기도한다.)

골고다 언덕의 종소리

김흔중 목사 작사
김광진 목사 작곡

1. 골고다의 언덕에 울려 퍼지는 사랑의 종소리는
2. 골고다의 언덕에 울려 퍼지는 소망의 종소리는
3. 골고다의 언덕에 울려 퍼지는 생명의 종소리는

시온 성의 영광이요 우리들의 은총인데
저 하늘의 영광이요 우리들의 기쁨인데
십자가의 영광이요 우리들의 축복인데

사랑의 종소리는 이 세상 땅끝까지 퍼지니
소망의 종소리는 저 천국의 끝까지 퍼지니
생명의 종소리는 새 하늘과 새 땅에 퍼지니

그 영원한 사랑은 십자가의 사랑이라
그 영원한 소망은 부활의 소망이라
그 영원한 생명은 참 빛의 생명이라

The Sound of a Bell on Calvary

1. The sound of a bell of love, resounding on Calvary
   Is the glory of the city of Zion and the grace for us,
   The sound of a bell of love spreads out to the end of the world.
   The eternal love is the love of the cross.

2. The sound of a bell of hope, echoing on Calvary
   Is the glory of the heaven and the pleasure for us,
   The sound of a bell of hope spreads out to the end of the
   Kingdom of God.
   The eternal hope is the hope of the resurrection.

**예수님이 부활하신 후 막달라 마리아와 첫 만남의 장소에 놓여 있는
의자에 앉아 감동적인 종소리를 들으며 작사를 했다.
(1997.4.10. 김흔중)**

감람산 정상의 예수님 승천당

감람산 전경

(11) 초대교회 형성과 복음 전파의 태동

예수님에 관한 십자가에서의 죽음 이후의 기록은 공관복음서에 모두 일치되고 있다. 예수께서 부활하신 후 예루살렘, 엠마오, 갈릴리, 베다니에 나타나셨으며 마지막으로 감람산에서 승천하셨다(행 1:2-12).

예수께서 승천 후 오순절 날 예루살렘의 시온산에 있는 마가의 다락방에 제자들이 모여 기도할 때 성령이 충만하게 임함으로 초대 교회의 효시가 되었다.

오순절 날 다락방에 모여 있는 제자들에게 홀연히 하늘로부터 급하고 강한 바람 같은 소리가 있어 저희 앉은 온 집에 가득하며 불의 혀같이 갈라지는 것이 저희에게 보여 각 사람에게 임하였다. 그리하여 저희가 다 성령의 충만함을 받고 성령이 말하게 하심을 따라 다른 방언으로 말하기를 시작하였다(행 2:1-4).

그 때에 디아스포라의 유대인들이 세계 각국으로부터 예루살렘으로 모여 들었다. 그들은 1)메소포타미아의 바대, 메대, 엘림 2)소아시아와 갑바도기아, 본도, 브루기아, 밤빌리아, 3) 아프리카의 애굽, 구레네, 리비아 4) 로마, 그레데(아덴) 5)아라비아 사람들이었다(행 2:9-11).

교회성립 발전과정

1. 성막(聖幕, Tabernacle)

2. 성전(聖殿, Temple)

3. 회당(會黨, Synagogue)

4. 교회(敎會, Church)

---

(12) 예루살렘은 지구촌 종말의 화약고가 되고 있다

종교분쟁의 불씨인 황금사원

　　이스라엘 예루살렘의 제1성전(솔로몬)과 제2성전(스룹바벨)이 무너지고, 그 자리에 이슬람의 황금사원이 세워졌다. 황금사원 황금의 돔에서 눈부신 빛이 발산되는 가운데 하루에 다섯 번씩 고성능 스피커에서 이슬람교 기도소리가 예루살렘 성을 짓누르며 완전히 압도하고 있다.

　　인류의 역사는 전쟁의 연속선상에서 흥망의 변화를 거듭하고 있다. 세상의 종말은 민족간, 종교간의 문명충돌로 유발될 것이다.

오직 유대교, 이슬람교, 기독교의 충돌로 인한 황금사원의 파괴는 세상 종말의 도화선이 될 것이다. 오늘날 첨단의 과학무기와 공포의 핵무기는 인류 평화를 극도로 위협하고 있다. 요한계시록 16장에 계시된 아마겟돈 전쟁에 의한 인류의 종말이 때, 장소, 양상은 알 수 없으나 가까이 오고 있다는 선견적 견해이다. (김흔중 목사)

나는 이스라엘 선교사로 파송되어 1년여 동안 골고다 언덕에서 새벽기도를 했고 이스라엘의 역사와 지리에 대한 저서도 출간했다. 이스라엘과 팔레스타인 관계는 한반도 문제보다 풀기 어려운 종교적, 민족적, 국가적, 국제적으로 복합적인 난제가 얽혀있다.

성전산 황금사원은
전쟁의 화약고이다

(13) 스테반의 첫 순교가 미친 영향

스테반 기념교회

신약 성경에 기록된 최초의 순교자 스테반의 이름은 "면류관"이라는 뜻이다. 그는 예루살렘의 초대교회에서 믿음과 지혜와 성령이 충만한 칭찬 듣는 집사 일곱을 선출하여 교회의 시무를 맡겼을 때에 일곱 집사 중 한 사람이었다(행6:1-5, 일곱집사:스테반, 빌립, 브로고로, 니가노르, 디몬, 바메나, 니골라). 그러나 스테반은 교회의 시무에만 전념하지 않고 복음전파를 사명으로 생각하고 회당에서 복음을 전파하였다.

당시 예루살렘에는 오순절 성령 강림사건 이후 사도들이 중심이 되어 전도의 열기가 뜨겁게 달아올라 믿는 자의 수가 날마다 많아지자 산헤드린 공회는 사도들에게 더 이상 예수에 대하여 말하지 말라고 엄명을 내렸다(행 5:27-28). 그러나 스테반은 더 열심히 예수를 증거하다가 공회에 잡혀 가 그 장소에서 변론을 하였다(행 7:1-59). 공회의원들은 스테반의 변론은 신성을 모독하는 진술 내용이라 하여 율법(레 24:16)에 따라 돌로 쳐 죽였다. 스테반의 죽음과 동시에 예루살렘에 있는 기독교인들에 대한 핍박이 시작되었다.

이 사건은 초대교회와 기독교의 역사에 중요한 변화를 가져 오게 되었는데 예수를 믿는 자들이 핍박을 피해 예루살렘 밖으로 흩어지게 된 것이다. 그 중에서도 스테반을 따르던 자들이 심한 핍박을 받아 예루살렘을 떠나 이방인들에게 복음을 전하며 안디옥에 교회를 세웠다. 이때부터 이방에 교회들이 세워지고 세계에 복음이 전파되는 계기가 되었다.

스테반을 죽이는데 큰 역할을 한 사람이 사울(바울)이었다. 사울은 스테반 사건 당시 산헤드린 공회의원으로 변론을 듣고 죽이려고 투표할 때 가표(可票)를 던진 것으로 추정된다(행 6:10). 또한 스테반을 돌로 쳐 죽일 때 증인들의 옷을 벗어 사울의 발 밑에 두었고 사울은 스테반의 죽어가는 최후의 모습을 지켜 보고 있었다. 스테반은 죽을 때에 자기를 돌로 친 자를 조금도 증오하지 않고 오히려 "이 죄를 저들에게 돌리지 마옵소서"하고 기도하였다. 이 때 하늘문이 열리고 자기를 맞이 하려고 하나님의 우편에 서신 예수님을 본 스테반의 얼굴은 천사 처럼 빛나고 기쁨이 가득하였다. 예루살렘의 스테반 문(사자문)은 스테반의 순교 장소에 가까운 지역의 문이기 때문에 붙여진 이름이다. 스테반 문에서 내려와 겟세마네 동산으로 건너가기 직전의 성벽 밑에 스테반 기념 교회가 세워져 있다.

스테반이 순교한 장소와 기념교회의 위치

(14) 빌립과 베드로의 사마리아 전도사역

예루살렘의 초대교회에 핍박이 심하고 스테반이 순교하게 되자 유대와 사마리아 모든 땅으로 흩어졌다. 이때 이방이나 다름 없던 사마리아성에 일곱 집사 중 한 사람인 빌립이 내려가 그리스도를 백성에게 전파하였다. 그러자 빌립의 말을 듣고 더러운 귀신들이 크게 소리 지르며 나가고 중풍병자와 앉은뱅이가 나았다. 그 곳 성의 많은 남녀와 시몬이라는 마술사도 세례를 받았다.

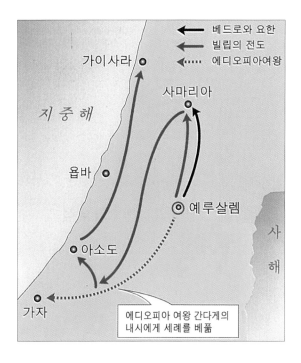

사마리아에서도 하나님의 말씀을 받아들였다는 소식을 예루살렘에서 듣고 두 사도 베드로와 요한을 보내어 주 예수의 이름으로 세례를 주고 저희에게 안수하여 성령을 받게 하였다. 그 곳 시몬이라는 마술사는 돈으로 성령의 권능을 사고자 했으나 베드로는 하나님의 선물을 돈 주고 살 줄로 아느냐 하며 책망하고 돈과 함께 망할 것이라 하였다.예루살렘에서 가사(예루살렘 남서:80km, 욥바 남방:66km)로 내려가는 에디오피아 여왕 간다게의 국고를 맡고 있는 내시를 만나 예수를 가르쳐 복음을 깨닫게 하고 세례를 주었다. 그리고 아소도(아스돗)와 주위의 여러 성에서 복음을 전파하고 가이사랴에 이르렀다. 그

는 가이사랴에 살면서 네 딸을 두었으며 그 딸들이 처녀로서 예언을 했다는 것은 복음전도 사역을 했을 것으로 추정된다.

터키 빌립 기념교회 유적

사도 바울은 3차 전도사역을 마치고 돌레마이(악고)에서 해상으로 가이사랴에 도착하여 빌립의 집에서 여러 날 있다가 예루살렘으로 올라가 체포되었다(행 21:9, 30). 성서에는 기록이 없으나 계시록의 7대 교회중 하나인 라오디게아 교회에서 약 71km 지역의 히에라폴리에 유대인들의 큰 조직이 있어 복음이 전파되었고 비잔틴 시대에 주교관구가 되었다. 이곳에 주후 80년경에 빌립 집사가 복음을 전파하다가 순교했다고 전해오고 있으며 히에라폴리스의 야외원형 극장 뒤편의 산 중턱에 빌립 기념교회가 세워져 있다. 그러나 사도 빌립 기념교회로 보는 견해도 있다.

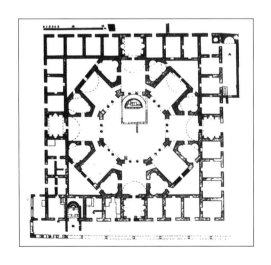

십자가 형태로 설계되어 건축된 빌립 기념교회의 평면도

세겜의 전경(나불러스) 우측에 보이는 산이 에발산이다.

세겜에 있는 야곱의 우물 교회

그리심산에서 사마리아인의 유월절 행사

그리심산 사마리아인들이 오늘날도 유월절을 위해 양을 잡고 있다.
(그리심산 사마리아인들은 지금도 모세 5경만을 믿고 있다.)

(14) 베드로의 전도사역

베드로(Peter the Apostle)의 본명은 시몬(Simon)이다. 베드로라는 이름은 반석(바위)란뜻으로 반석은 헬라어로 "베드로"이며, 아람어로 "게바"이다. 예수님은 어부 시몬을 보자마자 "장차 게바라 하리라"하시며 이름을 지어 주시고 제자로 삼았다. 베드로는 갈릴리 바다 북쪽에 있는 벳새다 출신이며 12사도 중 한 사람인 안드레는 베드로의 형제이다.

베드로는 예수께서 부활한 후 40일 동안에 11번 나타나셨는데 베드로는 7번을 만났다. 그는 오순절에 성령을 받은 후 복음 전도 사역을 시작하여 하루에 3,000명 또는 5,000명의 신자를 얻고 기사와 이적을 나타냈으며 하나님을 찬송하였다(행 2:14-41 ; 9:41-47 ; 3:11-26 ; 4:4).

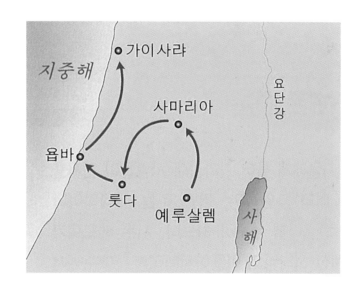

베드로는 제사장과 사두개인들에게 잡혀 갔을 때 그들 앞에서 담대히 "천하 인간의 다른 이름으로는 구원을 얻지 못한다"고 증거하였다. 그리고 그들이 다시는 예수를 전하지 말라고 경고할 때 베드로는 하나님 앞에서 너희 말을 듣는 것이 하나님 말씀을 듣는 것보다 옳으냐고 반문하자 형벌할 조건을 찾지 못하고 놓아 주었다(행 4:1-22).

베드로가 허다한 병자를 고칠 때 병자들은 베드로의 그림자라도 병자 위에 지나가기를 바랐다(행 5:15-16). 이때 많은 병자를 고치는 이적을 행하자 대제사장과 사두개인이 시기하여 베드로를 옥에 가두었다. 그러나 천사가 옥문을 열고 끌어내 주어 새벽에 성전에서 생명의 말씀을 전파하였다. 그 후에 사도들은 날마다 성전에 있든지 집에 있든지 예수를 그리스도라 가르치기와 전도하기를 쉬지 아니하였다.

베드로는 요한과 함께 사마리아에 가서 복음을 전파하고 세례를 베푼 후 룻다(욥바 동쪽 15km 지역)에 가서 8년된 중풍병자 애니아를 고쳐 주고 욥바에서 죽은 다비다(도르가를 다시 살렸다(행 9:32-49). 그리고 가이사랴에 있는 이달리야(당시 로마를 지칭)의 백부장 고넬료에게 전도함으로 이방 선교의 첫 문을 열었다(행 10:3). 또한 안디옥에서 이방 유대인들과 음식을 먹다가 두려워 그 자리를 물러나는 위선을 행하다가 바울로 부터 면책을 당하였다(갈 2:11). 헤롯이 베드로를 죽이려고 옥에 가두었을 때에 두 군사의 틈에서 두 쇠사슬에 매여 누워 자는데 천사가 나타나 쇠사슬을 손에서 벗어지게 하고 옥문을 열어 주어 감옥에서 나와 예루살렘을 떠났다(행 12:1-17 ; 벧전 1:1).

베드로가 예루살렘을 떠난 후(주후 43-49)의 선교 활동에 대한 행적이 밝혀 있지 않다. 그러나 소아시아에서 복음을 전파 했고(벧전 1:1) 요세푸스는 그가 로마에 갔었다고 기록하고 있다. 따라서 그 기간에 복음사역을 했을 것이다. 또한 로마에서 처형되기 전에 영국에 방문해서 복음을 전파 했을 것으로 추정된다.

베드로의 신앙 고백

예수께서 가이사랴 빌립보 지방에 이르러 제자들에게 물어 가라사대 사람들이 인자를 누구라 하느냐 가로되 더러는 세례 요한, 더러는 엘리야, 어떤 이는 예레미야나 선지자 중의 하나라 하나이다. 가라사대 너희는 나를 누구라 하느냐. 시몬 베드로가 대답하여 가로되 "주는 그리스도시요 살아계신 하나님의 아들이시니이다." 예수께서 대답하여 가라사대 바요나 시몬아 네가 복이 있도다 이를 네게 알게 한 이는 혈육이 아니요 하늘에 계신 내 아버지시니라.   - 마태 복음 16장 13절-17절

안디옥에 있는 베드로 동굴교회

기독교 박해시 동굴교회(터키의 갑바도기아. 김흔중 촬영)

터키 갑바도기아의 환상적인 절경

감탄 없이는 볼 수 없는 기암 절벽(갑바도기아)

동굴교회 안에서 예수님의 성화를 많이 볼수 있다. (갑바도기아)

밧모섬에 세워진 사도 요한
기념 수도원

밧모섬에 세워진 사도 요한
계시 동굴 교회

사도 요한이 밧모섬에서 기도 후
일어설때 손을 짚어서 생긴 구멍

에베소에 있는 사도 요한의 무덤

에베소에 있는 사도 요한 교회 유적

(15) 사도 바울의 전도 사역

바울(Paul)의 본명은 사울이다. 바울(Paul)은
라틴어 Paullus의 헬라어 철자 Παυλος 이다. 당
시 아람어를 말하는 유대인들 에게는 그의 이름
이 사울(Saul)이었다. 사울 이름의 기원은 베냐민
지파인 그에게 베냐민 지파에서 이스라엘 초대왕
이 된 사울로 거슬러 올라가는 유명한 이름이었다.
그러나 바울이라는 이름은 로마 시민권을 얻는데
필요로 했던 이름으로 추정된다. 바울(Παυλος)은
헬라어로 "작은 자"란 뜻이며 사울(שאול)은 히브리
어로 "크다"는 뜻이다. 예수께서 부활하신 후 다메
섹 도상에서 그를 만났을 때(주후 38년) 히브리 방
언으로 "사울아 ! 사울아!" 이름을 부르며 "네가
왜 나를 핍박하느냐"고 말씀하셨다.(행 9:4) 성

사도 바울의 초상화

서의 기록에서 사울의 이름이 바울로 바뀌기 시작한 것은 1차 전도 사역 중 구브로섬의
바보에서부터이다.(행 13:9-13) 바울은 길리기아(터키) 다소에서 출생하였다. 바울의 출
생은 아마도 서력 기원(A.D)으로 변화될 때인 주전 1년에 출생한 것으로 추정된다. 그
가 나이 68세인 주후 67년에 로마 네로 황제에 의해 순교한 것은 많은 사람들의 지배적
인 견해이다.

바울은 로마 전성기 다섯 명의 황제 통치 하에서 일생을 보냈다. 로마의 황제 칭호를
통상 "가이사"라고 부른다. 그 다섯 명의 가이사는 ①옥타비안(Octavian:아우구스투스,
주전 31-주후 14) ②티베리우스(Tiberius, 주후 14-37) ③가이우스 (Gaius: 칼리굴라,
주후 37-41) ④글라디우스 (Cladius, 주후 41-54) ⑤네로(Nero, 주후 54-68)의 다섯명
의 황제이다. 바울은 "나는 유대인이라 소읍이 아닌 길리기아 다소성의 시민이다"라고
말하고 있다. 예수와 바울 당시 유대인은 로마제국 전역에 분포되었고 전 세계의 유대인
은 약 800만명으로 추산되며 그 2/3정도가 이스라엘 밖의 디아스포라인 것으로 추정된

다. 바울도 디아스포라 유대인이었다. 그 당시 다소가 중요한 도시로 생각되는 네 가지의 이유가 있다.

① 대규모의 도시였다. 바울 당시 다소는 약 14km²의 면적으로 50만명의 인구를 자랑하는 도시로 수많은 도시가 다소보다 크지 않았다. ② 지중해의 대무역항이었다. 이 도시는 항구도시로 길리기아의 관문이었으며 떠들썩한 상업 중심 도시였다. 다소 산맥의 비탈에서 서식하는 흑염소의 털로 짠 옷을 무역했으며 다소의 검은색 텐트는 대상들, 유목민들 그리고 소아시아와 시리아에 흩어져 있는 군대에서 사용되었다. 다소의 특산물의 원자재인 아마(亞麻)와 염소 털로 된 직물이 유명하여 직조업과 천막업이 성행했고 당시의 천막 제조업은 바울을 통해 오늘날까지 유명하게 전해 지고 있다.(행 18:3) ③ 정치적 중심 도시였다. 바울이 태어 났을 때 약 1000년 동안 정치적 중심 도시가 되어 왔고 앗수르, 바벨론, 메데 파사제국들의 초기에 다소는 소아시아 중심 도시였다. 바울이 태어 났을 때 로마 통치로 넘어 갔으며 길리기아 속주의 수도가 되었다. ④ 중요한 대학 도시였다. 일반 학문을 공부하는데 있어서 아테네와 알렉산드리아를 능가하는 학문적 대학 도시였다. 바울은 이러한 다소에서 출생하여 성장했다는 사실에 주목되며 그는 11세

다소에 있는 바울 생가의 우물(김흔중 촬영, 김흔중 목사와 어린아이)

에 예루살렘에 와서 13세부터 18세까지 가말리엘(유대인의 유명한 랍비)의 문하에서 율법을 공부하여 정통한 교법사가 되었다(행 22:3). 또한 바울은 탁월하여 아마도 산헤드린 공회 의원의 자리에 앉아 스테반 사건 당시 죽이려고 투표할 때 가표(可票)를 던진 것으로 추측된다(행 26:10). 바울은 청결한 양심으로 선조 때부터 섬기던 하나님을 섬기고 (딤 1:3) 할례를 받았으며 자랑 할 만한 베냐민 지파요 율법으로는 바리새인이요 열심으로는 교회를 선두에서 핍박하던 사람이니 바리새인의 입장에서 볼 때 전혀 결점이 없는 사람이었다(빌 3:5-6).

그는 기독교인들이 율법을 경히 여기고 성전을 모독한다고 생각하여(행 6:31) 스테반을 죽이는 일에 가담하였다(행 7:5). 그 후 본격적으로 박해를 가하기 위하여 다메섹으로 향했으나(행 9:1-9) 다메섹 도상에서 예수님의 음성을 듣고 회개하여 기독교인이 되

다소에 세워진 클레오파트라 기념문 (1997.10.02, 김흔중 촬영)

주전 41년 이집트의 여왕 클레오파트라는 배를 타고 지중해를 건너 이곳 다소에 와 이곳에 주둔하고 있던 로마의 안토니우스 장군을 만나 접근하여 역사를 바꿔 놓았다. 이를 기념하여 문을 세워 놓았다.

었다(행 9:1, 22:4, 26:9). 그는 다메섹의 직가에서 아나니아에게 세례를 받고 예수는 그리스도이며 하나님의 아들이심을 증거하고 전파하자 유대인들이 그를 죽이려 하여 그는 잠시 아라비아로 갔다가 다시 다메섹으로 돌아온 후 예루살렘을 방문하여 바나바를 만나 친구가 되었다. 예루살렘에서도 예수를 담대히 증거 하니 이곳에서도 유대인들이 그를 죽이려고 하여 고향 다소로 돌아 갔다(행 9:26-30, 22:17-18). 그러나 바나바가 찾아가 안디옥에 데리고 와서 둘이 일 년간 모여 큰 무리를 가르쳤고 사람들은 제자들을 그리스도인이라 최초로 불렀다.

바울은 안디옥을 전도기지로 삼아 3차에 걸쳐 이방 전도 사역을 마치고 로마에서 네로 황제(Nero, 재위 54-68)의 즉위 13년 되던 해인 주후 67년에 참수형으로 순교하여 오스땡(로마 서쪽 성문 밖 5Km 지점) 도로 곁에 매장되었다. 사도 바울은 신약 성서의 27권중 13권을 기록할 정도로 그의 위상이 높고 바울 신학은 기독교 신학의 주류이며 핵심적 요체가 되고 있다.

사도바울의 생애(다소에서 로마까지)

회심 전

- 터키의 다소에서 출생하였다.(행 22:3)
- 장막 만드는 일을 하였다.(행 18:3)
- 가말리엘 문하에서 공부하였다.(행 22:3)
- 열렬한 바리새 주의의 유대교도였다.
- 수업 후 수 년간 고향 다소에 가서 생활하였다.
- 열성적으로 기독교를 핍박하였다.(행 9:1-3)
- 스데반 박해에 가담하였다.(행 7:58)
- 기독교인을 잡기 위해 외국성까지 다녔다.(행 26:11)

회심 후

- 다메섹으로 가는 도중 주의 음성을 듣고 큰 빛에 눈이 멀게 되었다. (행 9:3-8, 22:6-11)
- 다메섹으로 인도되어 금식하고 기도 하였다.(행 9:9)
- 아나니아로 인해 다시 눈을 정상적으로 보게 되고 세례를 받았다.(행 9:7, 8)
- 다메섹에서 전도하다 아라비아를 잠간 다녀왔다.(행 9:20)
- 예루살렘을 방문하여 바나바와 친구가 되었다.(행 9:26)
- 유대인의 핍박을 받고 다소로 갔다.(행 9:30, 22:17)
- 바나바에 의해 안디옥으로 가서 사역하였다.(행 11:25, 26)

전도 사역

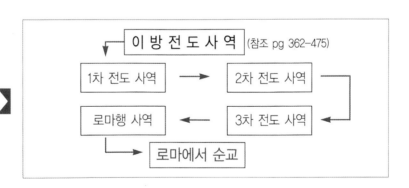

사도바울의 이방전도 사역경로

1차 전도사역 경로

2차 전도사역 경로

3차 전도사역 경로

4차 전도사역 경로

241

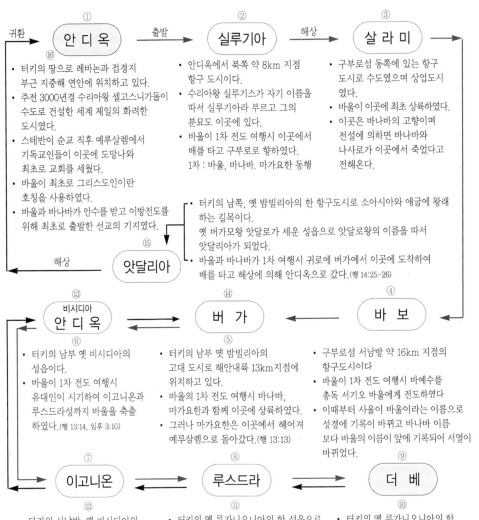

사도바울의 전도경로및 사역내용

① 안디옥

귀환 ⑯

- 터키의 땅으로 레바논과 접경지 부근 지중해 연안에 위치하고 있다.
- 주전 3000년경 수리아왕 셀고스니가돌이 수도로 건설한 세계 제일의 화려한 도시였다.
- 스테반이 순교 직후 예루살렘에서 기독교인들이 이곳에 도망나와 최초로 교회를 세웠다.
- 바울이 최초로 그리스도인이란 호칭을 사용하였다.
- 바울과 바나바가 안수를 받고 이방전도를 위해 최초로 출발한 선교의 기지였다.

출발 →

② 실루기아

- 안디옥에서 북쪽 약 8km 지점 항구 도시이다.
- 수리아왕 실루기스가 자기 이름을 따서 실루기아라 부르고 그의 분묘도 이곳에 있다.
- 바울이 1차 전도 여행시 이곳에서 배를 타고 구부로로 향하였다. 1차 : 바울, 바나바. 마가요한 동행

해상 →

③ 살라미

- 구부로섬 동쪽에 있는 항구 도시로 수도였으며 상업도시였다.
- 바울이 이곳에 최초 상륙하였다.
- 이곳은 바나바의 고향이며 전설에 의하면 바나바와 나사로가 이곳에서 죽었다고 전해온다.

→

⑮ 앗달리아

- 터키의 남쪽, 옛 밤빌리아의 한 항구도시로 소아시아와 애굽에 왕래하는 길목이다. 옛 버가모왕 앗달로가 세운 성읍으로 앗달로왕의 이름을 따서 앗달리아가 되었다.
- 바울과 바나바가 1차 여행시 귀로에 버가에서 이곳에 도착하여 배를 타고 해상에 의해 안디옥으로 갔다. (행 14:25-26)

해상 ←

⑬ 비시디아 안디옥

⑥

- 터키의 남부 옛 비시디아의 성읍이다.
- 바울이 1차 전도 여행시 유대인이 시기하여 이고니온과 루스드라성까지 바울을 축출하였다. (행 13:14, 임후 3:10)

→

⑭ 버가

⑤

- 터키의 남부 옛 밤빌리아의 고대 도시로 해안내륙 13km지점에 위치하고 있다.
- 바울의 1차 전도 여행시 바나바, 마가요한과 함께 이곳에 상륙하였다.
- 그러나 마가요한은 이곳에서 헤어져 예루살렘으로 돌아갔다. (행 13:13)

←

④ 바보

- 구부로섬 서남방 약 16km 지점의 항구도시이다
- 바울이 1차 전도 여행시 바예수를 총독 서기오 바울에게 전도하였다
- 이때부터 사울이 바울이라는 이름으로 성경에 기록이 바뀌고 바나바 이름 보다 바울의 이름이 앞에 기록되어 서열이 바뀌었다.

⑦ 이고니온

⑫

- 터키의 서남방, 옛 비시디아의 도시이다.
- 오아시스지역으로 자두와 살구 나무가 많은 도시였다.
- 바울이 전도 여행시 유대인들이 능욕하고 돌로 치려하여 루가니오니아 지방으로 피해갔다. (행 14:1-6)

←

⑧ 루스드라

⑪

- 터키의 옛 루가니오니아의 한 성읍으로 더베와 이고니온의 중간지역이다.
- 바울의 영적 아들이 된 디모데의 고향이다.
- 바울이 1차 전도 여행시 앉은뱅이를 고쳤다. 그러나 바울을 돌로 쳐서 죽은 줄 알고 성 밖으로 버렸다. (행 14:6, 20, 16:1)
- 그러나 바울은 살아나 성안으로 들어 갔다가 바나바와 더베로 갔다.

←

⑨ 더베

⑩

- 터키의 옛 루가니오니아의 한 성읍이다.
- 바울이 1, 2차 전도 여행시 들려 복음을 전한 곳이다. (행 11:61)
- 바나바를 "쓰스"라 하고 바울을 "허메"라고 불렀다. (행 14:12)
- 바울은 이곳에서 귀환 길에 올랐다.

바울의 최초 전도사역 출발지 – 실루기아 항구
(보트위에 앉아있는 김흔중 목사, 왼편)

구브로섬의 바보에 세워진 바울 기념교회

제2차 전도 경로 및 사역내용

① 안디옥 ⑮
- 1차 전도 여행시는 바울, 바나바 그리고 마가요한 등 3인이 출발하였다.
- 2차, 3차전도 여행시는 바울은 실라를 데리고 이곳을 떠났다.(행 15:40)

귀환 / 출발

② 다 소
- 터기의 동남, 옛 길리기아의 성읍으로 사도바울의 고향이다.
- 다소의 특산물은 원자재의 아마와 염소털로 된 직조물과 천막 제조업이 유명하였다.
- 바울의 생가에 우물이 있고 클레오파트라가 율리우스카이사를 만났던 기념으로 클레오파트라 문이 세워졌다.

③ 더 베
- 사도바울은 1, 2차 전도 여행시 이곳을 경유하여 루스드라로 갔다. (행 16:1)

④ 루스드라
- 이곳에서 바울과 실로는 디모데를 만나 할례를 행하였다.(행 16:2)
- 성령이 아시아에서 말씀을 전하지 못하게 하시고 드로아로 가게하였다. (행 16:8)

⑧ 데살로니가
- 빌립보 남서쪽 약 200km 지점의 그리스 제 2의 도시로 항구 도시이다.
- 바울이 2차 전도여행시 빌립보에서 암비볼리와 아볼로니아의 회당을 들러 이곳에 도착하였다.
- 유대인이 바울을 핍박하므로 베뢰아로 피하였다.

⑦ 빌 림 보
- 네압볼리항에서 약 16km지점의 마케도니아의 첫 성읍이다.
- 주전 756년경 알렉산더대왕의 아버지 빌립왕이 건설하여 그의 이름으로 빌립비라 불렀다.
- 바울과 실라가 감옥에 갇혔을때 기도와 찬송으로 지진이 일어나 옥문이 열렸다.
- 자주장사 루디아에게 복음을 전파하였다.

⑥ 네압볼리
- 그리스의 항구도시로 빌립보로 가는 상륙 지역이다.
- 바울은 드로아를 떠나 사모드라게섬을 경유하여 이 항구에 상륙하였다.
- 네압볼리의 현재 이름은 카발라(Kavald)이다.

⑤ 드 로 아
- 터키의 서북쪽 마케도니아로 건너가는 항구도시이다.(현재는 내륙)
- 바울이 마케도니아의 우리를 도우라는 첫 환상을 보고 유럽 전도를 위해 첫 출발한 곳이다. (행 16:8-9)
- 고대 그리스군과 트로이군의 전쟁시 트로이목마가 그리스를 승리로 인도하였다.
- 드로아를 트로이, 트로이아 일리오스 등으로 불렀다.

⑨ 베 뢰 아
- 데살로니가에서 아데네로 가는 도중 약 68km 지점에 위치하였다.
- 유대인이 이곳에 까지 내려와 바울에게 무리를 움직여 소동을 하자 실라와 디모데를 남겨놓고 아덴으로 피신하였다.(행 17:14)

⑩ 아 덴
- 아덴은 오늘날 그리스의 수도 아테네이다.
- 이곳 우상숭배자의 도시에서 철학자 에비구레소와 스토아 철학자들과 쟁론하였다.
- 아레오바고에 끌려가 우상 숭배를 깨우쳐 주고 회당과 아고라에서 복음을 전파하였다. (행 17:16-23)

⑪ 고 린 도
- 그리스 남단 펠로폰네소스 반도에 위치한 겐그레아 항구와 레기온 항구를 연결하는 지중해 동서를 오고가는 상업 도시였다.
- 바울은 실라와 디모데와 합류하였다.
- 바울은 1년 6개월간 전도 하는 도중 적대감을 가진 유대인들이 총독의 재판장에 끌고 갔으나 유대인 스스로 해결하라 하였다. 오히려 회당장 소스데네스에게 유대인이 폭행하였다.
- 이곳에서 주전 51년에 데살로니가 전후서를 써서 데살로니가 교회에 보냈다.

⑫ 겐그리아
- 고린도 동편에 있는 항구 도시이다.
- 바울이 서원하고 머리를 깎고 에베소로 아굴라와 브리스길라와 함께 건너 갔다.
- 바울의 신앙의 자매인 뵈뵈는 이 곳 교회의 사역자로 천거되었다. (롬 16:1)

⑭ 가이사랴
- 예루살렘 북서쪽 약 113km 텔아비브 북쪽 약 48km지역의 항구 도시였다. 지금은 유적만 남아있다.
- 헤롯왕이 로마 황제로 부터 하사 받은 땅에 감사표시로 황제 이름을 따서 가이사랴라 불렀다.
- 헤롯왕때 행정수도로 로마 총독이 주재하였다.
- 베드로가 이곳 백부장에게 전도하자 이방전도의 효시가 되었다.
- 바울이 전도여행중 여러번 들렸었고 일곱 집사중 빌립집사의 집이 있었다.
- 이곳에서 안디옥으로 떠났다.

⑬ 에 베 소
- 터키의 서머나(이즈미르)의 남쪽 약 74km에 위치한 항구 도시이다.
- 이곳에 세계 7대 불가사의한 아데미 신전이 있었다.
- 바울은 2차 전도 여행시 교회를 세우고 해상을 통해 가이사랴로 갔다.

에베소 사도요한 교회의 핍박문

버가모 교회의 유적

서머나 교회(폴리갑의 순교성화– 화형장면)
네가 죽도록 충성하라 그리하면 내가 생명의 면류관을
네게 주리라(계 2:10)

사데교회 유적
내가 네 행위를 아노니 네가 살았다 하는 이름은 가졌으나
죽은 자로다(계 3:1)

두아디라 교회의 유적
그가 철장을 가지고 저희를 다스려 질그릇 깨뜨리는 것과
같이 하리라 나도 아버지께 받은 것이 그러하니라(계2:27)

빌라델비아 교회의 유적

라오디게아 교회의 유적

내가 네 행위를 아노니 네가 차지도 아니하고 더웁지도 아니하도다. 네가 차든지 더웁든지 하기를 원하노라 네가 이같이 미지근하여 더웁지도 아니하고 차지도 아니하니 내가 입에서 너를 토하여 내치리라 (계 3:15-16).

드로아에 세워진 트로이 목마

트로이 전쟁(Troian War)은 그리스의 유명한 작가 호메로스의 고대 그리스 영웅 서사시에 전해 내려온 그리스군과 트로이군의 전쟁이다.

무려 10년간의 장기전에서 최후에 이타케(이오니아의 작은 섬)의 왕자인 지장(智將) 오시세우스(오디세이의 주인공)가 고안한 목마에 병사를 숨기는 계략(트로이 목마)에 의해 무장한 그리스 병사를 숨겨 놓은 목마를 트로이 성 안으로 끌고 가게 하여 그들이 잠들었을 때 병사가 목마에서 나와 성문을 열고 그리스군을 성내로 끌어 들여 트로이 성을 점령함으로써 승리하게 된 것이다.

지금의 드로아에 대형 목마를 만들어 기념물로 세워 놓았다. 순례자들은 목마 안으로 계단을 따라 올라가 옛 트로이 목마의 병사로서 엑스트라가 된 기분으로 기념 사진을 꼭 촬영한다. 드로아를 순례하고자 하면 이스탄불의 버스 터미널에서 버스로 이동하여 페리를 타고 강을 건너 카나칼래항에 도착한 후 그 곳에서 약 25km 지점의 드로아 입구에서 우회전하여 5km쯤 들어 가면 된다.

제3차 전도 경로 및 사역내용

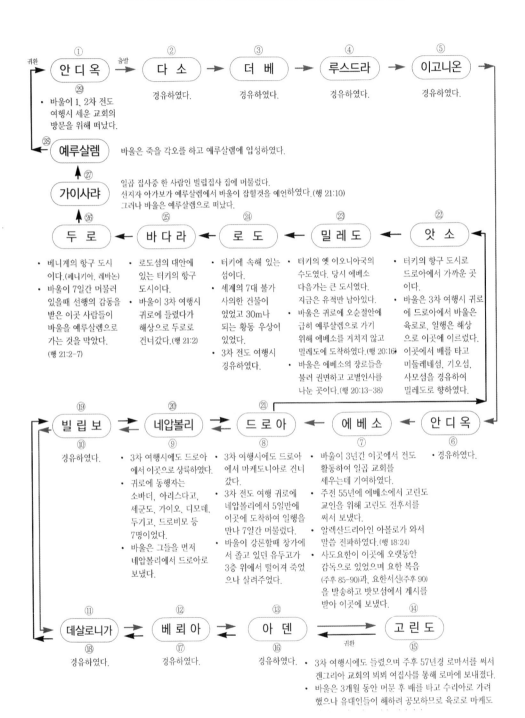

① 안디옥
- 바울이 1, 2차 전도 여행시 세운 교회의 방문을 위해 떠났다.

(귀환) ← **㉙**

(출발) →

② 다 소
경유하였다.

③ 더 베
경유하였다.

④ 루스드라
경유하였다.

⑤ 이고니온
경유하였다.

㉘ 예루살렘
바울은 죽을 각오를 하고 예루살렘에 입성하였다.

㉗ 가이사랴
일곱 집사중 한 사람인 빌립집사 집에 머물렀다.
선지자 아가보가 예루살렘에서 바울이 잡힐것을 예언하였다.(행 21:10)
그러나 바울은 예루살렘으로 떠났다.

㉖ 두 로
- 베니게의 항구 도시이다.(베니키아, 레바논)
- 바울이 7일간 머물러 있을때 선행의 감동을 받은 이곳 사람들이 바울을 예루살렘으로 가는 것을 막았다.
(행 21:2-7)

㉕ 바다라
- 로도섬의 대안에 있는 터키의 항구 도시이다.
- 바울이 3차 여행시 귀로에 들렸다가 해상으로 두로로 건너갔다.(행 21:2)

㉔ 로 도
- 터키에 속해 있는 섬이다.
- 세계의 7대 불가사의한 건물이 있었고 30m나 되는 황동 우상이 있었다.
- 3차 전도 여행시 경유하였다.

㉓ 밀레도
- 터키의 옛 이오니아국의 수도였으며 당시 에베소 다음가는 큰 도시였다. 지금은 유적만 남아있다.
- 바울은 귀로에 오순절에 급히 예루살렘으로 가기 위해 에베소를 거치지 않고 밀레도에 도착하였다.(행 20:16)
- 바울은 에베소의 장로들을 불러 권면하고 고별인사를 나눈 곳이다.(행 20:13-38)

㉒ 앗 소
- 터키의 항구 도시로 드로아에서 가까운 곳이다.
- 바울은 3차 여행시 귀로에 드로아에서 바울은 육로로, 일행은 해상으로 이곳에 이르렀다. 이곳에서 배를 타고 미둘레네섬, 기오섬, 사모섬을 경유하여 밀레도로 향하였다.

⑩ 빌립보
경유하였다.

⑨ 네압볼리
- 3차 여행시에도 드로아에서 이곳으로 상륙하였다.
- 귀로에 동행자는 소바더, 아리스다고, 세군도, 가이오, 디모데, 두기고, 드로비모 등 7명이었다.
- 바울은 그들을 먼저 네압볼리에서 드로아로 보냈다.

⑧ 드로아
- 3차 여행시에도 드로아에서 마케도니아로 건너갔다.
- 3차 전도 여행 귀로에 네압볼리에서 5일만에 이곳에 도착하여 일행을 만나 7일간 머물렀다.
- 바울이 강론할때 창가에서 졸고 있던 유두고가 3층 위에서 떨어져 죽었으나 살려주었다.

⑦ 에베소
- 바울이 3년간 이곳에서 전도 활동하여 일곱 교회를 세우는데 기여하였다.
- 주전 55년에 에베소에서 고린도 교인을 위해 고린도 전후서를 써서 보냈다.
- 알렉산드리아인 아볼로가 와서 말씀 전파하였다.(행 18:24)
- 사도요한이 이곳에 오랫동안 감독으로 있었으며 요한 복음(주후 85-90)과, 요한서신(주후 90)을 발송하고 밧모섬에서 계시를 받아 이곳에 보냈다.

⑥ 안디옥
- 경유하였다.

⑪ 데살로니가
경유하였다.

⑫ 베뢰아
경유하였다.

⑬ 아 덴
경유하였다.

(귀환)

⑭ 고린도
- 3차 여행시에도 들렸으며 주후 57년경 로마서를 써서 겐그리아 교회의 뵈뵈 여집사를 통해 로마에 보내졌다.
- 바울은 3개월 동안 머문 후 배를 타고 수리아로 가려 했으나 유대인들이 해하려 공모하므로 육로로 마케도

250

아테네의 파르테논 신전

아테네의 제우스 신전

아테네의 아레오바고

고린도의 바울이 재판 받은 곳
(비마)

바울이 갇혔던 빌립보 감옥

데살로니가의
성 데메트리우스 교회

제4차 전도 경로 및 사역내용

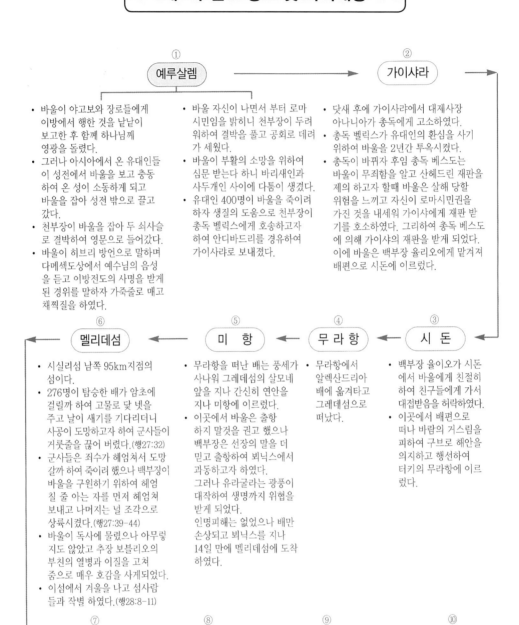

① 예루살렘

- 바울이 야고보와 장로들에게 이방에서 행한 것을 낱낱이 보고한 후 함께 하나님께 영광을 돌렸다.
- 그러나 아시아에서 온 유대인들이 성전에서 바울을 보고 충동하여 온 성이 소동하게 되고 바울을 잡아 성전 밖으로 끌고 갔다.
- 천부장이 바울을 잡아 두 쇠사슬로 결박하여 영문으로 들어갔다.
- 바울이 히브리 방언으로 말하며 다메섹도상에서 예수님의 음성을 듣고 이방전도의 사명을 받게 된 경위를 말하자 가죽줄로 매고 채찍질을 하였다.

- 바울 자신이 나면서 부터 로마시민임을 밝히니 천부장이 두려워하여 결박을 풀고 공회로 데려가 세웠다.
- 바울이 부활의 소망을 위하여 심문 받는다 하니 바리새인과 사두개인 사이에 다툼이 생겼다.
- 유대인 400명이 바울을 죽이려 하자 생질의 도움으로 천부장이 총독 벨릭스에게 호송하고자 하여 안디바드리를 경유하여 가이사랴로 보내졌다.

② 가이샤라

- 닷새 후에 가이사랴에서 대제사장 아나니아가 총독에게 고소하였다.
- 총독 벨릭스가 유대인의 환심을 사기 위하여 바울을 2년간 투옥시켰다.
- 총독이 바뀌자 후임 총독 베스도는 바울이 무죄함을 알고 산헤드린 재판을 제의 하고자 할때 바울은 살해 당할 위험을 느끼고 자신이 로마시민권을 가진 것을 내세워 가이사에게 재판 받기를 호소하였다. 그리하여 총독 베스도에 의해 가이사의 재판을 받게 되었다. 이에 바울은 백부장 율리오에게 맡겨져 배편으로 시돈에 이르렀다.

⑥ 멜리데섬

- 시실리섬 남쪽 95km지점의 섬이다.
- 276명이 탑승한 배가 암초에 걸릴까 하여 고물로 닻 넷을 주고 날이 새기를 기다리더니 사공이 도망하고자 하여 군사들이 거룻줄을 끊어 버렸다.(행27:32)
- 군사들은 죄수가 헤엄쳐서 도망 살까 하여 죽이려 했으나 백부장이 바울을 구원하기 위하여 헤엄 칠 줄 아는 자를 먼저 헤엄쳐 보내고 나머지는 널 조각으로 상륙시켰다.(행27:39-44)
- 바울이 독사에 물렸으나 아무렇지도 않았고 추장 보블리오의 부친의 열병과 이질을 고쳐 줌으로 매우 호감을 사게되었다.
- 이섬에서 겨울을 나고 섬사람들과 작별 하였다.(행28:8-11)

⑤ 미 항

- 무라항을 떠난 배는 풍세가 사나워 그레데섬의 살모네 앞을 지나 간신히 연안을 지나 미항에 이르렀다.
- 이곳에서 바울은 출항 하지 말것을 권고 했으나 백부장은 선장의 말을 더 믿고 출항하여 뵈닉스에서 과동하고자 하였다. 그러나 유라굴라는 광풍이 대작하여 생명까지 위협을 받게 되었다. 인명피해는 없었으나 배만 손상되고 뵈닉스를 지나 14일 만에 멜리데섬에 도착하였다.

④ 무 라 항

- 무라항에서 알렉산드리아 배에 옮겨타고 그레데섬으로 떠났다.

③ 시 돈

- 백부장 율이오가 시돈에서 바울에게 친절히 하여 친구들에게 가서 대접받음을 허락하였다.
- 이곳에서 배편으로 떠나 바람의 거스림을 피하여 구브로 해안을 의지하고 행선하여 터키의 무라항에 이르렀다.

⑦ 수라구사

- 시실리섬의 항구도시이다.
- 멜리데섬에서 겨울을 지나고 이곳을 경유하였다.

⑧ 레 기 온

- 이탈리아 반도 서남단에 있는 도시이다.
- 바울일행은 이곳에서 하루를 쉬고 떠났다.

⑨ 보 디 올

- 이탈리아의 나폴리 서쪽 1km 지점에 위치하였다.
- 이곳에서 형제들을 만나 7일간 함께 머물다가 떠났다.

⑩ 로 마

- 로마시의 동남쪽의 유명한 역인 압비오와 압비오의 가도에 있는 휴계소인 삼관에서 로마 형제들의 영접을 받고 로마에 도착

카피톨 언덕에 세워진 암늑대의 젖을 먹고 있는 전설속의
로마 창설자인 로물루스와 레무스의 청동상

로마의 콜로세움

사도 바울 순교 기념교회

성 베드로 대성당

저희가 일자를 정하고 그의 우거하는 집에 많이 오니 바울이 아침부터 저녁까지 강론하여 하나님 나라를 증거하고 모세의 율법과 선지자의 말을 가지고 예수의 일로 권하더라

.... 너희가 듣기는 들어도 도무지 깨닫지 못하며 보기는 보아도 도무지 알지 못하는도다 이 백성들의 마음이 완악하여져서 그 귀로는 둔하게 듣고 그 눈을 감았으니 이는 눈으로 보고 귀로 듣고 마음으로 깨달아 돌아와 나의 고침을 받을까 함이라 하였으니 그런즉 하나님의 이 구원을 이방인에게로 보내신 줄 알라 저희는 또한 들으리라 하더라

바울이 온 이태를 자기 셋집에 유하며 자기에게 오는 사람을 다 영접하고 담대히 하나님 나라를 전파하며 주 예수 그리스도께 관한 것을 가르치되 금하는 사람이 없었더라. (사도행전 28:23-31)

성 서 명	기록 연대	기록 장소	대 상	주요 인물	기 록 목 적
데살로니가전서	52년경 (2차전도 사역 중)	고린도	데살로니가 교인	바울, 디모데 실라	데살로니가교인의 믿음을 견고히 하고 그리스도의 재림을 확증함
데살로니가 후서	52년경 (살전기록 몇달 후)	고린도	데살로니가 교인	바울, 디모데 실라	살전을 쓸때와 다름없으나 그리스도의 재림에 대한 오해를 없애고 건전한 재림신앙을 교훈함
고린도 전서	55년경 (3차전도 사역 중)	에베소	고린도 교인	바울, 디모데 글로에의 가족들	고린도 교회의 문제와 그 해결책을 제시함으로 타락한 사회에 맞서는 대처 방안을 제시
고린고 후서	55년경 (3차전도 사역 중)	빌립보	고린도 교인	바울, 디모데,디도, 거짓교사들	유대주의 모순을 지적함으로 복음의 진리를 명확 하게 증거, 도전 받는 사도직을 변호하고, 오직 믿음 으로 의의 자유를 얻는다는 그리스도의 진리를 증거
갈라디아서	56년경 (3차전도 사역 중)	마게도니아	이고니온 루스드라 더베교인	바울, 베드로, 마나마, 디도 거짓교사	할례와 율법으로 구원을 얻는다는 유대주의 주장의 모순을 지적하고 오직 믿음으로써 의와 자유를 얻는다는 그리스도의 진리를 증거
로마서	57년경 (3차전도 사역 중)	고린도	로마교인	바울, 뵈뵈	로마 방문의 길을 열기 위하여 뵈뵈를 보냄으로써 바울과 그 메시지 소개
에베소서	62년경 (1차 투옥시)	로마	에베소 교인	바울, 두기고	그리스도의 몸된 교회를 설립한 하나님의 목적을 설명함으로 에베소 교인의 믿음을 견고히함(옥중서신)
빌레몬서	62년경 (1차 투옥시)	로마	빌레몬 골로새 (부유한교인들)	바울, 빌레몬 오네시모	빌레몬에게서 달아난 노예 오네시모를 용서하고 믿음의 형제로서 그리스도인의 형제 관계원리와 주인에 대한 의무를 예시(옥중서신)
골로새서	62년경 (1차 투옥시)	로마	골로새 교인	바울,디도, 에바브로디오, 유오디아, 순두게	창조의 주요 교회의 머리이신 그리스도 안에 모든 해결점이 있음을 강조함으로써 골로새 교회의 위기를 타개함(옥중서신)
빌립보서	62년경 (1차 투옥시)	로마	빌립보 교인	바울,디모데,마가, 두기고, 오네시모, 아리스다고, 에바브라	빌립보 교인들의 헌금에 대한 감사와 예수 그리스도 를 말미암는 영적 기쁨을 제시함으로 신자들을 격려 (옥중서신)
디모데 전서	63~65년	로마, 마게 도니아 빌립 보중한곳	디모데 목회자들	바울, 디모데	같은 목회자 디모데를 격려하고 훈계하는 동시에 영지주의 이단을 경계 하도록 함(목회서신)
디모데 후서	66년경	로마	디모데 목회자들	바울, 디모데 누가, 마가	에베소 교회의 장로인 디모데에게 용기를 주며 죽기전에 마지막으로 격려함(목회서신)
디도서	66년경 (1, 2차 투옥사이)	마게도니아	헬라인개종자, 디도 (그레데섬에서 사역)	바울, 디도	그레데섬의 교회들을 감독하는 디도의 직분과 그의 의무를 명시(목회서신)
※히브리서			저자와 기록 장소는 확실치 않으나 60년대 후반에 바울이 기록했다는 견해가 있으나 저자는 누가, 바나바, 아볼로, 실라, 빌립, 브리스길라, 크레멘트등 여러사람이 거론되지만 칼빈은 누가와 크레멘트 중 한 사람으로 본다.		

교회 시대의 시대적 구분

시 대 구 분	년 대	변 천 기	주 요 사 건 ( )괄호안은 년도임
고대사	1-590	예수 그리스도~그레고리 1세 즉위까지	
사도시대	27-100	교회 건설기	· 예수 그리스도의 죽음(30)　　　· 바울의 회심 "개종"(35) · 최초의 신약 성경인 바울 서신 제작 시작(50) · 예루살렘에서 사도회의 개최(51) · 로마 대화재　　　　　　　　　· 네로 박해(64) · 로마 Vespasian황제때 예루살렘 함락(70) · Domitian황제의 박해(81~96) · 십대박해(64~286)
사도후시대 (속사도)	100-313	교회 핍박기	· Montanists 운동(156)　　· 정경 형성의 시작(200) · Decian 황제의 박해(250)　　· 최초로 안토니 수도원 세움(285)
니케아회의 시대	313-590	신학조성기	· 콘스탄틴 황제의 밀라노 칙령으로 기독교 공인(313) · 니케아 회의(325 아리우스 정죄, 아타나시우 승리, 부활절 제정) · 테오데시우스황제 때 기독교 국교화(392) · 칼케톤 회의(일성론정죄, 451) · 동서 로마 분리(395)　· 서로마 제국 멸망(476 게르만 민족에게)
중세사	590-1517	그레고리 1세 즉위 ~ 종교 개혁까지	
로마교회 초기시대	590-800	과도시대 (선교 발전기)	· 교황 그레고리 1세 즉위(590 최초 "교황"호칭) · 그레고리 1세 영국 선교전개(520~604) · 어거스틴의 영국 선교(596~597) · 마호메드, 메카로 도주하여 이슬람교 창시(622) · 이슬람교인 예루살렘 점령(637) · 콘스탄티노플 3차 회의(680, 일의론 정죄, 이의론 채택) · 내케아 2차 회의(787, 성화 숭배 결정)
로마교회 성장시대	800-1073	동서교회 분리기 (그레고리 7세즉위)	· 교황 레오 3세가 샤를마뉴(촬스)에게 로마 황제 대관 수여 　(800, 동로마 황제와의 단절 및 서로마제국의 부활을 의미) · 교황이 오토 1세 대관식 함(962, 신성로마 제국) · 동서교회의 분리(1054)　· 추기경 회의에서 교황 선거(1059)
로마교회 전성시대	1073-1303	기독교 실생 활기 (보니파스 8세 사망)	· 그레고리 7세 즉위(1073)　　· 셀주크 터키가 예루살렘 점령(1071) · Clermont 회의에서 십자군 결정(1095)　· 십자군 전쟁(1096~1270) · 교황 Innocent 3세가 십자군 종교재판, 고해 성사 시작(1198~1216) · 영국에서 대헌장 발표(1215)　· 로마 라테란회의 화체설 채택(1215)
로마교회 쇠퇴시대	1303-1517	개혁전 초기	· 교황권을 최고로 확장했던 보니페우스 8세 사망(1303) · 문예부흥(1350~1650) · 동로마 멸망(1453, 오스만 터키에 의해 콘스탄티노플 함락) · 루터 출생(1483)　· 칼빈 출생(1504) · Erasmus, 헬라어 신약성서 출간(1516)　· 황제 촬스 5세 즉위(1516)
근세사	1517-현재	종교개혁~현재까지	
종교개혁시대	1517-1648	신교 발생기 (웨스트팔리아 조약)	· 종교 개혁자:독일-루터(1483~1546, 63세) 스위스-쯔빙글리(1484~1531, 47세) 　제네바-칼빈(1509~1564, 55세) 스코틀렌드-낙스(1514~1572, 58세) · 종교개혁 시작(1517, 루터의 95개 조항제시) · 칼빈, 기독교 강요 출간(1536) · 웨스터 민스터 신앙 고백서 작성(1648)
근세시대	1648-1800	신교 확장기 (불란서 혁명기)	· 웨슬레의 부흥운동(1739)　· 주일학교 시작(1780, 영국 Raikes 창시) · 미국의 독립(1787)　· 프랑스 대혁명(1789) · William Carry의 선교사역 시작(1792)
최근세시대	1800-현재	세계 기독교화기	· 칸트 사망(1804)　　　· 예수회 재건(1814 로욜라-예수회창건-1540) · 공산당 선언(1848)　　· 마리아 무죄설 주장(1854) · 토마스목사 대동 강변서 죽음(1866) · 바티칸 회의(1868-1870 교황 무오설가결) · 알렌의사 부부 내한(1884)　· 소래교회 설립(1884. 11, 한국 최초교회) · 에큐메니칼 운동(1984 암스텔담-W.C.C. 조직) · 장로교 합동과 통합 분열(44회 총회에서 W.C.C. 문제로) · 각 교단별 분별

(16) 유대인이 옥쇄(玉碎)한 마사다 요새

사해의 남서쪽에 위치한 쿰란에서 남쪽으로 약 50km 지점, 사해 수면보다 높이가 약 41km 높은 지역에 길이 약 600m, 폭이 약 250m의 마름모꼴의 천연 요새로 고립되어 우뚝 솟아 있다. 또한 사면이 가파른 절벽의 경사로 둘러싸여 있어 정상을 쉽게 정복할 수 없는 난공물락의 요새지이다. 마사다(Masada)는 본래 히브리어로 "산의 성"이라는 뜻을 가지고 있다. 다윗이 사울을 피해 숨어 있었다는 "황무지 요새"가 오늘날 마사다와 일치하는지 논란이 있다. 이 산정에 처음으로 유사시에 피난처로 삼기 위해 요새를 구축한 것은 왕조의 대제사장 요나단(주전 161-140)이었다.

그 후에 헤롯대왕(주전 37-4)은 유대인들이 자신의 왕위를 찬탈할 것을 염려하여 유사시에 대비해 피난할 요새 궁전으로 주전 36년부터 30년에 걸쳐 마련하였다. 요새의 북

마사다 전경

마사다 요새 평면도

로마식 목욕탕

쪽 끝의 절벽 부분에 3층 궁전을 계단식으로 지었다. 이 궁전은 아주 호화스러운 별궁으로 건축기술의 걸작품으로 평가되고 있다. 헤롯은 요새와 궁전을 더욱 안전하게 하기위해 정상부분에 약 1,300m의 성벽을 둘러싸고 망대를 38개나 건설하였다. 병사, 병기고, 저수장, 곡식 창고, 각종 건물을 만들었다. 또한 만일의 경우 외부에서 식량을 들여올 수 없을 때를 대비하여 성안에 경작지를 남겨 놓았다. 그러나 헤롯 왕 때에는 마사다 요새를 유사시 사용할 기회는 없었다.

　헤롯이 죽은 후 주후 66년 유대인들은 로마제국 통치에 반대하는 반란을 일으켰다. 5년이나 계속된 반란으로 말미암아 주후 70년 8월 로마의 티투스(Titus) 장군이 예루살렘을 점령하고 성전을 완전히 파괴하였다. 예루살렘이 로마군대에 점령될 때까지 저항하던 유대인의 열심당원은 예루살렘을 빠져 나와 헤로디움과 사해 일대로 피신하여 계속 저항하였다. 이때에 엘리아살 벤 야일을 지도자로 한 열심당원은 마사다 요새진을 치고 저항을 계속하였다.

　예루살렘이 함락된 지 2년이 지난 주후 72년 가을 로마 실바(Silva) 장군이 이끄는 제

10군단의 군사들이 마사다에 도착하였다. 마사다 정상의 요새성을 공격하기 위하여 로마군 9,000명과 유대인 포로 6,000명을 이용하여 마사다 주변에 8개의 램프(Ramp)를 설치하여 정상 높이 가까이 까지 토담경사로를 만드는데 성공하였다.

주후 73년 4월 서쪽편의 토담 경사로를 타고 올라간 로마 군사는 성벽을 향해 햇불을 던져 손쉽게 불이 붙어 무섭게 타오르기 시작하였다. 처음에 북풍이 불어 로마군 쪽으로 불길이 휩싸여 타격을 받았다. 그러나 이런 상황이 갑자기 돌변하여 바람의 방향이 남쪽으로 바뀌어 불기 시작하자 성벽은 걷잡을 수 없이 불길에 휩싸이고 말았다. 로마군은 전세가 호전 되었으나 날이 저물자 다음 날 총 공세를 취하기로 하고 퇴각하였다.

그 날 저녁 유대인 지도자 벤 야일은 960명의 유대인 열심 당원을 모아놓고 마지막 연설을 하였다. 그 연설의 요지는 다음과 같았다. "나의 고결한 동포들이여! 우리는 오래 전부터 결코 로마인들의 노예는 되지 않겠다고 굳게 맹세했습니다. 우리는 참되시며 공의로우신 만인의 하나님외에는 그 누구에게도 굴복하지 않기로 거듭 다짐 했습니다. 그런데 우리의 그 같은 각오를 실천에 옮길 때가 다가 왔습니다. 결코 노예가 되지 않겠다고 맹세한 우리가 목숨이 아깝다는 이유로 노예가 될 수는 없습니다. 나는 자유로운 상

로마군이 쌓아 올린 공격용 토성 경사로(Ramp)

로마군이 쏘아 올린 돌덩이(직경 약 30~40cm)

태에서 스스로 용감하게 죽을 수 있다는 능력이 아직 우리에게 남아 있다는 것은 하나님의 은총이라고 생각합니다. 우리가 로마군에게 함락되는 것은 시간문제이며 하루를 넘기지 못할 것 같습니다. 우리의 아내들이 능욕 당하고 더럽혀 지기 전에 죽게 하고, 우리의 자녀들이 노예가 되기 전에 세상을 떠나게 합시다. 우리가 먼저 처자식을 죽인 다음 우리도 서로 영광스러운 죽음을 죽게 합시다. 이렇게 자유를 누리면서 세상을 떠나는 것이 우리에게는 더할 나위 없는 영광스러운 기념비가 될 것이기 때문입니다. 식량에는 손대지 말고 그냥 남겨 둡시다. 우리가 자결한 것은 식량이 부족해서가 아니라 초지일관하여 노예가 되느니 차라리 죽음을 택하겠다는 자유의 열망 때문이었다는 사실을 만방에 과시 하도록 합시다. 우리 모두 서둘러 용감하게 죽도록 합시다"라는 지도자의 애절한 설득이자 호소였다.

이 연설을 듣고 처음에는 당황하고 의아스럽게 생각했지만 모든 사람이 공감하게 되어 다같이 죽음의 길을 택하기로 결심하였다. 그들은 자결하기 전에 식량 외에 모든 소유물을 한 곳에 모아 불살랐다. 그리고 남자들에게 가족 중 여자와 어린 아이들의 목숨을 전부 끊게 하였다. 그러나 그들에게는 천륜의 정은 남아 있었다. 그들은 아내와 자식들을 번갈아 껴안고 눈물을 글썽이며 영원한 이별의 마지막 몸부림을 쳤다. 그러면서도 그들은 냉정하였다. 그들은 식구들이 적들에게 온갖 고통과 불행을 당하느니 보다 차라리 자기들의 손에 죽는 것이 백번 낫다는 것을 유일한 위로로 삼았다. 그들은 단 한명도 자신들의 잔인한 행동에 양심의 가책을 느끼지 않고 가장 사랑하는 처자식들의 목숨을 끊었다.

생존한 가운데 남자들 모두를 죽일 사람 10명을 제비로 뽑았다. 그 후 그들은 각자 처자식의 시체 옆에 누워 그 시신들을 팔로 껴안고 비통해 하면서도 죽음을 맞이하기 위해 모두가 목을 내밀고 있을 때 제비뽑힌 10명이 전부를 죽였다. 그 다음에 남은 10명 가운데 한 명이 제비 뽑혀 아홉명을 죽이고 마지막 한 명도 스스로 자결하였다. 다음 날 새벽 마사다 정상에 다시 침투한 로마군사는 아무 저항없이 정적이 감도는 가운데 무혈 점령을 하게 됐다.

역사가 요세푸스에 의하면 로마군대가 마사다를 함락시켰을 때 지하 동굴에 숨어있던 여자(노인)와 5명의 어린 아이들은 대학살을 모면하여 후세에 증언을 하였다. 그들이 목숨을 끊은 때가 주후 73년 4월 15일 저녁이었다. 헤롯왕이 비축해 놓았던 10,000명의 병사가 사용하고도 남을 정도의 무기가 있었으며, 식량이 없어 죽은 것이 아니라는 것을 로마군인에게 보이기 위하여 식량 창고 한 두 개를 태우지 않고 보존해 두었다.

유대인들은 마사다 항전을 끝으로 로마의 핍박을 피하여 전 세계로 흩어지는 디아스포라(Diaspora)가 되었다. 주후 110년까지 로마군이 이곳에 주둔하였고 비잔틴 시대에는 기독교 수도자들이 살면서 교회를 세우기도 하였다.

이곳은 1963-65년에 히브리 대학교의 고고학자 야딘(Yadion) 교수의 지휘 아래 발굴되어 그 시대의 유물이 밝혀졌다. 하스모니아 시대의 성벽과 도시, 헤롯대왕 시대의 걸작인 궁전과 화려한 목욕탕 그리고 저항하면서 만든 성벽과 물탱크, 회당 그리고 두루마리 사본 등이 확인되었다. 오늘의 마사다는 유대인들이 힘이 약해서 죽음으로 항거할 수밖에 없었던 비극의 역사가 다시는 되풀이 되어서는 안 된다는 이스라엘 민족의 굳은 결의를 다짐하는 곳이다. 또한 이곳은 이스라엘의 젊은 병사들에게 애국 애족의 강인한 이스라엘 특유의 항전 불패의 군인정신을 함양하는 도장으로써 이스라엘 군인들의 마지막 훈련 과정에서 군대의식을 행할 때에 "마사다는 이제 두 번 다시 함락되지 않는다"는 구호를 선언하고 있다.

마사다 정상에 올라가기 위해서는 케이블카를 이용하거나 로마 시대부터 만들어져 있는 뱀처럼 구불구불하고 협착한 길이라서 이름이 붙여진 뱀길(Snake Part)을 따라 올라갈 수 있으며 도보로 약 40분이 소요된다. 사해의 북단으로부터 해안길을 따라 남쪽으로 내려가는 도중 약 5km지점의 오른편 언덕에 위치하고 있다.

수난의 역사는
이스라엘의 군인정신과
이스라엘 애국정신이 되었다.

새 벽 별

나 예수는 … 곧
광명한 새벽별이라
하시더라(계22:16)

새벽별은
매일같이
저목 위에 떠오르며

동녘의
푸른 하늘에서
영롱하게 반짝인다

새벽에
여명이 걷히고
동산에 해가 솟으면

정오에
햇살이 작열한 후
석양 노을 붉어 온다

나 청파는 …줄곧
새 하늘의 광명한
새벽별을 앙모하노라.

〈Maranatha〉

靑波 김 흔 중 牧師

제 2 장

부 록

이스라엘에서 현대차 "아반떼" 새차를 출고하여 승용차로
1년여 동안 이스라엘과 요르단 성지를
두루 답사했다. (1996년 12월 25일 김흔중)

이스라엘에서 현대 아반떼 승용차를 출고하여 이스라엘 및
요르단 전지역의 성지현장을 답사했다.

이집트(애굽)의 기독교 성지및 고대 유적을 배낭을 메고 혼자서
전지역을 답사했다.

(1) 이집트 수도 카이로(Cairo)

카이로 전경

카이로의 게지라 섬의 카이로 타워

카이로의 게지라(Gezirah)섬

이집트의 심장 뉴 카이로의 중심에 게지라(Gezirah)섬이 있다. 게지라는 아랍어로 "섬"

이라는 뜻이다. 이 게지라섬이 바로의 아기 박해를 피해 갈대 상자에 넣어 나일강의 숲 속에 숨겨 놓은 아기 모세를 바로의 공주가 발견하여 건져냈다는 "성서의 땅"이라 주장 한다.

게지라 섬에는 타흐리르 공원, 카이로 타워, 현대 미술관 , 오페라 하우스 ,박물관이 있

나일강 (약 6,690km)

카이로 역 (람세스역)

다. 카이로의 상징인 카이로 타워는 높이가 187m의 원통모양의 기념건축물이다 . 나는 16층의 맨 꼭대기 전망대에서 이집트 젖줄 나일강, 카이로 전경, 멀리 피라미드까지 볼 수 있었다. 특히 아기 모세가 갈 상자에 버려진 장소와 바로의 궁전은 어디였는지 궁금증을 가지고 사면을 굽어 내려다 보았다.

이집트의 국토는 약 100만 Km²이며 인구는 약 6.600만명으로 우리나라 남북 전체 면적의 약 4.6배에 달하며 전체 면적의 약95%가 사막인 나라이다. 이 사막의 중앙을 남북으로 약 6,670Km 이상을 흐르는 이집트의 젖줄기라고 부르는 나일강은 북쪽의 지중해로 흘러 들어 간다.

그 지중해로 흘러 들어 가기전 약 200Km 지점에서 부채꼴 모양으로 강줄기가 갈라져 나일 하류 삼각주를 이룬다. 나일 삼각주가 여러 갈래로 시작되는 거대한 도시 카이로(Cairo)가 위치하고 있다.

카이로는 지금의 이집트 수도로 인구 1,200만명 이상의 인구를 가진 아프리카와 중동지역의 최대 도시이다. 이집트의 최초의 왕국은 5000년 전에 현재의 카이로에서 남서쪽으로 약 25Km 지점에 위치한 맴피스(Memphis)에 최초의 수도를 두었다. 그러나 힉소스족의 침범으로 점차 수도를 남쪽으로 이전함에 따라 중 왕국과 신 왕국 사이의 주전 2133년 경에 현재의 카이로에서 약 730Km 남쪽의 테베(Thebes, 현 Luxor)를 수도로 삼았기 때문에 맴피스는 잊혀져 갔다.

이집트의 바로왕이 멸망한 후 희랍의 프톨레미 왕조는 주전 322년 알렉산드리아를 수도로 삼았다.

그러나 주전 30년 마지막 여왕 클레오파트라의 자살로 프토레미 왕조는 끝이 났다. 그 후 로마의 아우구스투스(Augstus)황제가 현재의 구 카이로(Old cairo) 지역에 바벨론 성채를 건설함으로 로마 통치시대의 카이로 역사가 시작되었지만 그때는 카이로라는 지명을 사용하지 않았다. 그러나 바벨론 성채를 중심으로 거대한 지역이 형성되었다.

그후 주후 641년 다마스커스에 도읍을 둔 이슬람제국의 아므르 (Amur) 장군에 의해 바벨론 성채가 함락되었다. 아므르 장군은 로마의 잔재인 바벨론 성채를 파괴하고 이곳에서 조금 떨어진 푸스타트에 새로운 이슬람 도시를 형성하여 번창케 했다. 주후 969년에 지금의 이슬라믹 카이로 지역인 푸스타트를 이슬람제국의 수도로 삼아 이슬라믹 카이로는 천년동안 수도로 발전해 왔다. 그러나 영국 통치시대에 접어들어 새로운 도시계획에 의해 현재 시가지인 신 카이로(New Cairo) 로 옮겨졌다.

카이로 중심부에 세워진 카이로 타워(Cairo Tower,187m)에 올라가서 카이로 시내를 내려다 보면 이슬람 사원들의 뾰쪽탑인 "미나렛"(Minaret)이 도시를 뒤덮고 있다.

현재의 카이로는 역사의 변화에 따라 (1) 로마 통치시대의 구 카이로(Old Cairo) (2) 이슬람 통치시대의 이슬라믹 카이로(Islamic Cairo) (3) 영국 통치시대의 신 시가지 카이로(New Cairo)의 3개 지역으로 크게 구분된다. 카이로는 가자의 피라미드와 스핑크스, 국립 박물관, 예수님 피난교회, 성 마가교회, 헬리오폴리스 등 기독교인들이 순례할 곳이 많은 곳이다.

百聞不如一見

백 문 불 여 일 견

(2) 카이로의 국립박물관

소년왕 투탕카멘의 황금 마스크

카이로 박물관

카이로에서 성지순례자들이 꼭 들르는 곳은 피라미드와 함께 국립박물관이다. 카이로 국립박물관은 주후 1902년에 개관되었다. 이집트는 5000년의 역사를 가지고 있지만 신 왕국이 멸망한 후 1952년 낫세르 장군이 이집트 인민공화국을 세울 때까지 2600년 넘게 외세의 지배를 받아 왔다.

그동안 고유의 문자와 언어는 지배자들의 언어와 문자를 사용해 왔기 대문에 그들의 역사는 잊혀져 왔다. 삼폴리옹이 이집트 상형문자를 해독함으로써 갑자기 이집트의 역사가 부각되기 시작했다.

유물의 중요성을 잊고 있던 그들에게 1855년 프랑스 루브르 박물관 이집트 전시관 소속 고고학자 아구스테 마리에테(Augste Mariete)가 이집트 고고학 감독관으로 부임함으로써 유물을 하나 둘씩 모으기 시작한 것이 현재의 박물관으로 개관되었고 소장되어 있는 유적, 유물품은 12만점이 넘는다.

유물 전시관의 1층에는 10만점의 일반 발굴품이, 2층에는 소년왕 투탄카멘의 보물실과 미이라 전시관이 있다. 2층만 관람하는데도 2-4시간이 소요된다.

돌에 새겨진 유물

(3) 피라미드(Pyramid)

이집트 피라미드(1996.11.5. 김흔중 답사)

피라미드의 구조

　　피라미드(Pyramid)는 옛 바로왕들의 무덤이다. 옛날 애굽의 왕들을 파라오(Pha-raoh)라고 불렀다. 그 뜻은 큰 집(Great House)을 의미한다. 구약 성경에 애굽왕 "바로"라고 기록되어 있다. 바로는 애굽왕들에 대한 일반적인 호칭이다. 이집트에는 약 80여개의 크고 작은 피라미드가 산재해 있다. 그중에서도 가자 사막에 우뚝 솟아있는 거대한 피라미드는 바로왕의 전성기를 뚜렷하게 보여 주고 있다. 가자(Gaza)에 있는 피라미드는 주전 2680년 조세르왕이 계단식 피라미드를 세웠다.

오른편에서부터 대 피라미드, 중 피라미드, 소 피라미드 그리고 아주 작은 피라미드들이 이어져 있다. 원래 대 피라미드는 해가 지는 서편을 향해 세워져 있다. 이집트인들의 사후 세계에 대한 믿음은 곧 신앙이었고 사후 세계를 위한 네크로 폴리스(Necropolis, 무덤지대)를 대단히 중요시 했다. 당시 왕들은 사후 세계에서도 풍요로운 생활을 영위하기 위하여 사후의 집을 짓고 생전에 쓰던 물건들과 때로는 왕비와 하인들을 생매장 시키기도 했다. 따라서 순장(殉葬)은 이집트에서 최초로 시작되었다. 순장제도(殉葬制度)는 왕이나 귀족이 죽었을 때 신하(臣下)나 노비(奴婢)를 때로는 짐승을 함께 매장하여 살아있을 때의 생활이 죽어 있을 때의 생활로 그대로 이어진다고 생각하는데 있었다.

세계 최초의 피라미드는 맴피스가 수도였을 때 그곳에서 서쪽으로 약 3Km 지점의 사카라(Saqqara)에 건설되었으나 모래 바람에 묻혀 있다가 주후 1924년에 뒤늦게 발굴되었다. 기자에 있는 피라미드를 바라보면서 도대체 이 많은 큰 돌을 어디서 가져다 쌓았을가 궁금하기도 하다. 나일강 건너 약 960km 이상 먼 곳에서 나일강이 범람할 시기에 배로 운반해 와서 물이 빠질때 작업이 이루어 졌다고 한다. 피라미드를 하나 건설하는데 20년 이상 걸리고 그 공사에 연 16만명이 넘는 인력이 동원되었다. 또한 돌 하나의 길이가 평균 1m, 하나의 무게가 평균 2-2.5톤, 개중에는 돌 하나가 15톤이나 되는 것도 있으며 총 소요된 돌은 230만개나 된다고 한다. 그 당시는 철기시대가 아니어서 단단한 돌로 만든 연장이 대부분이었지만 석공들이 바위를 두부모 자르듯이 네모꼴로 잘라 쌓았다는 것은 놀라운 일이다. 피라미드는 여러 가지 이해하기 어려운 고대 세계 7대불사의한 건축물의 하나이다.

피라미드의 건축물에 감탄한 나폴레옹은 사진기가 없던 때라 화가를 불러 이 위대한 업적을 그림으로 남기고 건축, 토목, 측량기사를 불러 상세하게 조사했는데 대 피라미드에 사용된 돌을 1열로 풀어 놓으면 프랑스 국경을 한 바퀴 돌 정도로 대단했다. 그래서 나폴레옹은 찬사를 아끼지 않았다고 한다.

(4) 스핑크스(Sphinx)

꿈의 비석

이집트 스핑크스(1996.11.5 김흔중 답사)

스핑크스(Sphinx)의 원래 의미는 무덤을 지키는 수호신(守護神)이다. 주전 2650년 경 고대왕국 제4왕조 때의 카프레왕의 스핑크스인데 피라미드 중에서 두번째의 피라미드에 가까이 있다. 그러므로 기자의 스핑크스의 역사는 지금으로 부터 4650년 전의 것이라 볼수 있다.

스핑크스의 전체의 길이 약 70m, 높이 약 20m, 얼굴 너비 약 4m나 되는 거상(巨像)인데 그 얼굴은 상당히 파손되어 있으나 카프레왕의 생전 얼굴의 모습이라고 한다. 특히 주목되는 것은 앞으로 뻗은 앞다리 사이에는 투트모세 4세에 의해 꿈의 석비(石碑)가 세워져 있다. 기독교인들은 꿈의 석비에 관련된 사실을 꼭 알아야 할 필요성이 있다. 그 배경의 설명은 아래와 같다.

이 석비는 투트모세 4세가 왕이 되기 전 어느 날 피라미드 근처에서 낮잠을 자다가 꿈을 꾸게 되었는데 꿈속에 천사가 나타나 누어 있는 곳을 파라고 했다. 그러면 왕관을 씌워 준다고 했다. 투트모세 4세가 급히 인부를 데리고 와서 누운곳을 팠더니 오늘날 볼수 있는 이 거대한 스핑크스를 발견한 것이다.

이집트의 파라오(바로)는 통상적으로 장자가 세습한다. 그러나 아문호텝 2세의 장자 웨베세누(Webesenu)가 모세의 마지막 재앙으로 죽게 되자 둘째 아들인 투트모세 4세가 왕이 되었다.

웨베세누는 아버지보다 먼저 죽었기 때문에 룩소르에 있는 왕의 계곡의 아문호텝 2세의 무덤속에 묻혔으나 현재 아문호텝 2세와 장자의 시체가 함께 한 관에 두 구가 들어 있는 상태로 카이로 국립 박물관에 보존되어 있다. 출애굽할 때 모세의 10가지 재앙 중 마지막 장자들이 전부 죽게 된 재앙이 스핑크스의 석비와 아문호텝 2세와 장자 웨베세누가 죽어 한 관에 들어있다는 사실을 통해 입증되고 있다.

이 스핑크스는 그 크기가 너무 거대해서 다른 돌을 옮겨다가 만든 것이 아니라 그 자리에 있는 바위를 깎아 조각해서 만든 것이다. 스핑크스의 모습은 몸은 사자이고 머리는 사람이다. 사자는 힘의 상징이요, 두상을 사람으로 한 것은 인간의 지혜를 의미한 것이다. 이마에는 왕권을 상징하는 코브라(Cobra)가 조각되었으나 꼬리만 남아 있다.

머리에는 왕관이 쓰여져 있었으나 현재는 볼 수가 없다. 사자의 앞발부분 , 뒤꼬리부분 등은 형체를 거의 찾아 볼수 없고 머리부분이 많이 파손되어 원형을 찾아 보기가 힘들다. 그리스 신화에서는 에키도나와 오로트로스의 아들 또는 라이오스의 딸이라는 등 여러 가지의 전설이 있다.

그중에서도 테베(룩소르)의 암산 부근에 살면서 지나가는 사람에게 "아침에는 네다리로, 낮에는 두 다리로, 밤에는 세다리로 걷는 짐승이 무엇이냐?" 라는 이른바 스핑크스 수수께끼를 풀지 못한 사람을 잡아 먹었다는 전설은 유명하다. 그러나 오이디프스가 그것은 사람이다 , 즉 사람은 어렸을 때 네 다리로 기고, 자라서 두 발로 걷고, 늙어서 지팡이를 짚어 세 다리로 걷기 때문이라고 대답하자 스핑크스는 물속에 몸을 던져 빠져 죽었다고 한다.

溫故知新

1. 過去의 歷史를 모르는 자는 無識한 자요.

2. 過去의 歷史를 記憶치 못하면 愚昧한 자요

3 過去의 歷史에 너무 執着하면 發展이 없다

八達山 老翁 金言

(5) 멤피스(Memphis)

멤피스(Memphis)는 주전 3000년 경 파라오 메네스에 의해 창건되었다. 멤피스는 주전 2200년까지의 이집트 고왕국 시대의 수도였다. 그 후 중왕국 시대에 테베(현 룩소르)로 수도를 천도한 뒤에도 멤피스는 상업과 예술의 중심지로 남아 있었으며, 신왕국 시대에는 왕족과 귀족 자제들의 교육의 중심지였다. 멤피스의 고대 이집트 이름은 이네브 헤지(흰 담)였으며, 중왕국 시대에는 앙크 타위라고 불리기도 했다.

의미는 두 땅의 생명이라는 뜻으로 상 이집트와 하 이집트 사이의 전략적인 요충지임을 강조하는 이름이었다. 신왕국 시대에는 멘네페르라는 이름으로 알려졌다. 콥틱어로는 멘페였으며, 멤피스라는 이름은 이것의 그리스식 변형으로 원래는 이집트 6왕조 페피 1세의 피라미드의 이름이었다.

카이로에서 남서 약 25Km, 기자의 세 피라미드를 지나 나일강을 남으로 조금 거슬러 올라가면 고대 이집트의 첫 왕조인 멤피스(Memphis)에 이른다. 이 멤피스를 중심으로 남북으로 90Km에 이르는 사막지대가 피라미드지대라고 불리는 세계에서 제일 큰 공

계단 피라미드와 사드신전

동묘지 네크로폴리스(Necropolis)이다. 이 일대의 피라미드를 비롯하여 왕비, 왕족, 귀족의 무덤들이 산재해 있으며 1922년 유네스코에서 세계문화유산으로 지정했다. 고대 이집트인들은 해가 뜨는 나일강의 동안(東岸)을 "산자의 땅"으로 믿는 아크로폴리스라고 불렀으며 그곳에 왕궁과 신전을 지었다. 해가 지는 나일강의 서안(西岸)을 "죽은자의 땅"으로 믿는 이크로폴리스라 부르며 그곳에 무덤과 장제전(葬祭殿)을 두었다.

멤피스를 중심으로 서쪽에는 이집트의 최초의 피라미드인 제단 피라미드로 유명한 사카라, 북쪽에는 태양신 유적이 있는 아부사르와 세 피라미드로 유명한 가자, 남쪽에는 굽은 피라미드와 붉은 피라미드가 있는 다슈르 그리고 무너진 피라미드가 있는 메이둠이 있다.

고대 이집트인들은 죽은 뒤에 재생, 부활하여 내세에서 영생을 한다고 믿었다. 그래서 그들에게는 내세에 살 집이 필요했다. 그것이 죽은 자에게 필요한 안식처인 무덤이었

멤피스 스핑크스 (사카라)

다. 그들은 처음에는 하늘에 있다고 믿었고 나중에는 서쪽 사막 넘머에 있다고 믿었다. 그래서 나일강 서안의 농장지대가 끝나고 사막이 시작되는 경계에 무덤을 만들고 이곳을 내세로 가는 기점으로 삼았다.

내세에서도 현재와 똑같은 생활할 수 있도록 무덤을 생전에 살던 집과 유사하게 지었다. 그리고 그 안에 응접실, 지실, 침실, 널방을 두고 여러 부장품을 함께 묻었다. 이집트의 고대문명은 나일강이 범람하여 생성된 농경의 문화와 나일강 동서안에 펼쳐진 광활한 사막에 세워진 무덤문화는 5000년이 지났지만 이집트 첫 왕도 멤피스의 고대 문화 유산이 오늘날까지 남아 있어 관광객들에게 주목을 받고 있다.

(6) 룩소르(Luxor)

룩소르(Luxor)는 카이로에서 남쪽으로 약 670Km 지점에 위치하고 있다. 비행기로는 1시간 걸리고, 기차로는 12시간이 걸린다. 나는 카이로 역에서 오전 7시에 기차에 올랐다. 기차는 나일강을 끼고 달리기 때문에 창밖으로 아름다운 경치를 바라보며 즐거운 시간을 보내며 오후 7시경 룩소르역에 도착하여 역에서 가까운 호텔에서 여장을 풀었다.

다음날 아침 일찍이 출발하여 바쁘게 온종일 룩소르 전 지역을 관광한 후 야간 열차편으로 편히 잠자며 카이로역에 도착했다. 룩소르에 대하여 개략적으로 살펴보고자 한다.

룩소르의 인구는 38만명(2010년)으로 이집트에서 4번째로 큰 천년왕도의 도시이다. 룩소르의 왕조시대의 이름은 와세트(Wacet)였다. 와세트는 고대 이집트어로 "많은 신이 모여있는 곳"이라는 뜻이다. 룩소르는 그리스, 로마에 의한 지배시대 왕도(王都)의 이름이 테베(Tabai)였으나 이슬람 지배시대에 룩소르(Luxor)로 왕도(王都)의 이름이 바뀌었다.

룩소르는 일년 내내 비가 오지 않으며 나일강 유역의 높은 농경지대를 제외하고는 그 일대 전체가 불모의 사막지대이다. 그렇지만 눈부신 햇살, 쪽빛 하늘, 타는 듯한 붉은 모래 언덕, 비옥한 검은 땅, 푸르름이 덮인 녹지대 그리고 짙푸른 나일강이 오색 무지개 처럼 함께 어우러져 있어 자못 수려하기 그지 없다. 오직 룩소르에서만 볼 수 있는 사막과 나일강이 조화를 이루며 자아낸 풍경은 아름다운 운치였다.

룩소르가 역사에 처음 등장한 것은 주전 2040년부터였다. 고왕국 말에 분열된 이집트를 이곳 출신의 제11왕조 초대 파라오 멘투호 테프(Mentuhotep, 주전 2046-1995년)가 재통일하여 중왕국을 열면서부터이다. 이때 고왕국의 왕도 멤피스에서 이곳 테베로 옮겼다. 이 테베는 그 후 룩소르로 이름이 바뀌어 이집트 중왕국과 신왕국 1천년동안 왕도로 고대 이집트의 정치, 경제, 문화의 중심지가 되었다.

룩소르의 고대 유적들이 나일강을 사이에 두고 동안(東岸)과 서안(西岸)에 각각 나뉘어져 있다. 나일강 동안에는 카르낙 신전과 룩소르 신전이 있으며 나일강 서안에는 장제전(葬祭殿)과 왕들의 계곡 등 많은 신전과 유적이 산재하여 있다. 1979년 룩소르의 유적을 유네스코에서 세계문화유산으로 지정했다.

주전 18세기 초 중왕국 말기에 중앙집권 체제가 다시 무너졌다. 이 혼란기를 틈타 이집트를 점령한 힉소스(Hyksos)가 약 150년 동안 나일강 하류 일대를 지배했다. 고대 이집트가 최초로 이민족의 지배를 받았다. 테베의 귀족들이 중심이 되어 힉소스를 몰아내고 신왕국을 연 것은 주전 1570년 경이었다.

신왕국은 제18왕조로부터 재20왕조 까지 약 500년 동안 지속되었다. 이 때에 왕조시대 최대 황금기로 고대 이집트는 군사대국을 이루었다. 제18왕조는 아맨호테프 4세의 종교개혁 후 쇠퇴해져 파라호 투탕카멘(Tutankhamen, 주전 1366-1327)과 호렘헤브(Horemheb, 주전 1325-1292년)를 마지막으로 막을 내렸다.

주전 1292년 람세스 1세가 제19왕조를 이루었다. 그 뒤를 이어 즉위한 세티 1세와 그의 아들 람세스 2세가 영토를 크게 확장하여 고대 이집트를 훌륭하게 다스려 전성기를 이루었다. 그러나 제20대 왕조를 끝으로 신왕국은 막을 내렸다.

4세기 무렵에 기독교가 로마제국의 국교로 공인되면서 테베의 신전들은 폐쇄되었다. 그 뒤로 테베는 급속히 쇠퇴해 갔다. 이제 룩소르의 주요 유적을 살펴보고자 한다.

A. 카르나크 신전

카르나크 신전

나일강 동안의 카르나크 신전은 신전 중의 대표적인 신전으로 불려지고 있다. 이 신전은 약 4000년 전 중왕국의 제12대 왕조 때 처음으로 세워졌다. 그 이후 약2000년에 걸쳐 투트모세 3세 , 하트셉수트, 아멘호테프 3세, 람세스 2세, 넥타네브 2세 등 많은 역대 왕들이 왕권의 강화와 국가의 번영을 기원하기 위해 신전을 개축하고 증축했다. 그리하여 프톨레마이오스 시대에 이르러 카르나크 신전이 지금과 같은 웅장한 모습이 되었다.

B. 룩소르 신전

아멘 대신전 첫째 탑문

카르나크 대신전 다음으로 남에서 그리 멀지 않은 곳에 룩소르 신전(Temple of Luxor)이 세워져 있다. 카르나크 대신전의 부속 신전으로 "아멘의 남쪽 신전" 이라고 불린다. 지금은 도중에 끊겼지만 원래 두 신전은 사자의 몸에 사람 머리를 가진 안드로 스핑크스가 나란히 앉아 있는 참배길로 연결되어 있다.

룩소르 신전은 주전 14기 신왕국 제18왕조의 아문호테프 3세가 아멘 신의 여름별장으로 오페라 축제 때만 사용하기 위해 지은 작은 신전이었다. 이것을 제19왕조의 람세스 2세를 비롯하여 투트모세 3세, 하셉수트 여왕, 투탕카멘, 그리고 알렉산더 대왕에 이르기까지 여러 왕들이 계속 증축하여 지금과 같은 큰 신전이 되었다.

람세스 2세 좌상(룩소르 신전)

C. 룩소르 박물관

카르나크 신전과 룩소르 신전 사이에 룩소르 박물관과 미라 박물관이 있다. 1975년 개관된 룩소르 박물관에는 테베 일대에서 발굴된 초기 왕조시대부터 신왕국 시대까지의 많은 유물들이 전시되어 있다.

룩소르 박물관 입구

D. 장제전(葬祭殿)

하트셉수트 장제전

천년 왕도였던 테베는 이집트의 네크로폴리스였고, 룩소르의 나일강 서안(西岸)에는 죽은 왕들의 집인 장제전과 영원한 안식처인 암굴 무덤들이 있다. 나일강의 동안(東岸)에서 서안(西岸)으로 가려면 옛날에는 배로 나일강을 건너야 했지만 지금은 육교가 있어 편리하게 이동할 수 있다.

왕이 죽으면 그 유해를 정성스럽게 싣고 나일강 서안에 있는 하안신전(河岸神殿)으로 옮겨서 유해를 깨끗이 하는 의식을 거행한 다음에 미라를 만들었다. 미라가 된 왕의 유해를 장제전으로 옮겨서 부활 의식을 거행했다. 부활의식 가운데 가장 중요한 것은 장제전의 안뜰에서 최고 신관이 주문을 외우면서 입을 여는 의식(Opening of Mauth Ceremony)이었다.

미라가 된 왕의 입을 열어주면 영혼이 들어가 생명이 다시 살아나 죽은 왕이 내세에 먹고, 말하고, 보고, 듣고, 숨을 쉴 수 있다고 믿었다. 이 의식을 행하는 동안 죽은 왕의 후계자의 즉위식을 동시에 거행했다. 이 의식이 끝나면 미라는 무덤으로 옮겨져 관속에 넣고 부장품과 함께 지하에 마련된 널방(관을 넣을 방)에 안치 되었다. 마지막의 의식을 거행한 다음에 무덤을 완전히 봉쇄한다.

현재 룩소르의 서안에 모두 36개의 장제전이 남아 있다. 처음에는 장제전이 죽은 왕의 재생, 부활을 기원하는 장소로만 사용되었으나 나중에는 여러 가지 목적으로 사용되었다. 대표적인 예가 하트셉슈트 여왕은 장제전을 여왕의 공적을 홍보하는 기념신전으로 사용했고, 람세스 2세는 장제전을 추운 겨울을 피하기 위해 거주하는 이궁(離宮)으로 사용했다.

하트셉수트 장제전(근접해서 촬영)

E. 멤논 거상

멤논 거상

    나일강 서안으로 육교를 건넌 다음에 북으로 왕들의 계곡을 향해 올라가면 맨 먼저 두 체의 거상(巨像)을 만난다.

    허허 벌판에 덩그러니 앉아 있는 큰 돌조각이 멤논의 거상이다. 지금으로부터 약 3000년 전에 신왕국 제18왕조의 아문호테프 3세가 장제전 입구에 세운 것이다. 장제전은 너무 나일강 가까이 세웠기 때문에 나일강이 범람할 때 유실되어 없어지고 장제전 앞에 두 체의 거상만 남아 있다.

    주전 1세기 부터 많은 로마인과 그리스인들이 이집트를 관광하며 가장 보고 싶어했던 것이 기자의 세 피라미드와 이 멤논의 거상이었다고 한다. 주전 27년 무렵 큰 지진이 일어났다. 그 후로 해가 뜰 때가 되면 거상이 우는 소리를 냈다고 한다.

    그 소리가 아이기토스에게서 살해 된 멤논이 매일 아침 그의 어머니인 새벽의 여신 에

오스(Eos)를 그리워하며 우는 소리라 여겨 "우는 거상"이라는 별명까지 붙었다. 이 거상의 밑부분에 로마인과 그리스 관광객들의 낙서가 남아 있는데 그 중에 "해가 뜨고 난 후에 멤논 거상이 우는 소리를 두번 들었다"고 쓴 로마황제 하드리아누스 왕비가 남긴 낙서가 있다고 한다.

그러나 주전 199년 로마 황제 셉티미우스 세베루스(Septimius Severus)가 이 거상을 보수하고 나서는 울음이 그쳤다고 한다.

룩소르 해 뜨는 장관

F. 왕들의 계곡

**이집트 룩소르의 바위계곡 동굴 안에
바로(왕)들의 묘실이 있다. (1997.7.17. 김흔중 목사)**

룩소르 나일강 서안에 있는 높이 450m의 알-쿠른산(Mountain of Al Qurn)은 그 꼭대기가 천연의 피라미드처럼 생겼다. 신왕국시대에 바위산의 깊숙한 계곡에 바위를 뚫고서 왕, 왕비, 귀족 등의 무덤을 만들었다.

그러나 왕조시대에 도굴이 심했다. 그래서 고왕국과 중왕국시대에는 도굴 방지에 힘을 썼다. 이곳 바위산에는 3천년 이상된 신왕국시대의 암굴 무덤이 800기가 모여 있다. 이들의 무덤에서 가장 유명한 무덤이 1922년에 영국의 고고학자에 의해 발굴된 소년 파라오 투탕카멘의 무덤이다.

투탕카멘은 제18왕조의 12대왕으로 주전 1325년에 9세 왕이 된 그는 9년 동안 이집트를 다스리고 19세에 단명한 소년 파라오였다. 투탕카멘의 무덤에서 발견된 많은 유물은 현재 카이로의 국립박물관에 소장되어 있다. 또한 왕비들의 계곡은 왕들의 계곡에서 남동쪽으로 약1.5Km 떨어진 사막지대에 위치하고 있다. 왕비 계곡에 가장 유명한 무덤은 람세스 2세의 무덤이다.

　이 왕비의 무덤을 비롯하여 98기가 있다. 나는 천년왕도 룩소르의 많은 유적을 꼼꼼히 돌아 보고 관광을 마쳤다. 이집트의 많은 파라오들의 무덤에 대해 관심을 많이 갖게 되었다. 그들은 부활. 영생을 바라는 꿈이 대단했지만 헛되고 헛된 네크로폴리스에 너무 집착했다는 역사적인 사실을 적나라하게 보여주고 있었다.

왕들의 계곡, 왕들의 무덤 입구

(7) 아스완 (Aswan)

아스완 일부지역

아스완 (Aswan)은 카이로에서 남쪽으로 약 980Km, 룩소르에서 남쪽으로 215Km, 나일강 상류에 위치하고 있으며 인구 29만명(2015년)이 거주하고 있는 국경도시이다.

아스완에서 남으로 수단과 국경까지는 모래 언덕이 바로 나일강과 맞닿아 있어 농경지도 마을도 없는 황량한 사막 지대이다. 고대 이집트인들은 이 사막지대를 누비아(Nubia)라고 불렀다. 누비아란 "황금"이라는 뜻이다. 고대 이집트시대에 황금이 아스완으로 들어왔다고 해서 붙여진 이름이다.

고대 이집트인들은 누비아인들이 모래를 먹고 사는 야만족이라 해서 사람으로 여기지 않았다. 고대 이집트인들은 생명의 젖줄인 나일강의 수원(水源)이 아스완에 있는 것으로 알았다. 아스완의 동굴속에 나일 하피(Hapi. 물과 풍요의 신)가 살면서 강물을 솟아내게 하고, 홍수를 일으키고, 강물을 조절한다고 믿었다. 그래서 아스완을 매우 중요시였다.

고대로부터 나일강이 범람하여 나일강 유역의 이집트인들에게 천혜의 비옥한 충적토를 만들어 주어 좋은 농경지를 제공했다. 그러나 근세에 접어들어 나일강의 홍수는 사람들이 감내하기 힘든 많은 피해를 안겨주었다.

그래서 이집트를 위임통치하던 영국은 1898년부터 강물이 넘치는 것을 막기 위해 카이로에서 남쪽으로 약 980Km 떨어진 아스완에 댐(Dam)을 쌓기 시작했다. 그렇게 해서 쌓은 낮은 댐을 로우댐(Low Dam, 길이 2Km, 높이 50m, 저수량 50억m^3)이라 부른다. 그러나 로우댐으로는 강물의 파괴력을 막을 수 없었다. 1901년 범람하는 홍수를 조절하기 위한 댐건설을 다시 시작했다.

1952년 낫세르 대통령은 혁명정부를 이끌고 더 크고 높은 댐을 만들기 시작했다. 그러나 미국과 영국이 원조를 끊고 등을 돌렸다. 1960년 소련의 도움을 받아 다시 댐 쌓기를 시작했다. 수몰지구에 9만명이 넘는 주민을 이주시켜야 했고, 람세스 2세가 만들어

아스완 댐의 생명력 넘치는 푸른 강물이다

세운 위대한 세계인의 유산인 아부심벨 신전이 물속으로 가라앉게 되자 유네스코와 국제사회가 돈을 모아 주어야 했다. 우리나라에서도 크리스마스 씰을 구입하는 방식으로 모금활동에 참여했다.

아스완 댐을 크고 높은 댐으로 쌓으면서 신전을 토막 토막 잘라서 높은 지대로 옮겨 원상으로 신전을 복원하여 세우게 되었다. 그렇게 24개 유적물을 들어 올리는 대역사(大役事)였다. 1970년 7월 21일 마침내 하이댐이 완공(길이 3.6Km, 높이 111m, 저수량 1570m3)되어 아스완 댐은 총 길이 485Km, 평균폭, 30Km, 넓이 5천Km³ 되는 큰 아스완 댐이 건설되었다. 이렇게 세계문화유산이 보존되며 나일강 물의 범람을 막은 아스완 댐공사는 고대 이집트의 찬란한 역사와 문화유산을 유지, 보존하고 농경지유실을 막는데 크게 기여하게 되었다는 사실은 통치자 낫세르의 혁명정신의 발로일 것이다.

> **군사 혁명 대통령**
>
> 대한민국에 박정희 대통령이 있다면
>
> 이집트에는 낫세르 대통령이 있다.

2. 콥틱교회의 교회사

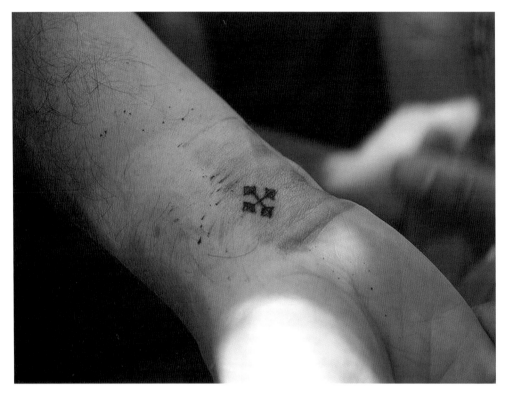

콥틱 교인들은 할례와 유사하게 출생 8일에 손목에 십자가 문신을 한다.

신약시대에 마가복음을 기록한 성 마가가 주후 64년경에 알렉산드리아에 와서 구두 수선공에게 처음 복음을 전파한것이 콥틱 기독교회의 효시가 되었다. 알렉산드리아에 마가기념교회가 세워져 있다. 또한 마가순교 추모탑이 알렉산드리아 항만의 오른쪽 제방의 입구에 세워져 있다.

콥트(Copt)는 이집트에 사는 고대 이집트인을 말한다. 콥트는 그리스어의 아이깁티오(Aigiption)에서 나온 아랍어의 킵트(Kipt) 또는 쿱트(Kupt)에서 유래되었다. 콥틱(koptic)은 콥트인 혹은 그들이 사용하는 말을 지칭한다. 콥틱교회는 주후 451년 칼케톤 종교 회의 후 로마 카톨릭교회에서 분리되어 나갔다. 그 이유는 그리스도의 양성설(兩性

說: 神性과 人性)을 부인하고 단성설(單性說: 오직 神性)을 주장하며 신봉했기 때문이다.

카이로에는 콥틱기독교의 총 본산인 교황청이 있다. 교황청의 경내에는 여러개의 건물이 세워져 있다. 성 마가는 콥틱교황청의 초대 교황이 되었다. 콥틱교회의 원년은 주후 284년으로 하고 있다. 이 해는 로마 황제 디오클레시안(Diocletian)이 즉위한 해이다.

콥틱 교회사에서 이 황제의 통치기간을 "순교자의 시대" 라고 부른다. 극심한 박해로 인하여 콥탁교인들이 많이 순교했기 때문이다. 그리하여 콥틱교회에서 순교자의 시대가 시작되는 해를 콥틱교회의 공식적인 원년으로 하고 있다.

이집트는 이슬람 국가인데도 불구하고. 콥틱교인이 800만여명에 달하고 있다. 이집트 전체인구 9,460만명(세계16위)의 약 12%를 점유하고 있다. 이집트는 아버지의 종교에 따라 자녀의 종교가 결정된다. 신분증에도 종교의 표시가 된다.

이집트는 국교가 아닌 종교인은 모든 시민의 사회생활에 차등을 두어 규제를 받는다. 그리고 모든 콥틱교회 성전입구의 경비실에 경찰관이 근무하며 통제하고 있다. 그러나 콥틱교인들은 종교의 탄압에 굴하지 않고 있다.

콥틱교인은 출생하여 8일이 되면 오른손목 안쪽 중앙 부분에 하늘색의 작은 십자가 문신을 하여 평생동안 변함없이 콥틱교인의 자부심을 가지고 신앙생활을 하고 있다. 이는 유대들인이 출생하여 8일만에 할례를 행하는 것과 유사한 징표가 되고 있다.

나는 고센땅, 출애굽경로, 성가족 애굽피난노정, 여러 수도원 등을 답사하면서 주로 코틱교인들을 공교롭게 많이 만나게 되어 친절히 안내를 받게 되었다. 나의 신분을 목사라고 밝히면 그들이 손을 들어 십자가 문신을 나에게 보여주며 무척 반가워했다.

카이로 콥틱교회 교황청 경내의 성 마가 기념교회

성 마가 유해 봉안실

뉴 카이로에 콥틱교회의 총본산인 교황청이 있다. 콥틱교회의 초대 교황은 성 마가 요한
이다. 마가의 히브리 이름은 요한이므로 대개 마가 요한이라 부른다. 교황청의 경내 안에
는 성 마가교회가 세워져 있다.

콥틱교회의 교인이 800만여명에 달하는 신앙의 본산인 교황청은 카이로(람세스) 중앙역
에서 약 3Km 지점의 아밧시아 거리 (Abassia street)에 위치하고 있다. 카이로 시민들
은 성 마가교회보다는 콥틱 교황청이라 해야 쉽게 이해한다. 교황청을 물어 물어 찾아가
교황청에 이르렀다. 교황청에 사전 통보 없이 찾아가 교황을 방문하고자 했다. 마침 교
황이 부재중이어서 총무 신부를 만났는데 친절히 맞아 주었다 그래서 안내자를 통해 경
내를 전부 돌아보았다.

마가 요한은 예루살렘에서 상당히 재산이 있었고, 그의 예루살렘의 마가 다락방에서 예
수님이 최후의 만찬을 가졌다. 또한 예수님이 승천하신 후에 사도와 문도 등 120명이 다
락방에서 10일간 기도하는 중 성령이 임했다. 이후 마가 다락방이 초대교회의 효시가 되
었다.

마가 요한은 사도 바울과 함께 1차 전도여행을 떠났던 최초의 선교사였다. 그러나 바울
과 그의 외숙 바나바를 따라 구브로섬 버가성 까지 갔다가 돌아간 고로 바울이 무리하게
여겨 바울과 결별하고 바나바와 마가는 같이 구브로에 갔다(행13:13) 또한 마가 요한은
마가복음을 기록했다.

주후 64년 베드로가 순교당한 후에 마가 요한은 애굽의 알렉산드리아로 들어 갔다. 마가
요한이 최초 구두 수선공에게 복음을 전파하고 교회를 세운 것이 시작 되어 이집트의
곳곳에 십자가가 세워져서 오늘날까지 콥틱교인들이 많은 수난을 극복하며 믿음을 지키
고 있다. 콥틱교회사를 본서 부록의 "알렉산드리아와 콥틱교사"에 상세히 기록해 놓았다.

교황청의 경내에는 여러 곳에 건물이 세워져 있다. 교황청 청사의 건물 앞에 주후 1,200
년에 세워진 성 Rowis교회가 있고, 그 인접지역에 주후 1968년에 성 마가교회가 2층으

로 우람하게 세워져 있다. 이 교회 2층 전체가 본당이며 1층은 성 마리아교회, 성 비쇼이 교회 등의 교회와 용도별 부속 사무실로 사용되고 있다.

성 마가교회의 뒤편 지하층에는 성 마가의 성묘(聖廟)가 있어 성 마가의 유해가 안치되어 있다. 알렉산드리아에서 순교한 후 여러 곳에 유해가 흩어졌다가 이곳에 모아져 안치되었다고 한다. 나는 답사를 전부 마치고 안내자를 통해 교황이 청사로 돌아 왔는지 확인 했으나 늦어진다고 해서 교황을 만나보지 못하고 교황청에서 발걸음을 돌렸다.

이집트 교황청 부활절 행사

와디엘 나투른 신부

신부의 기도

이집트 알렉산드리아 역전 시장의 광경이다.
(1997. 4. 30 버스 안에서 촬영했다. 김흔중)

알렉산드리아(Alexandrla)는 역사적으로 기독교와 밀접한 관계가 있다. 알렉산드리아는 이집트의 수도인 카이로에서 북서쪽으로 약 220Km, 나일 삼각주 서단에 위치한 지중해 연안의 국제 무역항구 도시로 카이로 다음가는 큰 도시이다.

알렉산드리아라는 이름을 갖게 된 배경은 알렉산더 대왕의 이름과 관련이 있다. 마케도니아 왕 필립 2세가 주전 336년에 암살되어 그의 아들 알렉산더가 나이 20세에 왕위에 올랐다. 알렉산더는 왕이 된 후 희랍을 비롯하여 페르시아와 소아시아 전역을 정복했다. 바벨론에 도읍을 정하고 동쪽으로는 멀리 인도 국경지역까지 진출하였고, 24세가 되는 주전 332년에 이집트를 점령하게 되었다.

　　알렉산더 대왕은 천혜의 항구도시인 "라코티스(Rhakotis)" 항구를 발견하고 이집트 왕국의 수도로 삼고자 결심했다. 라코티스는 작은 어촌의 항구였으나 안렉산더 대왕의 이름을 따서 알렉산드리아로 개명하고 대왕이 거대한 도시계획을 세워 그리스의 위대한 건축가인 디노크라테스(Dinocrates)에 의해 설계되어 알렉산드리아 시대가 시작되었다.

클레오파트라

그러나 알렉산더 대왕은 주전 323년 바벨론에 돌아와 바벨론을 복구하고 대제국의 수도를 만들 계획을 했으나 8년 후인 주전 331년에 아라비아 원정을 준비하던중 느브갓네살 왕궁(현, 이란)에서 33세(주전 356-323년)의 젊은 나이로 갑자기 죽게 되어 역사의 화려한 무대에서 사라졌다.

알렉산더 대왕이 정복한 땅은 그 뒤를 이은 4명의 충성스런 사령관들이 분할통치 하게 되었다. 그리하여 프톨레미(Ptolemy, 헬라어로 戰士라는 뜻)가 이집트의 통치자가 되었다.

프톨레미 왕조가 시작되어 알렉산드리아 도시가 완성되었고, 헬레니즘 시대에 세계적인 문화와 경제의 중심 도시로 발전하게 되었다. 그러나 클레오파트라 여왕은 (Cleo-patra-vII, 주전51-30년, 재위:21년)은 프톨레미 왕조 300년의 최후 통치자로서 독사(Cobra)에 물려 자살함으로 알렉산드리아의 영광은 끝이 났다.

알렉산드리아 대등대

바울의 고향 다소에 세워진 클레오파트라 기념문 (김흔중 촬영)

나는 클레오파트라에 대하여 남다른 관심을 가지게 된 것은 25년전 알렉산드리아를 답사하게 된 시점부터이다. 좀더 구체적으로 클레오파트라 여왕의 생애에 대하여 살펴 보고자 한다. 그녀는 프톨레미 12세의 둘째 딸로 주전 51년 왕위를 계승하여 남동생인 프톨레미 13세와 결혼하여 프톨레미 왕조의 수도인 알렉산드리아에서 이집트를 공동으로 통치했다.

그후 한 때 왕위에서 쫓겨 났으나 주전 48년 이집트에 와 있던 로마 장군 카이사르 (Caesar, 주전 100-44년, 일명:시저)를 농락하여 인연을 맺어 왕위에 다시 올랐다. 그 다음 해에 프톨레미 13세가 카이사르와 싸우다가 죽게 되자 막내 동생인 프톨레미 14세 와 재혼했으며 계속해서 이집트를 공동으로 통치 했다.

그러나 그녀는 자신을 왕위에 오르게 한 카이사르를 꽃에 싸인 나체로 유혹하여 그 들 사이에 아들 하나를 낳게 되자 카이사리온(Caesarion, 프톨레미 15세)이라 불렀다.

그녀는 한때 빈객으로 로마에 가 있었으나 카이사르가 암살 된 후에 알렉산드리아로 돌아왔다. 이후 프톨레미 왕조는 점차 쇠퇴하기 시작하면서 로마의 동방진출에 제물이 되어 갔다.

당시 로마는 공화정(共和政)의 체제하에서 주전 43년에 로마가 삼분되어 옥타비우스(Octavius), 안토니우스(Antonius), 레피두스(Lepidus)의 2차 삼두정치(三頭政治)를 시작하면서 반대파를 추방하였다.

주전 42년에 필립피 전투에서 카이사르의 암살자인 브루투스(Brutus)와 카시우스(Casius)를 격파하고 대제국을 삼분하여 안토니우스는 동방을, 옥타비우스는 서방을, 레피두스는 아프리카를 각각 장악하였다. 그러나 레피두스를 탈락시킨 후 부터 안토나우스와 옥타비우스 두 장군은 치열한 후계자 다툼으로 대립이 격화되었다.

그녀는 주전 41-40년에 안토니우스를 만나기 위해 이집트의 알렉산드리아에서 지중해를 건너 소아시아(터키)의 다소에 찾아와 인연을 맺었다. 그래서 오늘날 다소(사도 바울의 출생지)에 클레오파트라 기념문이 세워져 있어 성지순례자들이 볼수 있다. (필자도 성지순례시 클레오파트라 문을 바라 보았음). 그녀는 결국 주전 37년에 안토니우스와 결혼을 하게 되어 다시 아들을 낳게 되었고 두 사람의 정치적, 인간적 유대가 깊어지게 되었다.

주전 34년 안토니우스는 그녀와 그녀 자녀들에게 로마의 전체 속주(屬州)를 주었다. 그러나 안토니우스와 옥타비우스의 대립은 격화되었다. 주전 31년 악티움 해전(Battle of Actium, 그리스 북서부 지역의 반도)으로 번져 이 해전에서 그녀와 안토니우스 연합군은 참패하였다. 그리하여 그녀는 알렉산드리아에서 안토니우스와 함께 재기를 꾀하였으나 주전 30년 옥타비우스의 공격을 받고 위기에 처하게 되었다.

이때 안토니우스는 클레오파트라가 자살했다는 허보(虛報)를 사실로 믿고 클레오파트라보다 먼저 자살을 했다. 클레오파트라도 안토니우스의 자살에 이어 독사(Cobra)로 가슴을 물게 하여 39세의 나이에 자살하고 말았다.

그녀의 죽음은 프톨레미 왕조의 종말을 고하며 폐막되었고, 지중해를 발판으로 로마가 세계를 지배할 수 있는 서막을 여는데 성공하였다. 그후 옥타비우스는 아우구투스(Augustus)라는 칭호로 주전 27년에 황제에 즉위(재임:주전 27-주후 14년)하여 로마의 초대 황제로 시작되는 로마제국이 개막되어 로마의 공화정이 끝이 났다. 로마는 200년 동안 지중해 중심의 세계를 펼쳐서 로마의 평화시대(Pax Romana)라 불리는 긴 평화의 시대가 열리게 되었다. 클레오파트라는 역사속으로 사라졌지만 그녀의 족적은 역사와 함께 남아있다.

그녀는 수려한 용모와 여성적인 매력, 수개의 외국어를 자유로이 구사했던 능력, 능란한 외교 수완 등의 재능을 잘 발휘했다. 그러나 로마의 두 영웅인 카이사르와 안토니우스를 자유자재로 조종하여 격동기의 왕국을 유지했지만 그녀의 말로는 안타깝게도 자살한 애처로운 여왕이 되고 말았다.

오늘의 알렉산드리아에서 클레오파트라의 영화(榮華)와 미모의 아름다움은 찾아볼 수 없지만 그녀가 남긴 역사적 족적에 따른 유적과 유물만이 인생의 허무함의 자태로 침묵을 지키고 있으며 알렉산드리아 항(港)에서 바라 보이는 지중해의 푸른 바다와 하늘은 애절한 감회를 느끼게 한다.

유서깊은 알렉산드리아 해안에서(1997.4.30. 김흔중)

크레오파트라의 생애는 많은 문학작품의 좋은 소재로 일찍이 플루타르코스의 "영웅전, 안토니우스전"과 세익스피어의 "안토니우스와 클레오파트라"가 있으며 근세에 와서는 G.B 쇼의 "시저와 클레오파트라"등이 유명하다. 나는 유서깊은 알렉산드리아 항에서 촬영한 한장의 사진과 터어키에 성지순례하며 다소의 클레오 파트라 문에서 촬영한 사진을 나의 저서 "성지순례의 실제"에서 볼 수 있다. 두장의 사진을 볼 때 마다 클레오파트라의 발자취가 영화에서 보았던 영상과 함께 선명히 떠오른다.

알렉산드리아는 유대인과 관련이 깊다. 이스라엘이 바벨론의 느부갓네살 왕에게 멸망(주전 586년) 당하자 유대인이 대거 몰려와 알렉산드리아에 정착하여 뿌리를 내렸다. 또한 주후 70년 로마 티투스(디도) 장군이 이스라엘을 멸망시킨 후 10만명의 유대인을 알렉산드리아에 노예로 팔았다. 그래서 이스라엘 땅에서 쫓겨난 디아스포라(Diaspora)의 유대인들이 상업에 종사하며 많이 살고 있었다.

이스라엘에서 제1성전시대가 끝난(주전 586년) 이후 알렉산드리아 유대인들은 그들의 언어인 히브리어를 잊어 버리고 당시 국제 공용어인 헬라어를 사용하고 있었다. 따라서 히브리어로 기록된 구약성경을 헬라어로 번역할 필요성이 있었다. 그리하여 주전 250년경에 번역작업이 이루어졌다. 알렉산드리아에서 70인의 유대인 학자에 의해 번역되어 알렉산드리아 역본(Alexandria. Version) 또는 셉투아진트(Septuagint)라고 한다. 이 "70인역"은 알렉산드리아에서 전세계로 기독교 문화와 기독교 신학을 전파하는데 절대적으로 기여했다.

마가 기념교회

사도 마가의 순교 추모탑
(이집트 알렉산드리아 1997.4.30. 김흔중 촬영)

　특히 성경의 마가 복음을 쓴 마가가 알렉산드리에 와서 구두 수선공에게 최초로 복음을 전파하여 콥틱교회의 창시지가 되어 애굽의 복음화에 기여 했으며 콥틱교회의 초대교황의 위치에 있게 되었다. 오늘날 이집트에 콥틱 기독교의 교인이 약 800만여명이나 된다. 마가는 마가복음을 기록한(주후 67-70년) 직후에 알렉산드리아에서 순교하여 그곳에 마가기념교회와 순교기념탑이 세워져 있다.

나는 카이로에서 기차편으로 출발하여 두 차례나 알렉산드리아에 도착하여 기독교 성지 및 관광명소를 샅샅이 답사했다.

알렉산드리아에는 당시 세계 최대의 무세이온(Mouseion) 도서관에서 많은 저명한 학자들이 강의하며 활동했다. 그 학자들 중에 기하학의 아버지라고 불리우는 유클리드(Euclid), 지구가 둥글다는 것을 알고 지구의 둘레를 계산했고 해와 달까지의 거리를 측정한 에라토스테네스(Eratosthenes), 해부학을 연구한 헤로필로스(Herophilos) 그리고 클레멘트(Clemant), 오리겐(Oligen), 필로(Philo), 아다나시우스(Adanasius) 등 저명한 학자가 알렉산드리아에서 많이 배출되었다.

이곳에는 고대 세계의 7대 불가사의 중 하나인 "바로의 등대"를 비롯하여 콰이트베이 성채, 폼페이 원주, 로마 원형극장 ,그레크로만 박물관, 수족관 및 해양 박물관 등 많은 관광명소가 있다.

특히 쿰 엘 사카파의 카타콤(Catacobm's of Kom El Shakafa)의 대규모인 카타콤(지하무덤)은 주전 2세기경 로마시대에 만들어졌는데 로마의 기독교인에 대한 박해가 심할 때 기독교인들이 지하무덤에 들어가 신앙생활을 했다고 한다.

그 대규모 지하무덤은 깊이 30m에 지하 3층으로 되어 있는데 실제로 내가 들어가 보니 그 모진 박해에도 굴하지 않은 당시 기독교인들의 순교정신에 숙연해질 수밖에 없었다. 기독교인이라면 알렉산드리아를 꼭 한번 답사해 보도록 하고 싶다.

몽고메리 동상(별명: 사막의 생쥐)

롬멜 동상(별명: 사막의 여우)

나는 엘 알라메인(EL Alamein)을 답사하게 된 것을 매우 뜻있게 생각한다. 엘 알라메인은 2차대전 말기에 독일의 롬멜장군과 영국의 몽고메리 장군이 치열한 사막전을 전개한 곳이다.

엘 알라메인(EL Alamein)은 알렉산드리아에서 약 106Km지점의 지중해 연한 사막지역으로 제2차 세계대전중 광활한 북부 아프리카의 사막에서 이루어진 처절한 격전지로 유명하다. 1942년 10월 23일에 시작되어 단기전으로 2주일만에 끝난 전쟁이다. 사막의 여우 (The Desert Fox)라 불리던 동맹군 사령관 롬멜(Rommel) 장군과의 결전에서 사막의 생쥐((The Desert Mouse)라 불리던 연합군 총 사령관 몽고메리(Montgomery) 장군이 승리를 했다.

몽고메리(Montgomery, 1887-1976년)는 1908년 영국 육사를 졸업하고, 1차 세계대전에 초급장교로 참전(1914-1918년)했으며 2차 세계대전 기간 중에 팔레스타인(이스라엘)에서 잠간 초급장교로 근무한 적이 있었다.

그후 팔레스타인에서 사단장으로 근무(1938년)한 적이 있다. 몽고메리는 거룩한 땅 이스라엘 광야에서 지휘력을 연마한 근무 경력이 바탕이 되었다. 또한 당시 유대인들이 5,000명이나 영국군에 지원하여 영국군이 전력화 되어 사막전에서 롬멜의 독일 군을 격퇴시킬 수 있는 요인의 하나가 되기도 했다. 그는 1944년 노르망디 상륙작전시 영국군 총사령관이 된 후 1946년 백작이 되었으며 영국군의 참모총장이 되었다.

롬멜(Rommel, 1891-1944년)은 1910년에 육군에 입대하여 제1차 세계대전에 초급장교로 참전(1914-1918년)했다. 그 후 히틀러의 친위대장(1938년)이 되었다. 제2차 세계대전이 발발하자 기갑사단장으로 프랑스 전선에서 활약하다가 원수로 승진(1942년)하여 북 아프리카의 엘 알라메인 전투에서 교묘한 작전으로 영국군을 괴롭혀"사막의 여우"라는 별명을 얻기까지 했지만 몽고메리에게 패배했다.

1944년 독일 방위군 총 사령관으로 작전지휘중 부상을 입어 병원에 요양중에 있을 때

히틀러 암살 사건에 연루되어, 히틀러의 명령에 의해 자살했다.

엘 알라메인 작전 결과를 살펴보면 작전에 투입된 병력과 장비는 영국군 23만명, 탱크 1,030대 인데 비하여 독일군은 10만명, 탱크가 500대였다. 병력과 탱크 수를 비교해 보면 영국군이 독일군에 비하여 두배의 전투력으로 승패가 결정 될수 밖에 없었다.

이 사막전은 2주간의 짧은 전쟁이었지만 8만여명의 인명 피해와 총 8만950대의 전차가 파괴된 참혹한 전쟁이었다.

이곳에는 군사 박물관이 세워져 있어 전시관 내에는 많은 유물이 전시되어 있고, 밖에는 그당시 전차를 비롯하여 각종 장비들이 전시되어 있다.

또한 참전했던 각국 별로 사막의 격전지 해변에 영국군 전사자 묘지, 이탈리아군 전사자 묘지, 독일군 전사자 묘지를 조성하여 만들어 놓았다. 엘 알라메인 격전지를 군사전문가들은 꼭 한번 답사할 필요성이 있다.

나는 육군대학 정규과정에서 수학하면서 교수부장 황규만 장군의 역서인 "롬멜戰沙錄"(리델하트 저)를 읽어볼 기회가 있었다. 평소 롬멜과 몽고메리의 사막전에 관심이 많았기에 엘 알라메인 사막전장의 답사를 결심하게 되었다.

그리하여 알렉산드리아에서 버스정류장을 찾아가 엘 알라메인 행 버스에 올라 106Km의 해안길을 따라 달려갔다. 드디어 역사적인 사막전의 현장을 두루 답사하게 되어 남다른 감회를 가지게 되었다. 나는 월남전에 초급지휘관(중대장)으로 참전(1968)하여 전쟁의 참혹함을 직접 체험했기 때문에 동병상련(同病相憐)으로 엘 알라메인 사막전의 전사자들의 무수한 묘비를 바라볼 때 가슴이 무척 아팠다.

그래서 전쟁이 없는 자유와 평화가 얼마나 소중한가를 항상 절실하게 느낀다.

군사전략가들에게

몽고메리와 롬멜의 사막 격전지
현장답사를 권하노라 – 김흔중

엘 알라메인 사막에서 나의 승용차가 되어준 감사한 아랍인이다
(1997.6.2 사막현장에서, 김흔중)

독일군 묘지

전시된 독일군 전차

영국군 묘지

독일군 150mm포 장착 전차

영국군 쿠퍼 중위 묘비 앞에서

(김 흔 중 추도문)

한반도에서는 기미 독립만세(1919년) 소리가 방방곡곡에서 요란했던 그 해에 당신이 영국에서 태어났소이다. 나이 23세가 되었을 때 2차대전의 격전지 이집트 북부 사막에서 몽고메리 휘하 장교로서 늠름한 영국군 초급장교의 위용이 자랑스럽고 사막의 전쟁터에서 지상의 왕자라고 하는 전차에 올라 작전지휘를 했던 패기찬 젊은 모습이 생생하게 상상되고 있소이다.

그날 !
1942년 10월 3일 쿠퍼중위는 장렬하게 전사했구려.

이집트 북부 지중해의 해변에 자리한 엘 알라메인의 끝없는 광활한 사막은 먹구름으로 뒤 덮이고 천둥 번개 치듯 요란한 아비규환의 전쟁터였겠지요. 독일 롬멜 장군의 전차와 격돌하여 쌍방간에 수백대의 전차에서 뿜어내는 포성과 전차들이 달리는 굉음들이 지축을 흔들었겠지요.

고국이 아닌 이국 땅에서 고귀한 생명들이 형체도 없이 산산히 찢기고 두게골과 팔다리가 공중에 날으고 주인 없는 철모는 이리 저리 뒹굴며 사막을 어지럽게 했겠지요.

나도 베트남전에 참전(1968년)하여 사막이 아닌 정글전에서 전쟁의 참혹함을 몸소 체험했소이다. 그 전쟁! 전쟁은 누구를 위한 전쟁입니까? 전쟁은 아레스(Ares)신의 장난일까요. 오직 세상 권세 잡은 자들의 잔혹한 용심이 배태된 죄악일 뿐이지요. 쿠퍼 중위는 전쟁이 없는 평화의 시대에 태어날 수 없었단 말입니까.

당시 포연이 끝난 후 충성스러운 당신과 무수한 장병들의 이름을 불러도 대답이 없으며 젊은 청춘의 가슴에는 붉은 피가 흘러 사막의 모래알을 붉게 물들이고 말았겠지요. 고국의 어머니들의 포근했던 사랑의 가슴에 못질을 하여 그 한이 맺힌 눈물이 흘러 지중해에 고였단 말입니까.

당신은 스물셋의 피어나지 못한 아름다운 꽃봉우리 였는데?... 그 청춘의 젊음을 보상해 줄 자가 누구이리요. 오직 원혼들의 안타까운 오열의 소리가 메아리 조차 없이 사막에 퍼지며 오직 원혼들이 지중해 해안의 검푸른 파도가 밀려왔다 밀려가는 파도소리만 처절하게 들릴 뿐이네요. 나는 사막에서의 비참했던 전쟁을 미워하고 원망할 수 밖에 없소이다.

전능하신 하나님 아버지! 엘 알라메인 사막의 전쟁터에서 쿠퍼 중위를 비롯한 33만명의 무수한 장병들이 산화했습니다. 그들의 불쌍한 영혼을 받아 주시고 죽음이 헛되지 않기를 간구합니다. 이제 후로 이러한 전쟁이 지구상에서 다시 일어나지 않도록 섭리해 주시옵시고 모든 인류에게 자비와 사랑을 베풀어 주시옵소서. 오직 산 자와 죽은 자 모두에게 영원한 생명과 부활의 소망이 되시는 우리 구주 예수그리스도의 이름으로 기도합니다. 아멘

1997년 6월 2일
엘 알라메인 사막전장을 다녀 와서
카이로 숙소에서 정리하여 김흔중 씀

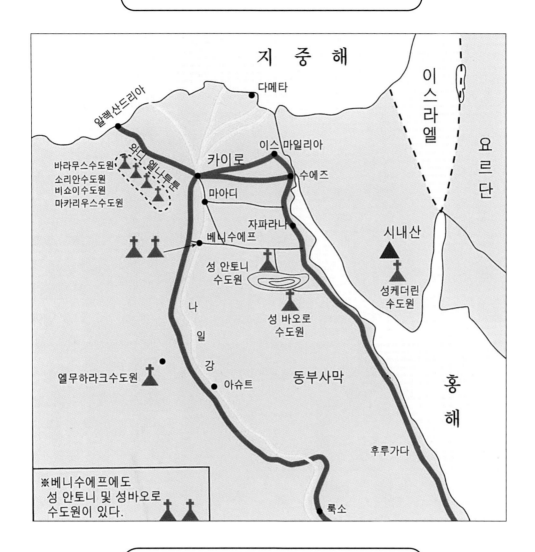

이집트 수도원 분포도

지 중 해

다메타

알렉산드리아

와디 엘나트룬

바라무스수도원
소리안수도원
비쇼이수도원
마카리우스수도원

이스마일리아

카이로

수에즈

마아디

자파라나

베니수에프

성 안토니
수도원

성 바오로
수도원

나
일
강

아슈트

동부사막

엘무하라크수도원

이
스
라
엘

요
르
단

시내산

성케더린
수도원

홍
해

후루가다

록소

※베니수에프에도
성 안토니 및 성바오로
수도원이 있다.

6. 성 안토니 수도원

　나는 이집트 동부사막에 위치한 세계 최초의 수도원인 성 안토니수도원 (The monastery of St Anthoney)을 탐방하기 위한 준비를 하면서 무척 고심을 했다. 왜냐하면 카이로에서 수도원까지 약 300Km가 되는 먼 거리였기 때문이었다. 더욱 승용차가 아닌 대중 교통수단인 버스를 이용해야 했다. 그 광활한 사막을 횡단하는 버스가 하루에 4회

정도 운행되고 있었기 때문이다. 그렇지만 세계 최초의 수도원 탐방을 포기할 수가 없어 용단을 내렸다.

카이로의 람세스역에서 기차를 타고 140Km 거리의 나일강변의 베니수에프 역에서 하차하여 버스를 이용하려 했다. 베니수에프 역의 사무실에 들어가 수도원가는 길을 물었다. 그런데 베니수에프 도심의 가까운 곳에 성 안토니수도원과 성 바오로수도원이 있다는 것이다.

설명을 다 듣고 나서 베니수에프의 두 곳 수도원 부터 답사하는 것이 좋겠다 싶어 두 곳을 찾아갔다. 이곳은 성 안토니의 고향 땅이기 때문에 수도원이 세워져 있었다. 성 안토니 수도원에서 1박을 하며 침식을 친절히 제공 받았고, 수도사가 나의 목적지 동부사막의 성 안토니 수도원으로 가는 교통수단을 상세히 설명해 주었다.

다음날 아침 일찍이 사막을 횡단하는 버스 정류장에서 버스에 승차하여 약 177km를 달려가 성 안토니 수도원에서 멀리 떨어진 도로 앞에서 하차를 했다. 그곳에서 한참 기다렸다가 다시 수도원에 들어가는 승용차에 동승하여 약 1.2Km거리의 수도원 정문을 지나 수도원 안내소에 도착하여 2박 3일간의 탐방을 위한 수속을 마쳤다. 그곳에서 숙소를 지정받아 여장을 풀었다. 숙소는 수도원 담장 밖의 단층 건물이었다.

그날 오후 날씨가 얼마나 덥던지 이마에 땀이 흘렀다. 바깥에 펼쳐진 사막은 지열의 신기루가 넓은 모래사막을 뒤덮었다. 나는 해가 지기 전에 수도원 담장 안의 성 앙토니교회, 성 마가교회, 성 마리아교회, 성 바오로교회와 도서관 등 여러 곳을 수도사 안내로 설명을 들으며 탐방했고, 수도사들의 새벽기도에 2일간 같이 참석했다.

성 안토니교회는 주후 15세기말 베두인이 습격하여 수도사를 전부 몰살시키려고 수도원을 점령하여 이 교회를 부엌으로 사용했기 때문에 시커멓게 그을렸고 이 때에 수도원에서 소장하고 있던 진귀한 성경사본 등 많은 자료들이 유실되었다고 한다. 현재의 도서관에는 1,600여 점의 장서가 소장되어 있었다.

성 안토니(St Anthoney, 향년 105세)는 수도원의 창시자로 주후 251년 지금의 베니수에프 (Beni Suef)의 부유한 가정에서 태어났다. 그는 18세에 부모가 세상을 떠나자 부모의 많은 재산을 상속 받게 되었다. 그런데 어느날 성경의 마태복음 19장을 읽게 되었다.

성경에 "그 청년이 가로되 이 모든것을 내가 지키였사오니 아직도 무엇이 부족하니이까 예수께서 가라사대 네가 온전하고자 할진데 가서 네 소유를 팔아 가난한 자들에게 주라 그리하면 하늘에서 보화가 네게 있으리라 하시니 그 청년이 재물이 많으므로 근심하며 갔다"(마19:20-24) 라는 성경 말씀이 자기에게 말씀하는 것으로 생각 되어 깨닫게 되었다. 그래서 자기의 많은 재산을 팔아서 가난한 자에게 나누어 주고 광야의 산속에서 20여년 동안 은둔생활을 했다. 그에게 한 누이가 있었는데 그녀도 수녀원에 보내졌다.

초기 기독교 동방정교회에서 혼자 광야에 나가 숨어서 은둔생활(隱遁生活)을 많이 했는데 이들을 은수사(隱修士)라고 불렀다. 주후 305년 안토니는 은수사를 모아 은수사원(隱修士院)을 세우고 수도복을 입게 했는데 이것이 수도원(修道院)의 효시(嚆矢)가 되었다.

그후 4세기 중엽 알렉산드리아의 주교 아타나시우스는 수도원의 규칙을 제정하여 체계화 하였고, 파고미우스는 이것을 발전시켜 수도원 주위에 담을 쌓아 세속과 단절시켜 금역제(禁域制)를 만들었다. 성 안토니 수도원은 요새처럼 흙돌의 담벽을 10m 높이로 쌓아 외부의 습격에 대비한 수도원을 만들었다.

이집트의 수도원은 높은 담벽을 튼튼히 높이 쌓고 아주 작은 출입대문을 달아 안에서 잠그면 밖에서 파괴가 불가능하도록 완벽하게 제작되어 있다. 본래 수도원으로 들어가는 출입문이 없이 담벽을 쌓고 담벽 위로 바구니를 이용하여 사람과 물건을 실어 올리고 내렸다고 한다.

성 안토니는 주후 311년 기독교에 대한 박해가 심할 때 알렉산드리아에 가서 신도들을 격려하고 많은 기적을 보여주어 "황야의 별"이라는 말을 들었다고 한다. 그가 길러낸 제자들이 많이 있는데 그 가운데 성 아타나시우스(St Athanasius)를 비롯하여 성 마카리우스(St Macarius), 씨릴(Cyril), 성 아마타스(St Aamatas) 등이 있다.

성 안토니는 나이 61세가 되던 주후 312년 지금의 수도원 뒤의 1.6Km 되는 지점에 높은 콜줌산((Mt Kolzoum, 약 300m) 정상에 가까운 곳에서 자연동굴을 발견하고 그 동굴에서 수도생활을 시작하여 약 44년간을 수도하다가 105세에 죽음으로 유해는 수도원에 봉안되어 있다. 성 안토니수도원의 백미(白眉)는 성 안토니가 콜줌산에서 수도생활을 하던 기도동굴이다.

참 고

베니수에프에도 성 안토니 수도원과
성 바오로 수도원이 있어 두 곳을 탐방했다.
(1997년 7월 25일 김흔중 목사)

성 안토니 수도원내 성 바오로 교회 (1997.7.26. 김흔중 촬영)

성 안토니 수도원 정문

성 케더린 수도원 (시내산 하록)

성 안토니 수도사가 기도했던 동굴이 있는 콜줌산이다

기도 동굴을 찾아가는 층계들이다.(김흔중 목사가 동굴을 찾아갔다.)

성 안토니 수도원 샘물 / 물은 생명의 근원이다.

나는 수도원에 도착한 다음 날 오후 3시경 숙소에서 1,6Km 거리의 콜줌산 밑에 도착하여 기도동굴을 향해 다른 일행들과 함께 올라가고 있었다. 올라가는 길이 험해서 종종 허술한 층계를 만들어 놓았고 위험한 곳에는 난간에 로프줄도 연결해 놓았다. 나는 몇차례 쉬면서 드디어 5시경에 동굴의 입구에 도착했다.

동굴 입구 바로 안에는 방안 넓이의 공간이 있고, 그 곳에서부터 한 명이 겨우 들어 갈수 있는 협착한 통로를 따라 약 30m 들어가면 최종 지점에 타원형으로 생긴 약 3평정도 크기의 동굴(Cave)이 있다. 성 안토니는 이곳에서 기도하며 수도의 생활을 하다가 일생을 마쳤다. 나는 성 안토니가 기도하며 수도했던 기도동굴에서 눈을 감고 기도하며 내 자신을 돌아보고 뉘우치는 시간을 가졌다. 그러나 성 안토니의 족적을 밟아 보았다는데 큰 의미를 부여하고 싶었다.

이제 기도 동굴에서 나와 하산해서 해지기 전에 산밑에 도착하기에는 시간이 촉박했다. 산의 중간지점에 이르렀을 때 이미 서산에 해가 지고 있었다. 내려가는 산길이 분간되지 않으면 하산이 불가능하기 때문에 평지를 달리듯이 속도를 내어 땅거미가 지기전에 겨우 산밑에 도착했다.

지금의 수도원에는 사계절 끊임없이 흘러 내리는 천연 샘물(Water Spring)이 있다. 이 샘물 때문에 이곳에는 정원이 있고 대추야자의 숲도 있다. 성 안토니가 동굴에서 수도하다가 내려와 목이 마르면 물을 마시고 근처에서 대추야자의 열매를 따서 먹으며 수도생활을 했다고 한다.

나는 이곳 수도원에서 2박 3일간의 답사를 마치고 성 바오로 수도원 답사를 위해 떠났다.

7. 성 바오로 수도원

성 바오로 수도원

성 바오로 수도원 교회

성 바오로 초상화 / 가장 특출한 수도사 이다.

성 바오로 수도원(The monastery of St. Paul)은 수에즈 시(Suez City)에서 남서쪽
으로 80Km, 수에즈 만에서 내륙으로 30Km 거리에 위치하고 있다. 또한 수에즈 만과
인접한 이집트 사막지대의 콜줌산(Mt Kolzoum) 동쪽 기슭에 위치한 수도원이며 성 안
토니 수도원은 콜줌산(Mt Kolzoum) 서쪽 기슭에 위치한 수도원이다.

329

성 안토니 수도원에서 성 바오로 수도원을 가려면 높은 콜줌산(Mt Kolzoum)이 험하여 산으로 넘어갈 길이 없고, 산의 주변에 도로가 없어 갈수도 없다. 오직 멀리 우회의 도로로 가야만 한다.

나는 성 안토니 수도원을 아침 일찍이 출발하여 성 바오로 수도원 탐방을 위해 수도사의 협조를 받아 승용차에 동승을 했다.

내가 동승한 승용차는 사막 도로를 따라 달렸고 홍해의 해안도로(수에즈시-후루가다)를 만나는 그곳에서 나는 하차했다. 다시 다른 차편을 두번 갈아 타고 성 바오로 수도원에 어렵게 도착했다. 수도원 관리사무소에서 숙소 배정을 받고 잠시 쉬었다. 이어 수도원의 수도사에 의해 친절한 안내를 받으며 탐방을 했다.

수도원 내에는 성 바오로교회, 수도사 숙소, 망루, 정원이 있으며 교회 내에는 성 바오로의 묘소, 성 바오로 성소, 성 안토니 성소가 있다.
또한 산 기슭으로 올라가면 12세기에 지어진 식품저장소와 18세기에 지어진 성 마르쿠리우스교회(The church of St,Mercurius)와 성 미가엘교회(The church of St, Michael)가 있다.

성 바오로 수도원은 과거에 순례자가 많이 찾아 왔지만 성 안토니수도원 보다 순례자도 적고 관심이 적은 것 같았다. 그러나 기독교인이면 한번 순례할 필요성이 있는 수도원이다. 성 바오로는 성 안토니보다 나이가 23세가 많고, 성 안토니보다 36년 전에 일찍이 이곳의 동굴에서 수도생활을 했다. 그는 80년간 수도생활을 하면서 성 안토니도 만나게 되었다.

성 바오로의 36년간 동굴 수도는 성 안토니에게 큰 영향을 주었으며 성 안토니의 콜줌산 동굴 수도와 성 바오로의 동굴 수도가 쌍벽을 이루었다는 사실을 나는 현지에서 알게 되었다. 성 바오로는 주후 228년 알렉산드리아의 부유한 가정에서 태어났다. 그러나 그의 아버지가 남긴 매우 많은 유산을 형에게 남기고 죽었다. 그들은 유산 (遺産) 때문에 다투고 재판을 받아야 했다.

　그는 어느 날 길을 가다가 부자의 장례식 광경을 보고 삶에 변화를 가져왔다. 그 는 도시를 떠나 3일 동안 버려진 무덤 곁에서 주님께 기도하며 가야할 길을 보여달라고 간절히 간구했다. 주님은 천사를 보내어 그를 동쪽 사막으로 인도했다. 그는 홍해가 내려다 보이는 네므라산(Mt Nemra)의 꼭대기에서 거하면서 누구와도 만나지 않고 80년 이상의 수도생활을 했다. 그의 의복은 단지 종려나무의 가지와 잎이었고, 음식은 까마귀가 매일 빵 반덩어리를 물어다 주어 먹고 지냈다.

　주님께서 성 바오로의 신성함을 계시하기 위하여 성 안토니를 그의 동굴로 인도하였다. 그들은 만나 장시간 대화를 나눴고 저녁 무렵에는 까마귀가 날아와 그들을 위하여 빵 한덩어리를 떨어뜨려 둘이 나눠 먹었다. 이때 성 바오로는 성 안토니가 진실한 하나님의 사람임을 깨달았다.

　성 바오로는 죽음이 가까이 왔음을 깨달았을 때 성 안토니에게 알렉산드리아의 교황 아타나시우스(Athanasius)의 사제복을 가져오라고 부탁했다. 성 안토니가 사제복을 가지고 돌아 오는 길에 그는 천사가 성 바오로의 영혼을 천국으로 데려가는 것을 보았고, 그가 동굴에 도착했을 때 성 바오로는 이미 죽어 있었다.

　그는 무덤을 어떻게 팔 것 인가를 생각하고 있는 동안에 두 마리의 사자가 와서 무덤을 발로 파주었다. 그는 성 바오로의 시신을 사제복으로 싸서 묻었다. 그리고 성 바오로의 옷을 아타나시우스 교황에게 보냈고, 그 옷을 크리스마스와 부활절에 입었다.

　성 안토니와 성 바오로가 함께 나란히 그려진 성화를 많이 볼수 있다. 또한 성 바오로의 초상화에 야자나무 가지와 잎의 옷을 입고, 머리 위에 빵 반조각을 물은 까마귀 한마리가 있고, 왼발 옆에 사자 두 마리가 그려져 있음을 볼 수가 있다(참조, 초상화).

　성 바오로 수도원이 베두인의 습격을 받아 수차례 존립의 위기에 처해졌다.주후 1484

년 베두인 침입으로 수도사 대학살의 참상을 겪은 뒤 폐허가 되었지만 1970년대에 이집트 콥틱 주교 슈노더 3세(Pope Shenouda lll)에 의해 수도원이 복구되고 수도사가 파견되어 옛날의 번영을 되찾았다.

나는 수도사들과 새벽 예배에 참석하려고 일찍 일어나 밖으로 나갔다. 수도원 뒷산 넘어 하늘에 운동장 보다 더 큰 원형으로 달무리 처럼 환한 불이 밝혀져 있었다. 혼자 깜짝 놀아서 바라보고 있었다. 바로 산뒤에는 성 안토니 수도원이 있는데 혹시 수도원의 전기불 일가 생각도 해 보았지만 전기불일 가능성은 전연 없었다. 얼마 뒤에 환한 달무리 불빛이 사라졌다. 주님께서 직접 나의 눈에 보여주신 환상이라 믿었다.

서둘러서 교회에 가서 동석해 수도사들과 예배를 마치고 나오니 여명이 서서히 밝아지고 있었다. 나는 숙소에 들어가지 않고 숙소에서 떨어진 낮은 반석의 바위에 올라 앉아 찬송가 책을 펴서 찬송(아침 해가 솟을 때 만물 시선하여라)을 부르기 시작했다. 그 때 마침 전방 약 100m 전방에 가로지른 도로에서 낙타 일곱마리가 일렬로 걸어 가고 있었다. 나의 찬송 소리를 듣자 마자 일곱마리가 동시에 긴 목을 오른쪽으로 꺾어 방향을 전환하여 나를 바라보자 마자 일제히 뛰어 산 모퉁이로 사라졌다.

지금도 성 바오로 수도원 뒤 산넘어 운동장만한 크기의 붉은 달무리 그리고 일곱마리 낙타가 나의 찬송 소리에 놀라서 뛰는 모습이 눈에 선하다.

나는 성바오로 수도원의 탐사를 1박 2일간 잘 마치고 카이로 나의 임시 거처로 출발해야 했다. 수도사의 협조로 후루가다로 가는 승용차에 동승해서 홍해 해안도로에 도착했다. 이곳에서 후루가다 반대 방향인 수에즈 항구를 경유하여 카이로에 가고자 했다. 오래 기다려도 대중교통 수단이 없었다. 이제 아무 차편이든 편승하는 수 밖에 없어 마침 대형 화물차가 오길래 손을 들었더니 정차해 주어 편승을 요청했더니 마침 조수석이 비어 있어 타라는 것이다.

아주 큰 대형 화물차인데 화물을 싣지 않은 빈차였다. 이곳에서 수에즈 항구까지는 약

150Km가 되는데 앉은 좌석이 높아서 내륙을 스치며 전부 바라보고, 홍해 푸른 바닷물을 계속 바라보면서 모세가 출애굽할 때 홍해바다의 현장으로 가고 있었다.

　너무나도 상상 밖의 신기함을 체감했다. 왜냐하면 승용차나 버스를 탔다면 창문을 통해 한정된 좁은 시야로 볼 수 밖에 없는데 화물차의 높은 좌석에서 앞과 좌우를 동시에 볼 수 있었기 때문이다. 휴게소에서 휴식을 하는데 의당 내가 커피 대접이라도 해야 했다. 그러나 운전기사가 나에게 융숭한 대접을 했다. 오후 4시경 수에즈 항구 도시에 도착했다.

　운전기사는 화물차를 차고에 주차해 놓고 자기 집으로 나를 안내하는 것이다. 무척 망설였으나 진심어린 초청인 것 같아 따라갔다. 부인과 아들 딸 남매가 반갑게 맞아 주었다. 거실은 아랍인들의 특유한 장식으로 꾸며져 있었다. 그 곳에서 빵종류와 과일의 푸짐한 대접을 받았으나 내가 줄 선물은 없었다.

　마침 내가 쓰고 있던 짙은 초록색 모자를 보고 무척 좋다는 말을 했기에 모자를 선물로 주었더니 무척 좋아 했다. 나는 6시경 수에즈 항해에 가서 홍해바다 물에 손을 담그고 모세를 연상해 보며 손을 씻었다. 이어 버스정류장에서 카이로행 버스에 승차했다. 화물차 운전기사는 버스가 출발할 때 손을 흔들어 전송해 주었다. 아랍인이지만 너무나 감사해서 그들 가족사진을 지금도 바라보곤 한다.

마소도 주인에게 감사한다

감사한 아랍인 운전기사의 가족이다. 성 바오로 수도원에서 수에즈까지
약 155km를 초대형 화물운송차량 운전석 우편에 편승해서 앉았다.
자기 가정으로 초청하여 환대를 했고 카이로행 버스 정류장까지 나와
나를 환송해준 감사한 아랍인 운전기사이다. (1997.7.29)

8. 바벨론(이란 성지의 답사)

테헤란의 아자디 타워
테헤란의 상징적 건물로 1971년 페르시아 개국 2500년을 기념하여
세운 탑이다. 우리나라와 이란은 1962년 수교에 합의,
1967년 테헤란에 대사관을 개설하고,
1978년 테헤란 시장의 서울 방문을 기념하기 위해 서울 강남에
"테헤란로"를 만들었고 테헤란에는 "서울로"를 만들었다.

수사의 다니엘 묘(중앙의 원추형 건물안에 묘가 있다)

사자굴속의 다니엘 묘 옆의 벽화(단16:16-18)

죽으면 죽으리이다
(에스더서 4장 16절)

에스더와 모르드개의 묘가 건물안에 나란히 안치되어 있다.
(2009.10.05. 김흔중 촬영)

수산궁이 있던 폐허유적

저자 뒷편이 수산왕궁 유적이다.

수산궁의 주춧돌이다.

고레스 왕은 유다 민족을 해방시켰다

이란 "고레스 왕"의 무덤(석묘)이다.
이란 쉬라즈 지역 해발 1,600m에 위치하고 있다.
(고레스 왕은 중동지역을 거의 제패한 왕이었으며
유대인을 이스라엘로 귀향토록 조서를 내렸다.)

(2009.10.5. 김흔중 목사)

인적은 간데 없고 폐허만 남아있다

고레스 왕이 해방시킨 궁전 터

부 림 절 (Purim)

부림절이란 유대 절기로, 매년 아달월(양2,3월) 14일이다. 옛 페르시아의 총리 하만이 유대인 전체를 죽이려 음모를 꾸몄다. 당시 아하수에로의 왕비였던 에스더(유대인)와 사촌 오빠 모르드개가 승리하여 유대인을 구원한 역사적 기념일이다. 이때 즐겨 먹는 음식은 한국의 만두와 같은 과자인데 "하만의 귀"라고 생각하고 씹어 먹으며 옛 수난의 역사를 잊지 않는다고 한다.

하 박 국 선지자의 무덤이다

이란 "하박국의 무덤"이다. (이란 하마단에서 60km지역에 위치하고 있다. 건물 안의 사각 조형물 안에 무덤이 있다. (2009.10.5)

의인은 오직 믿음으로 말미암아 살리라
(하박국 2:4)

높은 산의 절벽에 왕들의 무덤을 만들었다

높은 돌산 암벽에 4명의 왕들 무덤을 만들어 놓았다.

왕들의 사후 장례 문화가 다양했다

9. 성서에 나오는 나무와 꽃들

모리아 식물

메노라

이스라엘을 상징하는 일곱 촛대의 메노라는 모리아라는 이름으로 알려진 고대식물의 모양을 본 뜬 것이다. 메노라를 둘러싼 올리브는 유대민족의 평화에 대한 갈망을 상징한다.

아몬드

성서에는 살구꽃으로 번역되어 있으며 아론의 싹난 지팡이에 핀 꽃이다. 예루살렘 주변에서도 늦은 비(봄)가 내릴 무렵에 이 아름다운 꽃을 볼수 있다.

백향목

돌무화과 나무

종려나무

백합화(산튜울립)

쥐엄나무 열매

아몬드

감람나무

가시나무

수선화

포도송이

무화과나무

풍자향

10. 김흔중 저서

1	새천년 **성지순례의 실제** 도서출판 청담

2	성지순례의 실제 **점자 번역집(전3권)** 한국시각장애인선교회

3	시각장애인용 **점자 성서지리교본** 한국시각장애인선교회

4	지도, 도표, 사진으로 보는 **성서의 역사와 지리** 엘맨 출판사

5	성경 말씀 **365일 하루 한 요절 암송수첩** 도서출판 청담

6	**성경 66권의 개설** 도서출판 청담

7	**선견적 시국진단** 엘맨 출판사

8	**성서의 성지 파노라마(화보)** 도서출판 세광

9	예수 그리스도를 예표한 **성막과 제사** 엘맨 출판사

10	새벽별은 저목위에서 빛나고 **수 상 문 집** 엘맨 출판사

11	성서기록 현장찾아 **답사하며 성지순례** 두루투어 출판사

12	채명신 장군은 **묘비가 말한다** 두루투어 출판사

13	아기예수 애굽 피난경로 **성지답사기행** 엘맨 출판사

11. 한민족 복음화 선교회 안내

※ 너희는 나의 백성이 될것 이니라(레26:12)

한민족 복음화 선교회

목 표
◆ 한민족을
　 복음화로 통일

추진방향
♠ 제1단계 : 기도를 통하여 통일
♠ 제2단계 : 복음을 전파해 통일
♠ 제3단계 : 교회를 세워서 통일

정회원(초교파)
◎ 목　사 : 300명(고문 30명) 이상
◎ 장　로 : 300명(고문 30명) 이상
◎ 권　사 : 300명 이상
◎ 평회원 : 3,000명 이상

선교회 회장 : **김 흔 중** 목사
(본서의 저자)

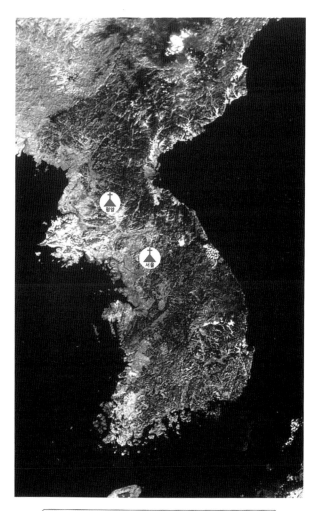

하루 세번 이상 기도의 생활화
◎ 선교회 연락처 : 031-224-3927, 010-8162-3929

12. 성서의 주요사건 및 인물의 연대표

연대	주요사건(인물)
?	창조(창 1:1-2)
?	노아시대(창 6:9-10:32)
?	바벨탑 사건(창 11:1-9)
주전 2166	아브라함 출생(아버지 데라 130세, 창 11:27) 노아의 12대손으로 갈대아 우르에서 출생
2106 ~ 2096	아브라함, 갈대아 우르 출발, 하란 도착 (아브라함 70세, 창 12:4)
2091	아브라함의 가나안 도착(75세, 창 12:5-6) 십일조 규례(하나님의 제사장 멜기세덱의 축복을 받고 살렘 왕에게 소득의 10분의 1을 드림, 규례가 됨) (창14:20)
2080	이스마엘 출생 (아브라함 86세, 어머니 하갈(몸종), 브엘세바에서, 창 16:15)
2067	할례 제정(헤브론에서 하나님과 아브라함의 언약, 창 17:9-14)
2066	이삭 출생 (아브라함 100세, 사라 90세, 브엘세바에서, 창 17:16-18)
2006	야곱 출생(쌍둥이 에서) (이삭 60세, 어머니 리브가, 브엘라헤로이에서, 창 25:24-26)
1991	아브라함 사망 (헤브론 막벨라굴에 장사됨, 175세, 창 25:8)
1929	야곱의 하란 도피 (야곱 77세, 외삼촌 라반 집에, 창 27:43,44, 28:2)
1918	유다 출생 (야곱 84세에 레아와 결혼, 88세 때 넷째 아들로 출생, 창 29:36)
1915	요셉 출생 (야곱 92세에 라헬과 결혼, 11번째 아들로 하란에서 출생, 창 30:23,24)

연대	주요사건(인물)
1909	야곱 가족의 하란 탈출 (야곱 97세, 아내 4명, 아들 11명, 딸 1명, 창 31:3) 베냐민은 베들레헴 근처 에브랏에서 출생
1898	요셉, 애굽으로 팔려감 (요셉 17세, 도단에서, 창 37:12,13)
1885	요셉, 애굽 총리 됨 (요셉 30세, 창 41:26-43)
1876	야곱가족 애굽 이주 (야곱 130세, 브엘세바에서 70명, 창46:5-7)
1859	야곱의 사망(야곱 147세, 창 50:13) ※애굽에서 17년 거주, 막벨라굴에 장사됨
1805	요셉의 사망 (요셉 110세, 창 50:25,26) ※유언에 따라 미라를 만들어 입관해 두었다가 출애굽할 때 메어다가 세겜에 장사됨
1527	모세의 출생 (헬리오폴리스에서 출생, 바로 궁중에서 성장, 출 2:1,2) ※40세 때 시내 광야로 도피, 80세에 시내산에서 소명 받음
1500	여호수아 출생 (본명 호세아, 출생지 미상, 눈의 아들, 바로의 군대에 복역, 민 13:16)
1447	모세와 바로의 1차 접견(출 5:1) ※열 가지 재앙(출 7-12장) 유월절 제정(출 12장)
1446	이스라엘의 애굽 탈출 (모세 80세, 라암셋 출발, 홍해 도하, 출 12:37), 만나와 메추라기 주심 신광야 도착(출 19:1), (신광야에서 주심) 십계명 받음—모세 (시내산에서, 두 돌판에, 출 20:3-17)

연대	주요사건(인물)
1445	성막 건축 (건축자: 브살렐, 창 30:33) 첫 번째 인구조사 (시내광야에서, 603,550명, 민 1:2,3) 시내산에서 가데스로 이동 (민 33:16–36) 70인 장로 선정(민 11:16) 가데스에서 정탐꾼 파견(12명) (40일간, 민 13:3)
1406	아론의 죽음(40년 동안 제사장, 123세, 호르산에서 죽어 아들 엘르아살에게 승계, 민 20:22–28) 모압 광야 도착 두 번째 인구조사 (601,730명, 1,820명 감소, 민 26:1) 선지자 발람과 발락왕(모압)의 사건 (민 22:1, 24:5) 모세의 죽음 (느보산 · 비스가산에서, 120세, 신 34:5) 여호수아를 후계자로 임명 (아바림산 · 느보산에서, 제사장 엘르아살에게, 민 27:12–23) 요단 동편땅 정복 르우벤과 갓의 두 지파와 므낫세 반 지파에게 땅을 분할(민32:1~5)
1405	여호수아가 요단강을 건너 가나안 땅 점령 (여호수아 95세, 수 3:17)
1400	길갈에서 요단서편 땅 분할 (두 지파 유다, 에브라임과 반 지파 므낫세에게, 수 14:1–17:18)
1398	실로에 회막 세움(주전1398년 추정) 7지파에 땅 분할(수 18:1–7) 실로는 200년간 정치 및 종교의 중심지가 됨
1390	여호수아의 죽음 (110세, 세겜에서 죽어 딤낫세라에 장사됨, 수 24:29–30)
1375	사사 통치의 시작

연대	주요사건(인물)
1374	옷니엘의 사역(40년) (최초의 사사, 갈렙의 사위, 삿 3:8–11)
1316	에훗의 사역(80년) 왼손잡이(삿 3:15–30)
1216	드보라와 바락이 사역(40년) (드보라: 여 사사, 삿 4:4–5:3)
1169	기드온의 사역(40년) (기드온 300용사로 미디안 13만 5천명 격멸 1인당 450명, 삿 16:11–8:32)
1120	돌라와 야일의 사역(삿 10:1–5)
1103	사무엘의 출생 (라마에서 출생, 어머니 한나가 실로에서 서원하여 엘리 제사장에게 성장, 삼상 1:20)
1085	입다의 사역(6년), (삿 11:1–5)
1079	입산, 엘론, 압돈의 사역 (삿 12:8–15)
1075	삼손의 사역(20년) (위대한 힘으로 블레셋을 격퇴, 여자(드릴라) 에게 미혹되어 비밀을 토설, 삿 13:2–16:31)
1050	사울 치하의 통일 왕국시대 시작(40년) (사울의 출생 장소 · 연대 미상, 삼상 9:1–31)
1040	다윗의 출생(베들레헴에서 이새의 8번째 막내아들, 삼상 9:1–31)
1025	다윗의 기름부음 받음 (베들레헴에서, 사무엘에게, 삼상 16:13) ※15세 미만 추정
1020	다윗과 골리앗의 싸움 (엘라골짜기 소고 "에베스담엠"에서, (삼상 17장) ※20세 미만 추정
1017	사무엘의 죽음 (86세, 라마에 장사됨, 현 무덤은 기브온 산당 지하에 있음, 삼상25:1)
1010	사울의 전사 (블레셋과 길보아전투에서 자결함, 삼상 31:6)
1010	다윗의 등극(30세, 헤브론에서, 삼하 2:4)
1003	다윗의 예루살렘 천도 (헤브론에서 7년6개월, 예루살렘에서 33년, 40년 통치, 삼하 5:9–10)

연대	주요사건(인물)
1003	법궤를 예루살렘 다윗성에 모셔와 안치 (삼하 6:16-17) ※법궤의 방황(약 21년) 　실로(아벡전투)에서 블레셋에게 빼앗김 　→블레셋지역 7개월 　　벧세메스에서 블세셋으로부터 돌려받음 　→기럇여아림 20년 　→오벧에돔집 3개월 　→다윗성으로 옮겨짐
991	다윗의 밧세바 간음 사건 (밧세바 남편 우리아 전사, 삼하 11:1-21)
990	솔로몬의 출생 (밧세바의 두 번째 아들, 예루살렘에서, 삼하 12:20)
979	압살롬의 반란 (다윗의 셋째 아들, 헤브론에서 모의, 예루살렘 입성, 에브라임 수풀에서 전사, 삼하 15:10-12)
973	다윗의 인구조사 범죄 (하나님이 진노하사 치시려고 짐짓 인구조사를 하게 하심, 삼하 24:1-7)
970	다윗의 죽음(70세) 솔로몬(21세)의 등극(왕상 2:12)
966	성전 기공 (출애굽 480년 후, 솔로몬 등극 4년 후, 왕상 6:1)
959	법궤를 성전에 안치(왕상 8:6) ※법궤에 십계명 두 돌판 보존, 만나의 　항아리와 아론의 싹 난 지팡이는 행방 묘연
959	솔로몬의 왕궁 기공(왕상 7:1)
946	솔로몬 왕궁 완공 (13년 동안 건축, 왕상 7:1)
931	솔로몬의 죽음 (60세, 예루살렘에서, 40년 통치, 왕상 11:43)
931	남유다와 북이스라엘로 분열 (왕상 11:43-12:20) ※남 : 르호보암왕(초대) 　북 : 여로보암왕(초대)
926	애굽왕 시삭의 남유다(예루살렘) 침공 (르호보암 5년, 왕상 14:15-28)

연대	주요사건(인물)
910	아사의 유다왕 즉위(3대) (재위 41년, 왕상 15:8) 오므리의 이스라엘왕 즉위 (재위 12년, 왕상 16:23)
875	엘리야의 사역 시작 (디셉에서 출생, 죽음을 보지 않고 승천, 왕상 17:21)
874	아합의 이스라엘왕 즉위(7대) (재위 22년, 왕상 16:29)
872	여호사밧의 유다왕 즉위(4대) (재위 25년, 왕상 22:41)
853	아합의 전사 (재위 22년, 시돈왕의 딸 이세벨과 결혼, 바알신 숭배, 가장 악한 왕, 왕상22:1-36)
848	엘리사의 사역 (아벨므홀라에서 출생, 왕상 19:1-21, 왕하 12:1-8)
841	예후의 이스라엘왕 즉위(10대) (재위 28년, 왕하 10:30)
797	엘리사의 사역 종결 (모압 지경에 장사됨, 왕하 13:20)
793	여로보암 2세의 이스라엘왕 즉위(13대) (재위 41년, 왕하 14:23)
790	웃시야의 유다왕 즉위(10대) (재위 52년, 왕하 14:23)
760	아모스의 사역 시작 (고향 유다(드고아)를 떠나 벧엘에서 여로보암 2세의 정치적 타락 공박, 암 7:7-9)
759	요나의 니느웨 전도 (여로보암 2세 때 하나님께서 명하심, 욘 1-4)
746	호세아의 사역 시작 (여로보암 2세 말기부터 주전 722년 이스라엘 멸망 때까지 활동, 호1:1)
742	미가의 사역 시작 (요담, 아하스, 히스기야 통치기간 활동, 주전 742-687년, 미1:1)
740	이사야의 사역 시작 (주전 770년 예루살렘에서 출생, 웃시야, 요담, 아하스, 히스기야 4대에 걸쳐 활동, 주전 740-700년경, 사 1:1) ※므낫세왕 때 이사야를 톱으로 켜서 　죽였다(히 11:37)는 설이 있음

연대	주요사건(인물)
728	히스기야의 종교개혁 (산당과 우상을 전부 제거, 왕하 18:4)
724	앗수르의 이스라엘 3차 침략 (왕하 17:51)
722	북왕국 이스라엘의 멸망 (19대 호세아왕, 주전 722년, 앗수르에게 멸망, 왕하 17:6)
714	앗수르와 산헤립의 유대침입 (예루살렘을 포위했으나 18만 5천명이 밤사이에 송장이 됨, 왕하 19:36)
640	요시야의 유다왕 즉위(16대) (재위 31년, 왕하 22:1) 스바냐의 사역 시작 (활동기간: 주전 640–630년경, 습 1:1)
627	예레미야의 사역 시작(요시야, 여호아하스, 여호야김, 여호야긴, 시드기야의 통치기간에 활동, 주전 627–586년경, 렘 1:1-19) ※예레미야는 남유다가 주전 586년에 바벨론에게 멸망되자 애굽으로 끌려가 죽었다는 설이 있음
608	앗수르의 멸망 하박국의 사역 시작(요시야왕 말기에 활동, 주전 908–905년, 합 1:1-11)
605	갈그미스 전투 (신바벨론 느부갓네살왕은 갈그미스 전투에서 앗수르 동맹군인 애굽 왕 느고를 격파, 유다 여호야김에게 충성 강요 봉신국 삼음, 왕하 24:7;렘 46:2-12)
605	바벨론의 유다 1차 침입 (1차 포로로 다니엘(20세), 하나냐, 미사엘, 아사랴와 함께 잡혀감, 단 1:3-16)
598	바벨론의 유다 2차 침입 (2차 포로, 왕하 24:10)
597	에스겔이 포로로 끌려감 (유다왕 여호야긴과 함께 끌려감, 그발강변 델아빕에서 약 22년간 예언 활동, 겔 40:10-47:48)
597	시드기야의 유다왕 즉위(20대) (재위 11년, 대하 36:11)
586	남왕국 유다의 멸망 (스바냐 예언 성취, 시드기야 11년, 주전 586년, 바벨론에게 멸망, 솔로몬 성전파괴(제1성전시대 끝), 습 1:8-11)

연대	주요사건(인물)
539	파사국 초대왕 고레스 (주전 546–529년)가 바벨론 점령
538	고레스왕이 유다인 귀환 조서 내림 (스룹바벨 총독 임명, 대하 36:23, 스 1:1-2)
536	성전 재건 작업 시작(스 3:8), 재건 작업 방해로 중단(스 4:4,23)
530	다니엘의 죽음(예루살렘에서 출생, 95세 죽음) 주전 605년경 바벨론으로 잡혀가 하루에 세 번 예루살렘을 향해 기도함, 사자굴에 던져졌으나 살아남(단6:22,23)
520	성전 재건 작업 재개 (학개, 스가랴의 사역, 스 5:2)
515	제2성전 완공 (제1성전 파괴 후 70년, 제2성전 시대 시작)
479	에스더가 왕후로 간택됨 (아하수에로왕의 왕비로 선택되어 총애 받음, 에2:17)
473	부림절 제정(에 9:28)
458	유다 포로 2차 귀환(에스라의 인솔로 1천4백 명 귀환, 스 7:1-8:36)
444	유다 포로 3차 귀환 (느헤미야가 유다 총독이 되어 귀환, 성곽 중수에 전력 52일 만에 완공, 느 6:15,16)
435	말라기 사역 시작(남왕국 포로후기, 학개, 스가랴, 말라기와 함께 예언자임)
433	느헤미야 바벨론으로 돌아감 (아닥사스다왕 32년, 느 13:7)
432	느헤미야 2차 귀국(느 13:7)
37	헤롯(대왕)이 유다왕 즉위 (안티파스 2세의 아들로 주전 73년경 출생, 주전 47년 갈릴리 총독, 주전 40년 로마왕 아구스도에 의해 유다왕으로 임명, 주전 37년 예루살렘을 정복하고 유다왕으로 군림)
5	세례요한의 출생 (예수보다 6개월 먼저 아인케렘에서 출생, 눅 1:1)
4	예수의 탄생(마 2:11) 예수님의 예루살렘 방문(생후 8일) (결례의 의식 행함, 눅 2:21-24) (예수님의 애굽 피난) 헤롯의 유아 학살 (베들레헴의 2세 이하 남아 어린이, 마 2:16-18)

연대	주요사건(인물)
주 후 26	본디오빌라도의 유다 총독 부임
27	예수님의 공생애 시작(마 4:12-17)
28	12제자를 세우심(마 10:1-4) 2차 갈릴리 사역 오병이어로 5,000명을 먹이심(마 14:13-21)
29	3차 갈릴리 사역 베드로의 신앙 고백 (가이사랴 빌립보에서, 눅 9:18-22)
30	예수님의 승리의 입성(마 21:1-11) 예수님의 수난과 부활(마 27:26-28:20) 스데반의 순교 (예루살렘성 사자문 앞에서, 행 7:60)
32	사울(바울)의 다메섹 회심(행 1:1-9)
35	바울의 예루살렘 1차 방문(행 9:36)
44	사도요한의 형제 야고보의 순교 (헤롯이 예루살렘에서 칼로 죽임, 행 12:1-2) (베드로의 투옥 예루살렘의 옥에, 행 12:4-5)
47-48	바울의 1차 전도사역(행 13:1-14:28) ※안디옥 → 실루기아 → 살라미 →바보 → 　버가 → 비시디아 안디옥 → 이고니온 → 　루스드라 → 더베 → 루스드라 → 　이고니온 → 비시디아 안디옥 → 버가 → 　앗달리아 → 안디옥
50-52	바울의 2차 전도사역(행 15:36-16:23) ※안디옥 → 다소 → 더베 → 루스드라 → 　드로아 → 네압볼리 → 빌립보 → 　데살로니가 → 베뢰아 → 아덴 → 고린도 → 　겐그리아 →에베소 → 가이사랴 → 안디옥
53-58	바울의 3차 전도사역(행 18:23-21:16) ※안디옥 → 다소 → 더베 → 루스드라 → 　이고니온 → 안디옥 → 에베소 → 드로아 → 　네압볼리 → 빌립보 → 데살로니가 → 　베뢰아 → 아덴 → 고린도(역순으로)아덴 → 　베뢰아 → 데살로니가 → 빌립보 → 　네압볼리 → 드로아 → 앗소 → 밀레도 → 　로도 → 바다라 → 두로 → 가이사랴 → 　예루살렘
54	네로의 로마 황제 즉위

연대	주요사건(인물)
58	바울의 체포 (예루살렘 성전에서, 행 21:27-39)
59	바울의 로마 호송(행 27:1-28:15) ※예루살렘 → 가이사랴 → 시돈 → 　무라항 → 미항 →멜리데섬 → 수라구사 → 　레기온 → 보디올 → 로마
61	바울의 로마에서 감금(행 28:16) ※2년간 자기 집에서 연금 생활
62	주의 형제 야고보의 순교 (예루살렘에서 돌에 맞아 죽었다는 설이 있음)
63	바울의 석방 ※서바나(에스파니아)로 가려는 의도가 있었던 　점으로 보아 적어도 2년은 서바나에 있었을 　것으로 추정됨(롬 15:28)
64	로마의 대화재
66	유대인의 로마 대반란
67	바울의 순교 (네로 황제에 의해, 로마 마메르틴 감옥에서 　참수 당함)
68	베드로의 순교 (로마 마메르틴 감옥 투옥(9개월), 네로 황제에 　의해, 바티칸 산꼭대기에서 처형당함, 베드로의 　요청으로 십자가에 거꾸로 매달려 순교했다고 　전해옴, 베드로의 무덤 위에 베드로의 　대성당이 세워져 있음)
70	예루살렘 함락 (로마 티투스장군에 의해 성전산 파괴, 솔로몬 　제2성전 파괴, 산헤드린 공회 폐지)
95	사도요한의 밧모섬 유배 (로마 도미시안 황제 때 박해로 에베소에서 　유배, 요한계시록 기록, 18개월(3년, 15년 설)후 　다시 에베소로 귀환, 계 1:9)
100	사도요한의 죽음 (예루살렘 파괴 직전 에베소로 옮김, 에베소 　교회의 감독직 수행, 요한복음과 요한서신 　기록, 12사도 중 마지막으로 편안히 죽어 　에베소 아야술록 언덕 중앙에 묻혔음)
?	예수님 재림 ※내가 진실로 속히 오리라 하시거늘 아멘 　주 예수여 오시옵소서(계 22:20)

13. 색 인 표 (찾 아 보 기)

청파 김흔중 목사

찬가의 모음

작곡가 길옥윤 외 10명이 작곡

예루살렘의 감람산 언덕에서 양떼들이
풀을 뜯고 있다. (1997.2.19. 김흔중 촬영)

호흡이 있는 자마다 여호와를 찬양할지어다

(시 150:6)

목 차

참고 문헌

· 성경전서, 대한성서공회 발행, 1964.

· 세계사 100장면, 가람기획, 박은봉 1998.

· 성경주석, 영음사, 박윤선, 1996.

· 성경지리총람, 도서출판, 소망사, 이찬영, 1997.

· 성서고고학, 기독교서회, 문희석, 1974.

· 성경의 풍토와 역사, 종로서적, 강석오, 1996.

· 성서기록 현장찾아, 두루문화원, 김흔중, 2017.

· 성서의 역사와 지리, 엘맨, 김흔중, 2000

· 이집트, 다빈치, 정규영, 2000.

· 이집트 태양신의 고향, 기파랑, 이태원, 2009.

· 이집트 역사 100장면, 가람, 손주영, 2001.

· 이집트 파노라마, 한국개혁신학연구원, 이준교, 1993.

· 성지순례, 조선일보사, 박준서, 1996.

· 성지순례의 실제, 도사출판 청담, 김흔중, 2000.

· 성지 이스라엘. 청담, 김한기, 1996.

· 요세푸스, 생명의 말씀사, 요세푸스, 김지찬 역, 1987.

· 이스라엘사, 대한교과서주식회사, 최창모, 1994.

· 이스라엘의 성지, 생활성서사, 정양모, 이영헌, 1996.

· 전쟁의 1001장면, 가람기획, 정토웅, 1997.

· 중동전쟁, 일신사, 김희상, 1997.

· 성서지도, 예본출판사, 이원희, 1996.

· 아가페 성서지도, 아가페출판사, 1988.

아기예수 "애굽" 피난경로

성지답사기행

초판1쇄 2020년 3월 1일

지은이 ㅣ 김흔중
펴낸이 ㅣ 이규종
펴낸곳 ㅣ 엘맨
등록번호 ㅣ 제13-1562호(1985.10.29.)
등록된곳 ㅣ 서울시 마포구 토정로 222
전화 ㅣ (02) 323-4060,6401-7004
팩스 ㅣ (02) 323-6416
이메일 ㅣ elman1985@hanmail.net
www.elman.kr
ISBN 978-89-5515-672-0 03230

이 책에 대한 무단 전재 및 복재를 금합니다.
잘못된 책은 구입하신 서점에서 바꿔드립니다.

값 30,000 원